大学入試

英文法
エウレカ
Eureka!

考えて解く
英文法問題
250

河合塾講師
宮下卓也
著

JN064793

かんき出版

はじめに

「英文法の勉強って何をやったらいいですか？」

　これは，日々予備校で受験指導をしている私のところに多く寄せられる質問です。また，次のような悩みもあります。

「英文法の4択問題集を3周やったのですが，なかなかできるようになりません」
「基本的な問題はできるのですが，少しひねられると間違えます」
　・・・などなど，悩みは尽きません。

　本書は，あと一歩のところで伸び悩んでいる人がひっかかりやすいポイントばかりを集めた本です。いわば標準レベルの人の多くが間違うけれども，ハイレベルの人はあまり間違えない「差のつく」問題を厳選しました。「差のつく」問題をピンポイントでマスターしていくことで，「英文法の力と英語の成績を効率よくハイレベルまで一気に上げてしまおう」というのがこの本のコンセプトです。

　英文法というのは，「論理的な理解が必要な部分」と「ただ暗記すればいい部分（暗記事項）」に分けることができます。なかでも，「論理的な理解が必要な部分」については丁寧に仕組みを確認しなければなりません。先ほど述べた英文法の4択問題集をやっていて伸びない生徒さんは，ただ漫然と網羅的に問題集をこなしていることがほとんどです。本書では，標準レベルを抜け出してハイレベルに到達するために，「膨大な英文法の範囲のうち，ここだけは何が何でも理解して押さえてほしい！」という箇所のみを載せました。面白いことに，本書に載せた重要項

目は，英文読解や英作文においても重要になるポイントです。つまり本書をやり込めばハイレベルな英文法の力がつくだけでなく，英語全体の力，そして英語の成績が上がります。「暗記事項」については別冊付録に載せました。英文法の用語や基本的な仕組みに抜けがある人は，別冊付録で確認をしながら本冊の勉強をすることをおすすめします。試験前のチェックなどにもぜひ活用してください。

　いざ本書の問題を解き始めると，たくさん間違うかもしれません。しかし，心配はいりません。解説をじっくり読み込み，理解に努めてください。本書を読み終わる頃，「英文法がわかった！（Eureka！）」となり，英語の成績アップに少しでもつながっていたら，筆者としてこれほどうれしいことはありません。

　本書執筆の機会をくださり，いつも的確なアドバイスをくださったかんき出版の前澤美恵子さん。原稿をすべて読んでくださり，とても有益なアドバイスをくださった西きょうじ先生。英文の校閲のみならず，英文法や表現についての大量の疑問にすべて丁寧に答えてくださったキャサリン・A・クラフト先生。カバー，本文の素敵なデザインをしてくださった NlXinc の二ノ宮匡さん。日頃から様々な質問を投げかけてくれる生徒の皆さん。執筆作業をいつも支えてくれる家族。皆さんのおかげでこの本を世に送り出すことができました。本当にありがとうございます。

宮下卓也

本冊

例題

各章の冒頭には例題があります。まずは自力で答えを出して
みましょう。その際，なぜその答えになるのか，自分なりの
根拠を考えると力がつきます。さらに，誤りだと思う選択肢
についても，その根拠を考えるようにするのがベターです。
解いた後は解説をじっくり読み込みましょう。

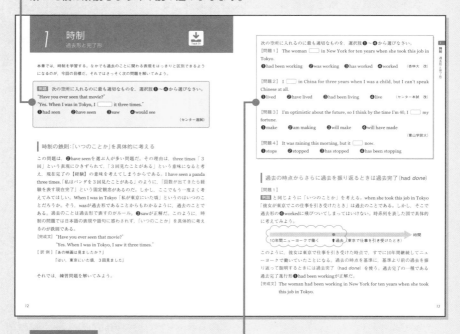

練習問題

多くの章に練習問題があります。練習問題は，例題からさら
に発展した内容の問題になっています。例題と同じように自
力で解いた後，解説をじっくり読み込みましょう。

なお、❶stopsは現在形であるが、動作動詞stopの現在形の場合、現在の習慣や確定的な未来のことなどを表す。stopは「(雨が)やむ」の意味では状態動詞ではないため、「(今)雨がやんでいる」と現在の状態を表すことはできないことに注意が必要だ(動作動詞)と〔状態動詞〕については「3.動詞—動作動詞と状態動詞」p.28~参照)。❷stoppedは過去形だが、nowという語があることからもわかるように過去のことではないため、誤りである。❹has been stoppingは現在完了進行形であり、動作が継続していることを表す。本問では「雨がやむ」という動作が継続して行われる」という不自然な意味になるため、誤りである。
〔完成文〕It was raining this morning, but it has stopped now.
〔訳例〕今朝は雨が降っていたが、今はやんだ(やんでいる)。

Lesson1の最重要POINT

🔹 時制の最重要は、周りの動詞の時制や時を表す表現、文の意味から具体的な状況を思い浮かべ、「いつの話か」を考える
🔹 過去のことは過去形を使う
🔹 過去を明示する表現と現在完了はともに用いない
過去を明示する表現の例
  ▶ yesterday「昨日」/ ▶ two years ago「2年前」/
  ▶ when she was 20「彼女が20歳の時」/ ▶ last night「昨晩」 など
🔹 完了形は以下の時に使う
  ● 過去の時点を基準に過去を振り返って説明 …過去完了had *done*
    (動作動詞の継続は過去完了進行形had been *doing*)
  ● 現在を基準に過去を振り返って説明   …現在完了have[has] *done*
    (動作動詞の継続は現在完了進行形have[has] been *doing*)
  ● 未来の時点を基準に過去を振り返って説明 …未来完了will have *done*
    (動作動詞の継続は未来完了進行形will have been *doing*)

確認問題

次の空所に入れるのに最も適切なものを、選択肢 ❶~❹ から選びなさい。

【1】〔難易度★★★〕
Sadly, the historical building ☐ in 2010, but the remaining garden is still worth visiting.
❶ burned down   ❷ had burned down
❸ has been burned down   ❹ has burned down   〔中央大〕

【2】〔難易度★★☆〕
A : You look worried. Do you think we might run out of drinks tonight?
B : At this rate, by the time the band starts, all the wine ☐ .
A : Let me check the storeroom. I think there may be a few extra cases down there.
❶ is drunk   ❷ was drunk   ❸ will have been drunk   ❹ will have drunk   〔中央大〕

【3】〔難易度★★☆〕
If she is still watching TV when I return, she ☐ for 15 hours.
❶ watched   ❷ will be watching   ❸ will have been watching   ❹ will watch   〔立命館大〕

【4】〔難易度★★☆〕
He ☐ there for twelve years by the end of this year.
❶ had lived   ❷ has lived   ❸ will have lived   ❹ will live   〔立命館大〕

【5】〔難易度★★☆〕
Yumi met the president in his office and ☐ with him for more than two hours yesterday.
❶ had talked   ❷ has talked   ❸ talked   ❹ had been talking   〔名古屋工業大〕

確認問題:解答と解説

【1】 ❶ burned down
Sadly, the historical building ☐ in 2010, but the remaining garden is still worth visiting.

最重要 POINT

確認問題に入る前に、学んだポイントをまとめています。学んだ内容を思い出してみましょう。理解があいまいだと感じるポイントに関わる部分は、もう一度読み直してみましょう。

確認問題

各章の最後に確認問題があります。学習したことが理解できているかどうかを確認するための問題です。理解があいまいだと感じるポイントに関わる部分は、もう一度例題や練習問題の解説を読み直してみましょう。

音声ダウンロード

問題の英文を読み上げた音声がダウンロードできます。復習の際は音声でも英文を確認し、まねて音読をすることで、表現を使える形で身につけましょう。

 左のマークの中の番号は音声ファイル内のトラック番号です。

パソコンかスマートフォンで、
右のQRコードを読み取るか

https://kanki-pub.co.jp/pages/tmeureka/

にアクセスして、音声ファイルをダウンロードしてください。

※音声ダウンロードについてのお問い合わせ先:http://kanki-pub.co.jp/pages/infodl/

別冊

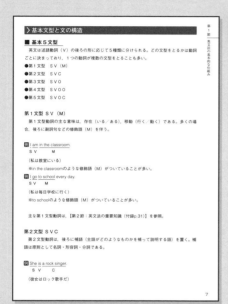

第1節：英文法の基本的な仕組み

英文法の各分野について，文法用語や基本的な仕組みを確認しています。本冊が難しいと感じる人は，別冊を横に置いて確認しながら読むことをおすすめします。また，先に別冊を通読してから本冊に入るのも効果的です。

第2節：英文法の重要知識

英文法の各分野で，覚えておくべき知識を整理しています。覚える際のポイントや，覚える助けとなる例などを「視点」の欄に載せています。試験前などに知識の抜けを確認するのに活用してください。

『英文法Eureka(エウレカ)!』　もくじ

別冊付録

第 *1* 節 英文法の基本的な仕組み

第 2 節 英文法の重要知識

本文デザイン：二ノ宮匡（NIXinc）

ナレーション：Emma Howard

　　　　　　　Howard Colefield

録　音　　：英語教育協議会ELEC

ＤＴＰ　　：knowm

1 時制
過去形と完了形

本章では，時制を学習する。なかでも過去のことに関わる表現をはっきりと区別できるようになるのが，今回の目標だ。それではさっそく次の問題を解いてみよう。

例題 次の空所に入れるのに最も適切なものを，選択肢❶～❹から選びなさい。

"Have you ever seen that movie?"

"Yes. When I was in Tokyo, I ☐ it three times."

❶ had seen ❷ have seen ❸ saw ❹ would see

（センター追試）

時制の鉄則:「いつのことか」を具体的に考える

この問題は，❷ have seenを選ぶ人が多い問題だ。その理由は，three times「3回」という表現にひきずられて，「3回見たことがある」という意味になると考え，現在完了の【経験】の意味を考えてしまうからである。I have seen a panda three times.「私はパンダを3回見たことがある」のように，「回数が出てきたら経験を表す現在完了」という固定観念があるのだ。しかし，ここでもう一度よく考えてみてほしい。When I was in Tokyo「私が東京にいた頃」というのはいつのことだろうか。そう，wasが過去形であることからもわかるように，過去のことである。過去のことは過去形で表すのがルール。❸ sawが正解だ。このように，時制の問題では日本語の表現や語句に惑わされず，「いつのことか」を具体的に考えるのが鉄則である。

【完成文】 "Have you ever seen that movie?"

"Yes. When I was in Tokyo, I saw it three times."

【訳 例】 「あの映画は見ましたか？」

「はい，東京にいた頃，3回見ました」

それでは，練習問題を解いてみよう。

次の空所に入れるのに最も適切なものを，選択肢❶～❹から選びなさい。

【問題1】 The woman ☐ in New York for ten years when she took this job in Tokyo.

❶had been working ❷was working ❸has worked ❹worked （杏林大 改）

【問題2】 I ☐ in China for three years when I was a child, but I can't speak Chinese at all.

❶lived ❷have lived ❸had been living ❹live （センター本試 改）

【問題3】 I'm optimistic about the future, so I think by the time I'm 40, I ☐ my fortune.

❶make ❷am making ❸will make ❹will have made

（青山学院大）

【問題4】 It was raining this morning, but it ☐ now.

❶stops ❷stopped ❸has stopped ❹has been stopping

過去の時点からさらに過去を振り返るときは過去完了（had *done*）

【問題1】

例題 と同じように「いつのことか」を考える。when she took this job in Tokyo「彼女が東京でこの仕事を引き受けたとき」は過去のことである。しかし，そこで過去形の❹workedに飛びついてしまってはいけない。時系列を表した図で具体的に考えてみよう。

このように，彼女は東京で仕事を引き受けた時点で，すでに10年間継続してニューヨークで働いていたことになる。過去の時点を基準に，基準より前の過去を振り返って説明するときには過去完了（had *done*）を使う。過去完了の一種である過去完了進行形❶had been workingが正解だ。

【完成文】The woman had been working in New York for ten years when she took this job in Tokyo.

【訳 例】 その女性は，東京でこの仕事を引き受けたとき，ニューヨークで10年間働いていた。
　　　　　（「ニューヨークで働いて10年が経ったとき，その女性は東京でこの仕事を引き受
　　　　　けた」という意味。）

【問題２】

手順は 例題 ，【問題１】と同じである。まず，when I was a child「私が子どもの
頃」から，過去のことだとわかる。しかし，for three years「３年間」という表現
から，【問題１】と同じように過去完了が正解だと考えると間違いだ。この問題の
状況は，【問題１】の状況とは全く違うからである。時系列を表した図で具体的に確
認しよう。

この図からもわかるように，【問題２】の「子どもの頃」は時間的な幅が広く漠然
としている。そして，明示的であれ黙示的であれ，基準点がない場合には過去完
了は使えない。したがって，【問題１】の「東京で仕事を引き受けたとき」という
のが具体的でわかりやすく，過去を振り返る際の基準点にできるのとは大きく状
況が異なり，【問題２】は「過去のある時点を基準に，基準より前の過去を振り返
って３年間」ではなく，「過去３年間」のことを説明しているということがわかる。
過去のことは過去形を使う。❶livedが正解だ。なお，現在完了は過去を明示する
表現when I was a childとともに用いることはできないため，❷have livedは誤り
である。現在完了は現在を基準に過去を振り返る表現のため，現在に軸足を置い
た表現であり，過去を明示する表現とともに用いないのはある意味当然である。

【完成文】I lived in China for three years when I was a child, but I can't speak
　　　　　Chinese at all.

【訳 例】 私は子どもの頃３年間中国に住んでいたが，中国語を全く話せない。

時制の問題では，形だけで解くと間違ってしまうことが多い。状況を思い浮かべ，
「いつのことか」を具体的に考える必要がある。

【問題３】

本問も「いつのことか」を具体的に考える。すると，by the time SV「SがVするま
でに」を用いた表現があり，「私が40歳になるまでに」に続く内容が問題になって

いることがわかる。また，選択肢から「財産を築いているだろう」という意味になることもわかる。しかし，未来のことだと考えて❸will makeを選ぶと間違いだ。ここでも具体的な状況を思い浮かべて考える必要がある。時系列を表した図で確認しよう。

このあたりで財産を築く　↑40歳（未来の時点）　時間

40歳という未来の時点から過去を振り返り，40歳までの時点で財産を築くという動作が完了している【完了】という状況が見えてくるはずだ。未来完了の形の❹will have madeが正解である。

【完成文】I'm optimistic about the future, so I think by the time I'm 40, I will have made my fortune.

【 訳 例 】私は将来について楽観的なので，40歳になる頃までには財産を築いているだろうと考えている。

なお，❸will makeは本問のように未来における基準となる点がある場合ではなく，例えば次のように単純に未来のことを述べる場合に用いる。

例 I will make my fortune in the near future.（私は近い将来，財産を築くだろう）

【問題1】では「仕事を引き受けたとき」が過去の基準点となり，【問題2】では「子どもの頃」が過去の基準点とならなかった。これと同様に，【問題3】では「40歳の時点」が未来の基準点となるが，例の「近い将来」は漠然としていて未来の基準点にならないと考えられる。

【問題4】

本問は，butより前にwas rainingという過去形があり，過去に雨が降ってきたことを表している。but以降は雨が降りやんだことを述べているが，ここで注意しなければならないことがある。それは，now「今」という語があることだ。つまり、現在を基準に過去を振り返って，すでに雨が降りやんだこと【完了】を表しているのである。現在完了の形である❸has stoppedが正解だ。時系列を表した図でも具体的に確認しておこう。

ここで雨がやむ　↑現在　時間

なお，❶stopsは現在形であるが，動作動詞stopの現在形の場合，現在の習慣や確定的な未来のことなどを表す。stopは「（雨が）やむ」の意味では状態動詞ではないため，「（今）雨がやんでいる」と現在の状態を表すことはできないことに注意が必要だ（「動作動詞」と「状態動詞」については『3．動詞－動作動詞と状態動詞』p.28〜参照）。❷stoppedは過去形だが，nowという語があることからもわかるように過去のことではないため，誤りである。❹has been stoppingは現在完了進行形であり，動作が継続していることを表す。本問では「雨がやむという動作が継続して行われる」という不自然な意味になるため，誤りである。

【完成文】　It was raining this morning, but it has stopped now.

【 訳 例 】　今朝は雨が降っていたが，今はやんだ（やんでいる）。

---

*Lesson1*の最重要POINT

♛ 時制の問題は，周りの動詞の時制や時を表す表現，文の意味から具体的な状況を思い浮かべ，「いつの話か」を考える

♛ 過去のことは過去形を使う

♛ 過去を明示する表現と現在完了はともに用いない

過去を明示する表現の例

▶ **yesterday**「昨日」／ ▶ **two years ago**「2年前」／

▶ **when she was** 20「彼女が20歳の時」／ ▶ **last night**「昨晩」　など

♛ 完了形は以下の時に使う

● 過去の時点を基準に過去を振り返って説明 …過去完了**had** *done*

（動作動詞の継続は過去完了進行形**had been** *doing*）

● 現在を基準に過去を振り返って説明　　　…現在完了**have**［**has**］*done*

（動作動詞の継続は現在完了進行形**have**［**has**］**been** *doing*）

● 未来の時点を基準に過去を振り返って説明 …未来完了**will have** *done*

（動作動詞の継続は未来完了進行形**will have been** *doing*）

確認問題

次の空所に入れるのに最も適切なものを，選択肢❶～❹から選びなさい。

【1】 【難易度★★☆】

Sadly, the historical building ☐ in 2010, but the remaining garden is still worth visiting.

❶ burned down   ❷ had burned down

❸ has been burned down   ❹ has burned down   （中央大）

【2】 【難易度★★☆】

A：You look worried. Do you think we might run out of drinks tonight?

B：At this rate, by the time the band starts, all the wine ☐ .

A：Let me check the storeroom. I think there may be a few extra cases down there.

❶ is drunk   ❷ was drunk   ❸ will have been drunk   ❹ will have drunk

（中央大）

【3】 【難易度★★☆】

If she is still watching TV when I return, she ☐ for 15 hours.

❶ watched   ❷ will be watching   ❸ will have been watching   ❹ will watch

（立命館大）

【4】 【難易度★★☆】

He ☐ there for twelve years by the end of this year.

❶ had lived   ❷ has lived   ❸ will have lived   ❹ will live

（立命館大）

【5】 【難易度★★☆】

Yumi met the president in his office and ☐ with him for more than two hours yesterday.

❶ had talked   ❷ has talked   ❸ talked   ❹ had been talking

（名古屋工業大）

確認問題：解答と解説

【1】 ❶ burned down

Sadly, the historical building ☐ in 2010, but the remaining garden is still worth visiting.

butをはさんで過去と現在が対比されている。in 2010は過去のことであるため，過去形❶burned downが正解。

【完成文】 Sadly, the historical building burned down in 2010, but the remaining garden is still worth visiting.

【訳 例】 残念ながら，その歴史的建造物は2010年に焼けてしまったが，残った庭は今でも訪れる価値がある。

【2】 ❸ will have been drunk

A：You look worried. Do you think we might run out of drinks tonight?

B：At this rate, by the time the band starts, all the wine ⬚ .

A：Let me check the storeroom. I think there may be a few extra cases down there.

本問の具体的な状況は，バンドの演奏開始の時点（未来の時点）から見て，by the time the band starts「バンドの演奏が始まる頃までには」ワインが飲み干されている【完了】という内容である。未来完了の形❸will have been drunkが正解。なお，❹will have drunkは「飲んでしまっているだろう」という能動の意味となるため，主語がI「私」ではなくwine「ワイン」の本問では誤りである。

【完成文】

A：You look worried. Do you think we might run out of drinks tonight?

B：At this rate, by the time the band starts, all the wine will have been drunk.

A：Let me check the storeroom. I think there may be a few extra cases down there.

【訳 例】

A：心配そうだね。今晩お酒が足りなくなりそうだと思うの？

B：このままだとバンドの演奏が始まる頃には，すべてのワインを飲んでしまっているだろうな。

A：貯蔵室を見てくるよ。あそこに数ケース余分にあるかもしれないと思うんだ。

【3】 ❸ will have been watching

If she is still watching TV when I return, she ⬚ for 15 hours.

If she is still watching TV when I return「もし私が戻ったときに彼女がまだテレビを見ていたら」は未来のことである。そこで，for 15 hours「15時間」という継続を表す表現に着目すると，未来の時点から見て，そこまで15時間連続でテレビを見ていることになる【動作の継続】という本問の具体的な状況がわかる。未来完了（進行形）の形❸will have been watchingが正解。

【完成文】 If she is still watching TV when I return, she will have been watching for 15 hours.

【訳例】 もし私が戻ったとき彼女がまだテレビを見ていたら，彼女は15時間見続けていることになるだろう。

【4】 ❸ will have lived

He 〔　　〕 there for twelve years by the end of this year.

by the end of this year「今年の終わりまでに」は未来のことである。そこで，for twelve years「12年間」という継続を表す表現に着目する。本問の具体的な状況は，未来の時点から見て，そこまで12年間住んでいることになるという内容であるとわかるため，未来完了の形❸will have livedが正解。

【完成文】 He will have lived there for twelve years by the end of this year.

【訳例】 彼は今年の終わりまでに，12年間そこに住んだことになるだろう。

【5】 ❸ talked

Yumi met the president in his office and 〔　　〕 with him for more than two hours yesterday.

for more than two hours「2時間以上の間」という表現に惑わされて，現在完了や過去完了を選ばないことが大切である。まず，yesterdayという過去を明示する表現があることから，現在を基準として過去を振り返る現在完了をともに用いることはできない。❷has talkedは誤りである。また，本問の具体的状況を考えると，yesterdayを過去の基準としてそこからさらに振り返って2時間以上話していたという状況とは考えられない。よって，過去完了❶had talkedや過去完了進行形❹had been talkingも使えない。過去において2時間以上話した，という過去の事実を述べていると考えられるため，過去形❸talkedが正解。

【完成文】 Yumi met the president in his office and talked with him for more than two hours yesterday.

【訳例】 昨日ユミは会社で社長と面談し，2時間以上話した。

これまで見てきたように，時制の分野においては様々な形が用いられる。形を理解し，使いこなすためには「時制（テンス）と相（アスペクト）」についての理解が重要だ。次のページに「時制と相」の基本的な考え方と具体的な形についてまとめたので，参考にしてほしい。

時制（テンス）と相（アスペクト）

ある動作が，「いつ」行われた「どのような」動作であるかを表すために，「時制」と「相」が組み合わせて用いられる。「時制」は動詞の変化形に対応しており，「現在」と「過去」の２種類しかない。「未来」時制もあるのではないのかと思う人もいるかもしれないが，未来という「時間」はあっても「時制」はない。例えば，walkという動詞に現在形（walk／walks）や過去形（walked）はあっても未来形という形はないことを考えるとイメージしやすいだろう。「時間」としての未来のことは助動詞のwill（現在形）などを用いて表す。このように，一般的に「時間」は過去・現在・未来に分けられるが，動詞の変化形を表す「時制」には現在と過去の２種類しかないことを区別しておこう。

次に，「相」について見てみよう。「相」とは，動詞の表す動作・状態が基準時に完了しているかいないか，あるいは進行しているかいないかといった，動作の様態を表すもののことである。「相」には，単純形，進行形，完了形，完了進行形の４種類がある。単純形は状態や行為や出来事の存在を表すときに，進行形は主に動作が進行中であることを表すときに，完了形は現在や過去の基準となる時とそれ以前とのかかわりを表すときに用いる。

時制の分野では，どのような形をどのような時に使うのかを押さえておくとよい。以下の表は，eat「食べる」という動詞を例に，「時制」と「相」を組み合わせることで，合計12種類の形を表すことができることを示したものである。参考にしてほしい。

時制 ＼ 相	単純形	進行形	完了形	完了進行形
過去	［例１］ ate （単純過去形）	［例２］ was ／ were eating （過去進行形）	［例３］ had eaten （過去完了形）	［例４］ had been eating （過去完了進行形）
現在	［例５］ eat ／ eats （単純現在形）	［例６］ is ／ am ／ are eating （現在進行形）	［例７］ have ／ has eaten （現在完了形）	［例８］ have been ／ has been eating （現在完了進行形）
	［例９］ will eat （単純未来形）	［例10］ will be eating （未来進行形）	［例11］ will have eaten （未来完了形）	［例12］ will have been eating （未来完了進行形）

次に，それぞれの形の代表的な意味を持つ文を紹介する。ここに挙げた以外の意味を持つ場合もあるが，まずは代表的な意味を確認してほしい。

1．単純過去形　▶ I saw a white cat yesterday.（私は昨日，白猫を見た）

2．過去進行形　▶ She was eating lunch then.（彼女はその時昼食を食べていた）

3．過去完了形
▶ I had lived in Osaka for 10 years when I moved to Tokyo.（私は東京に引っ越した時，10年間大阪に住んでいた）【継続】
▶ I had never been to any English-speaking country until I went to study in America in 2015.（私は2015年にアメリカに留学するまで一度も英語を話す国に行ったことがなかった）【経験】
▶ The train had already left when Sean arrived at Osaka Station.（ショーンが大阪駅に着いたとき，電車はすでに出発していた）【完了（結果）】
▶ I remembered that I had visited the museum before.（私は以前にその美術館を訪れたことを思い出した）【大過去】　※大過去は，1つ上の文とは違い，ある過去の時点とある過去の時点のかかわりを述べるものではなく，単にある過去の時点よりも前に起こった出来事を表す用法である。

4．過去完了進行形
▶ The woman had been watching TV for two hours when someone knocked on the door.（誰かがドアをノックしたとき，その女性は2時間テレビを見ていた）（「女性が2時間テレビを見ていると，誰かがドアをノックした」という意味。）※過去の時点を基準とした，動作動詞の【継続】を表す。

5．単純現在形　▶ He takes a walk every day.（彼は毎日散歩をする）【現在の習慣】
▶ I am hungry.（私はお腹がすいている）【現在の状態】

6．現在進行形　▶ She is eating lunch now.（彼女は今，昼食を食べている）

7．現在完了形　▶ I have lived in Tokyo for 10 years.（私は東京に10年間住んでいる）【継続】
▶ I have seen this movie 3 times.（私はこの映画を3回見たことがある）【経験】
▶ I have already returned home.（私はすでに帰宅した）【完了（結果）】

8．現在完了進行形
▶ The man has been sleeping for over ten hours.（その男性は10時間以上眠っている）※現在の時点を基準とした，動作動詞の【継続】を表す。

9．単純未来形　▶ He will have a test tomorrow.（彼は明日テストを受けるだろう）

10．未来進行形
▶ She will be eating lunch at this time tomorrow.（明日の今ごろ，彼女は昼食を食べているだろう）

11．未来完了形
▶ I will have lived in Tokyo for 20 years by the time I turn 30.（私が30歳になる頃までに，東京に20年間住んでいることになるだろう）

12．未来完了進行形
▶ The boy will have been reading the book for over 10 hours by the time his mother comes home.（その少年は，彼の母親が帰宅する頃には，10時間以上読書していることになるだろう）※未来の時点を基準とした，動作動詞の【継続】を表す。

なお，未来のことを表す表現は，will などの助動詞を使う以外にも様々なものがある。例えば，単純現在形や現在進行形を用いて未来を表すこともあり，他にも be going to *do* の形を使ったものなど，多種多様だ。
▶ The train arrives soon.（電車がまもなく到着する）【スケジュールなど】
▶ The circus is coming tomorrow.（サーカスが明日やってくる）【主に往来発着の意味の近い未来】
▶ It is going to rain.（雨が降るだろう）【そのような状況が起こる兆しが見られる場合など】

Track 02

本章では，時制のなかでも時・条件に関する特殊なルールを学習する。品詞の理解にも関わる重要なポイントだ。丁寧に論理を追っていこう。さっそく問題を解いてみてほしい。

例題 次の空所に入れるのに最も適切なものを，選択肢❶〜❹から選びなさい。

Ms. Bell is stuck in a traffic jam. The important meeting will have finished by the time she _____ .

❶ arrives   ❷ may arrive   ❸ will arrive   ❹ will have arrived

（センター本試）

この問題は，will have finishedのwillに着目する。未来のことを述べていることがわかるため，by the time SV...「…までに」の節は「彼女が到着するまでに」という意味で未来のことを表していることがわかる。しかし，「未来のことだからwillだ」と❸will arriveや❹will have arrivedを選ぶと間違えてしまう。ここで，時制に関わる重要なルールを確認しておこう。

"willを用いない"というルール

> 👑 時・条件を表す接続詞によって導かれる副詞節内の動詞は未来のことでもwillを使わない（具体的には現在形か現在完了形を用いる）

by the time SV...は「…までに」という意味の副詞節であり，未来のことでも動詞にはwillを使わない。したがって，現在形を用いた❶arrivesが正解である。

【完成文】 Ms. Bell is stuck in a traffic jam. The important meeting will have finished by the time she arrives.

【 訳 例 】 ベルさんは渋滞につかまっている。彼女が到着するまでに，重要なミーティングは終わっているだろう。

続いて，練習問題を解いてみよう。

次の空所に入れるのに最も適切なものを，選択肢❶〜❹から選びなさい。

【問題 1 】 I won't go out if it ☐ tomorrow.

❶rains　　❷will be raining　　❸will have rained　　❹will rain

【問題 2 】 Do you know if it ☐ tomorrow?

❶have rained　　❷rains　　❸will rain　　❹would rain

（芝浦工大）

【問題 3 】 As soon as the policeman ☐, he ran away.

❶comes　　❷came　　❸has come　　❹will come

【問題 4 】 After I ☐ two thousand Spanish words, I should be able to read a Spanish newspaper.

❶learned　　❷have learned　　❸will have learned　　❹will learn

（立教大　改）

【問題 1 】

例題 と同様，主節のwon'tに着目すると，if節の内容は未来のことだとわかる。本問のif節は「もし…ならば」という意味を持つ副詞節であり，節内ではwillを使わないのが原則である。現在形❶rainsが正解だ。

【完成文】 I won't go out if it rains tomorrow.

【 訳 例 】 もし明日雨が降れば，私は外出しないだろう。

【問題 2 】

【問題 1 】と同じように「ifだから現在形だ」と考えて❷rainsを選ぶと間違ってしまう。なぜだろうか。【問題 1 】と【問題 2 】ではifの使い方が違うからである。【問題 2 】のifはknow「知っている」の目的語になっており，「…かどうか」という意味の名詞節を作っている。先ほど確認したルールは，「副詞節」の場合にwillが使えないということであった。したがって，if節が「名詞節」として使われている本問の場合には先ほどのルールはあてはまらない。本問では，未来のことを表すときの原則通りwillを使う。❸will rainが正解だ。

【完成文】 Do you know if it will rain tomorrow?

【 訳 例 】 明日雨が降るかどうかを知っていますか？

品詞の判断が文法の基本

「時・条件を表す接続詞によって導かれる副詞節内の動詞は未来のことでもwillを使わない」というルールを正しく使いこなすためには、品詞の理解が不可欠である。if 節が副詞節なのか名詞節なのかを、文の中でのはたらきから確定する必要があるためだ。このように、あるカタマリが副詞節かそうでないかの判断が問題になるのは、ifとwhenの2つである。if 節とwhen節には以下の可能性がある。

【 if 節 】	• **副詞節**：「…ならば」「…としても」 （if は従属接続詞） 例 If it rains tomorrow, we'll call off the game. 　（もし明日雨が降れば、試合を中止にするだろう） • **名詞節**：「…かどうか」 （if は従属接続詞） 　主に動詞のOとして使われる 例 I don't know if she will come tomorrow. 　（彼女が明日来るかどうか、私にはわからない）
【 when 節 】	• **副詞節**：「…ときに」 （when は従属接続詞） 例 When you arrive at the convenience store, call me. 　（コンビニに着いたら、電話をください） • **名詞節**：「いつ…か」 （when は疑問詞）　S，O，Cとして使われる 例 I don't know when he will return the book to me. 　（彼がいつ私に本を返してくれるのかわからない） • **形容詞節**：「…する」 （when は関係副詞） 　時を表す先行詞に続いて使われる 例 I can't wait for the time when we will be able to travel to outer space. 　（私たちが宇宙へ旅をすることができる時が待ちきれない）

ifとwhen以外の時・条件を表す接続詞は常に副詞節を導く。別の言い方をすると、「時・条件を表す接続詞によって導かれる副詞節内の動詞は未来のことでもwillを使わない（具体的には現在形か現在完了形を用いる）」という先ほどのルールが常にあてはまるわけである。代表的な例を挙げるので、頭に入れておこう。

時・条件を表す 副詞節を導く 接続詞	▶ as soon as S V	「SがVするとすぐに」
	▶ after S V	「SがVした後」
	▶ before S V	「SがVする前に」
	▶ by the time S V	「SがVするまでに」
	▶ until [till] S V	「SがVするまで」
	▶ when S V	「SがVするときに」
	▶ if S V	「もしSがVすれば」

【問題３】

as soon asは時を表す副詞節を導く接続詞である。そこで,「現在形だ！」と飛びついてしまいたくなるかもしれない。しかし,それは間違いだ。本問は,runの過去形ranからもわかるように,過去のことを表す文である。したがって,未来のことについての「時・条件を表す接続詞によって導かれる副詞節内の動詞は未来のことでもwillを使わない」というルールはあてはまらない。過去形を用いた❷cameが正解だ。

【完成文】 As soon as the policeman came, he ran away.

【 訳 例 】 警察官がやってくるとすぐ,彼は走り去った。

【問題４】

本問の主節は,「スペイン語の新聞を読めるはずだ」という内容である。また,after節は「…した後」という意味の時を表す副詞節であり,これから起こること,つまり未来のことを述べている。したがって,「時・条件を表す接続詞によって導かれる副詞節内の動詞は未来のことでもwillを使わない」というルールがあてはまるため,選択肢❸will have learned, ❹will learnは消去できる。❶learnedは過去形で,過去のことを表すため誤り。❷have learnedが正解だ。現在形だけでなく,現在完了形も時・条件を表す副詞節内で用いられることに注意が必要である。

【完成文】 After I have learned two thousand Spanish words, I should be able to read a Spanish newspaper.

【 訳 例 】 私がスペイン語の単語を2,000個覚えた後は,スペイン語の新聞を読めるはずだ。

Lesson2の最重要POINT

♛ 時・条件を表す接続詞によって導かれる副詞節内の動詞は,未来のことでもwillを使わない ⇒ 現在形か現在完了形を用いる

♛ ifが名詞節,whenが名詞節や形容詞節を導くとき,上のルールはあてはまらない

次の空所に入れるのに最も適切なものを，選択肢❶〜❹から選びなさい。

【1】 【難易度★★☆】

I'm looking forward to the day when it ⬚ possible to travel to space.

❶ became   ❷ was becoming   ❸ will become   ❹ becoming

【2】 【難易度★☆☆】

Please remain seated until the seat belt sign ⬚ turned off.

❶ had   ❷ has been   ❸ will be   ❹ was

(立命館大)

【3】 【難易度★★☆】

I wonder when Mary ⬚ next time.

❶ came   ❷ will come   ❸ coming   ❹ come

【4】 【難易度★★☆】

Please ask him to call me when he ⬚ back to his desk.

❶ comes   ❷ have come   ❸ came   ❹ will come

(芝浦工大)

確認問題：解答と解説

【1】❸ will become

I'm looking forward to the day when it ⬚ possible to travel to space.

本問のwhen節は，the day「日」という名詞を説明する関係副詞節であり，節全体は形容詞節としてのはたらきをしている。したがって，「時・条件を表す接続詞によって導かれる副詞節内の動詞は未来のことでもwillを使わない」というルールはあてはまらない。「宇宙へ旅行に行けるようになる」という内容は未来のことであるため，未来のことはwillを使うという原則通り，❸ will becomeが正解。

【完成文】 I'm looking forward to the day when it will become possible to travel to space.

【訳例】 宇宙へ旅行に行けるようになる日を私は楽しみにしている。

【2】 ❷ has been

Please remain seated until the seat belt sign ▭ turned off.

Please remain seated until...「…まで座ったままでいてください」という表現から，until節の内容は未来のことであるとわかる。until節は常に副詞節であるため，「時・条件を表す接続詞によって導かれる副詞節内の動詞は未来のことでもwillを使わない」というルールがあてはまる。現在形か現在完了形を使うことができるが，現在形は選択肢にないため，現在完了形❷has beenが正解。

【完成文】 Please remain seated until the seat belt sign has been turned off.

【訳例】 シートベルトのサインが消えるまで座ったままでいてください。

【3】 ❷ will come

I wonder when Mary ▭ next time.

本問のwhen節はwonder「…だろうかと思う」の目的語になっているため，名詞節である。したがって，「時・条件を表す接続詞によって導かれる副詞節内の動詞は未来のことでもwillを使わない」というルールがあてはまらない。next time「次回」という語句から未来のことを述べていることがわかるため，未来のことはwillを使うという原則通り，❷will comeが正解。

【完成文】 I wonder when Mary will come next time.

【訳例】 次にメアリーが来るのはいつだろうか。

【4】 ❶ comes

Please ask him to call me when he ▭ back to his desk.

本問のwhen節はcall「…に電話する」の目的語になっておらず，副詞節である。したがって，「時・条件を表す接続詞によって導かれる副詞節内の動詞は未来のことでもwillを使わない」というルールがあてはまる。主節は「私に電話するよう彼に頼んでください」という意味で，未来のことを述べているが，when節内では現在形を使う。❶comesが正解。現在完了形を用いた❷have comeは，3人称単数のheが主語であることからhave comeではなくhas comeであれば正しい。

【完成文】 Please ask him to call me when he comes back to his desk.

【訳例】 デスクに戻ったら私に電話するよう彼に頼んでください。

3 動詞
動作動詞と状態動詞

Track 03

本章では，動作動詞と状態動詞という，動詞の種類に関わる分野を学習する。この分野は時制分野とも関わるため，使い方も含めて正しく理解しておく必要がある。

例題 次の空所に入れるのに最も適切なものを，選択肢❶～❹から選びなさい。
This product ⬚ added chemicals.
❶ contains ❷ contain ❸ is containing ❹ is contained

（青山学院大　改）

動作動詞と状態動詞：進行形にできるものとできないもの

本問は「この製品は添加された化学物質を含んでいる」という意味の文になると考えられる。「含んでいる」という日本語の意味につられ，❸ is containingという現在進行形を選んでしまいがちな問題だが，これは誤りだ。containは状態動詞に分類される動詞であり，「…している」という意味をもともと持っており，原則として進行形（be動詞 + *doing*の形）にすることができないからである。現在形❶ containsが正解だ。

【完成文】 This product contains added chemicals.
【 訳 例 】 この製品は添加された化学物質を含んでいる。

このように，動詞は動作動詞と状態動詞に分類され（別冊付録p. 6 参照），次のような違いがある。

【動作動詞】	▶ do「する」／ ▶ play「遊ぶ」／ ▶ eat「食べる」 etc.	しようと思えば自分の意志でできる行為を表す動詞	進行形にできる
【状態動詞】	▶ contain「含んでいる」／ ▶ know「知っている」／ ▶ have「持っている」 etc.	ある状態が継続していることを表す動詞（「…している」という意味になるものが多い）	原則，進行形にできない

ある動詞が動作動詞と状態動詞のどちらに分類されるかは知識事項であり，その
つど覚えておく必要がある。もっとも，状態動詞は多くの場合「…している」と
いう意味になるため，日本語の意味から比較的判断しやすいだろう。なお，同じ
動詞が動作動詞と状態動詞の両方の使い方をする場合もある。haveという動詞の
例で確認しておこう。

例 I had lunch at that restaurant.
（私はあのレストランで昼食を食べた）…haveの動作動詞の用法「食べる」
例 I have a white smartphone.
（私は白いスマートフォンを持っている）…haveの状態動詞の用法「持っている」

状態動詞を進行形で用いる場合もある

状態動詞は原則として進行形で使えないというのがルールであるが，進行形で使
うことが全くないわけではない。次の例文を見てほしい。

例 These days he is resembling his father more and more.
（最近彼はますます父親に似てきている）

resembleは「似ている」という意味の状態動詞であり，原則として進行形にしな
い。しかし，比較級などを伴って，「ますます似ていっている」というように状態
の変化を表す場合もあるのだ。頭の片隅に置いておくと，見かけたときに解釈し
やすいだろう。また，live「住んでいる」という状態動詞のように一時的状態を
表す場合にも，状態動詞を進行形にする場合がある。

例 I live in Tokyo.（私は東京に住んでいる）
例 I'm now living in Tokyo.（私は現在，（一時的に）東京に住んでいる）

それでは，練習問題を解いてみよう。

次の空所に入れるのに最も適切なものを，選択肢❶〜❹から選びなさい。

【問題１】 I ［ ］ his book for three months, and I'm still reading it.

❶am reading ❷have been reading ❸had read ❹read

【問題２】 They ［ ］ about the problem for a long time.

❶are known ❷have been knowing ❸have known ❹are knowing

（立命館大　改）

動作動詞・状態動詞と継続

【問題１】

and以降の「まだそれを読んでいる」につながるように意味を考えると，文の前半は「彼の本をこれまで読んでいる」という【継続】を表す意味になると考えられる。過去から現在までの継続を表すために，現在完了を使うことがわかるが，過去から現在までの継続を表すパターンは２つある。

（１）現在完了進行形have[has] been *doing*

（２）現在完了形 have[has] *done*

どちらの形を使うかは，動詞の性質で決まる。つまり，動作動詞か状態動詞かで決まるのである。それでは，状態動詞は（１）と（２），どちらを使うかわかるだろうか。そう，（２）現在完了形 have[has] *done*だ。状態動詞は進行形にできないため，進行形の一種である現在完了進行形have been *doing*にすることもできないからである。一方で，動作動詞の継続は（１）の形で表す。

《過去から現在までの継続》

動作動詞の継続　…have[has] been *doing*（現在完了進行形）

状態動詞の継続　…have[has] *done*（現在完了形）

【問題１】の動詞read「読む」は動作動詞であるため，過去から現在までの継続を表す場合は現在完了進行形have[has] been *doing*の形を用いる。❷have been readingが正解だ。

【完成文】 I have been reading his book for three months, and I'm still reading it.

【訳 例】 私は３か月間彼の本を読んでいるが，まだそれを読んでいる。

【問題２】

for a long time「長い間」という語句があることから，過去から現在までの継続を表す表現を入れると考えられる。動詞know「知っている」は状態動詞であるため，過去から現在までの継続を表す場合は現在完了形have *done*の形を用いる。❸have knownが正解だ。状態動詞は原則として進行形にできないため，❷have been knowing，❹are knowingは誤りである。

【完成文】 They have known about the problem for a long time.

【訳 例】 長い間，彼らはその問題について知っている。

継続でhave been *doing*とhave *done*両方を使うこともある？

ここで，live「住む」という動詞について考えてみたい。liveを用いて過去から現在までの継続を表す場合，次の２通りの書き方がある。

【例１】 He has been living in Tokyo for a week.

（彼はここ１週間，東京に住んでいる）

【例２】 He has lived in Tokyo all his life.

（彼は生涯を通じて東京に住んでいる）

【例１】は継続が一時的な状態の場合であり，【例２】は継続が比較的長期間にわたって続く場合である。もう１つ例を挙げよう。work「働く」という動詞について考えてみてほしい。

【例３】 I've been working for this company for 3 years.

（私はこの会社で働き始めて３年になる）

【例４】 I've worked with him throughout my whole career.

（私はキャリア全体を通して彼とともに働いてきた）

【例３】は継続が比較的短い場合であり，【例４】は継続が比較的長期間にわたって続く場合である。live「住む」とwork「働く」の共通点がおわかりいただけただろうか。それは，「すぐには完結しない」「瞬時に終わらない」動詞であるという点である。例えば，liveは「住む」という意味だが，一度住み始めたらしばらく住み続けるのが一般的であるし，work「働く」についても，一度働き始めたらしばらくは働き続けるのが一般的である。

このように，動詞の性質上，「すぐには完結しない」「瞬時に終わらない」動詞は，have been *doing*とhave *done*の両方を使うことができる。次の表にそのような動詞の例と使い方をまとめた。英作文では「継続」について書く機会が多いが，是非使い方を参考にしてほしい。

● 過去から現在までの「継続」を表すためにhave been *doing*とhave *done*の両方を使う動詞

▶ learn「学ぶ」／▶ lie「横になる」 ▶ live「住んでいる」／▶ rain「雨が降る」／▶ sit「座る」 ▶ sleep「眠る」／▶ snow「雪が降る」 ▶ stay「滞在する」／▶ wait「待つ」／▶ work「働く」 etc.	【一時的な動作の継続】 have[has] been *doing* 【比較的長期間の状態の継続】 have[has] *done*

Lesson3の最重要POINT

♛ 状態動詞は原則として進行形にしない

♛ 動作動詞の継続はhave been *doing*，状態動詞の継続はhave *done*で表す

確認問題

次の空所に入れるのに最も適切なものを，選択肢❶～❹から選びなさい。

【1】【難易度★☆☆】

Herbs are plants which _____ some features of food and some features of drugs.

❶ are possessing　　❷ possesses　　❸ possess　　❹ possessed

（工学院大）

【2】【難易度★☆☆】

By next March Sophie _____ in the apartment for ten years.

❶ has lived　　❷ lives　　❸ will have lived　　❹ will live

（日本大　改）

【3】【難易度★☆☆】

They _____ waiting for a few minutes when the train arrived.

❶ have been　　❷ had been　　❸ are　　❹ will have been

（日本大　改）

確認問題：解答と解説

【1】 ❸ possess

Herbs are plants which 　　　 some features of food and some features of drugs.

選択肢の動詞possess「所有している」は状態動詞であり，進行形にしないのが原則。ハーブの一般的な性質について述べているため，現在形❸possessが正解。whichは複数名詞plantsを指すため，3単現の s がついた❷possessesは誤り。

[完成文] Herbs are plants which possess some features of food and some features of drugs.

【 訳 例 】 ハーブは，食品の性質と薬の性質を持つ植物だ。

【2】 ❸ will have lived

By next March Sophie 　　　 in the apartment for ten years.

まず，for ten years「10年間」から継続を表すことがわかる。また，By next March「次の3月までに」から未来のことであるとわかる。したがって，未来の時点を基準に過去を振り返る未来完了の形を用いる。❸will have livedが正解。

[完成文] By next March Sophie will have lived in the apartment for ten years.

【 訳 例 】 次の3月までには，ソフィーは10年間そのアパートに住むことになるだろう。

　　　　　（「次の3月でソフィーがそのアパートに住み続けて10年になる」という意味。）

【3】 ❷ had been

They 　　　 waiting for a few minutes when the train arrived.

まず，for a few minutes「数分間」から継続を表すことがわかる。また，when the train arrived「電車が到着したとき」から過去のことであるとわかる。したがって，過去の時点を基準に過去を振り返る過去完了の形を用いる。❷had beenが正解。

[完成文] They had been waiting for a few minutes when the train arrived.

【 訳 例 】 電車が到着したとき，彼らは数分間待っていた。

　　　　　（「彼らが数分間待っていたら，電車が到着した」という意味。）

4 態
受動態

Track 04

受動態は,「…される」という意味になる表現であり,受動態の基本の形はbe動詞＋*done*（過去分詞）である。*done*だけでも「…されている（状態）」という受動的な意味を持つが,be動詞「…である」とともに用いることで,S be *done*「Sは…されている（状態である）」という文を作ることができる。こうしてできた文が受動態の文である。本章ではまず,受動態ができあがる仕組みについて押さえる。

> **例題** カッコ内の語句を並べ替えて,正しい英文を作りなさい。なお,文頭にくるべきものも小文字にしてある。（1語不要）
> (stolen／had／the student／was／his bicycle) while he was shopping in the mall.

受動態ができあがる仕組みを確認しよう

まずは **例題** を確認してみよう。正解は,以下の文である。
【完成文】 The student had his bicycle stolen while he was shopping in the mall.
　　　　（不要語：was）
【訳例】 その学生は,ショッピングモールで買い物をしている間に自転車を盗まれた。

本問は「Oを…される」という意味のhave O *done*という形を用いた文である。この問題は,（×）The student had stolen his bicycle ... という誤答が多い。had stolenは過去完了だが,『1.時制－過去形と完了形,p.12～』で学習したように過去完了を使う場合は過去の基準点が必要であり,それがない本問では過去完了は使えない。さらに,「その学生は自分の自転車を盗んだ」と不自然な意味になることからも誤りだ。また,（×）The student was stolen his bicycle ...という誤った文を書いてしまう人も少なくない。日本語の意味としては何となく「自転車を盗まれた」のようになりそうだからである。しかし,これも誤りだ。この文がなぜ誤りであるのかを説明できれば,受動態の文のしくみを理解していると言ってよいだろう。

まずは,受動態の文の基本的な作り方から確認する。次の例文を見てほしい。

例 Everyone loves him. (みんな彼のことが大好きだ)

この能動態で書かれた文を受動態にするときは，文の中の目的語（ここではhim）を主語の位置にもってきて，動詞をbe動詞＋*done*の形にする。文の中の主語（ここではeveryone）は，by...「…によって」の形で表す（あえて言う必要がないときや，言いたくないとき，言えないときは行為者を書かない）。その結果，次のような文が得られる。

例 He is loved by everyone. (彼はみんなから好かれている)

受動態の文を作るときに覚えておくべき大切なことはただ１つ，「ＶとＯがあれば受動態が作れる」ということである。様々な文型の受動態を確認しておこう。

第４文型の受動態

【能動態】 She gave me some chocolate. (彼女は私にチョコレートを与えた)
　　　　　 S　　V　　O₁　　O₂　| そのままの位置！ |

【受動態】 I was given some chocolate by her. (私は彼女からチョコレートを与えられた)
　　　　　 S

※能動態の文中のO₁ (me) が受動態の文ではS（I）になり，O₂はそのままの位置に置かれていることを確認してほしい。

第５文型の受動態

【能動態】 They call the stray cat Maru. (彼らはその野良猫をマルと呼んでいる)
　　　　　 S　　V　　　O　　　C　| そのままの位置！ |

【受動態】 The stray cat is called Maru (by them).
　　　　　 S

　　　　　（その野良猫は（彼らによって）マルと呼ばれている）

※能動態の文中のO (the stray cat) が受動態の文ではS（The stray cat）になり，Cはそのままの位置に置かれていることを確認してほしい。

受動態の後に名詞がくるのは，第４文型か第５文型の受動態だけである。 例題

で見たstealという動詞は第3文型で用いられ，第4文型や第5文型では用いられないため，（×）The student was stolen his bicycle ...のように受動態（be *done*）の後ろに名詞his bicycleを持ってくる文は誤りとなる。これは英作文でも誤りが多いところだ。受動態の後に名詞を持ってくる形の文を書く際は，動詞が第4文型または第5文型で使えるかどうかを確認するようにしたい（別冊付録 p.9 参照）。

	第4文型	第5文型
【能動態】	S V O_1O_2	S V O C
【受動態】	O_1 be *done* O_2 ※O_2は名詞	O be *done* C ※Cは名詞・形容詞・分詞 etc.

練習問題を解いてみよう。

次の空所に入れるのに最も適切なものを，選択肢❶〜❹から選びなさい。

【問題1】 The kitten that was rescued has ⬚ staff members at the animal shelter.

❶ been looked after ❷ looked after ❸ been looked after by ❹ looked after by

【問題2】 Between the islands, a new bridge is ⬚ .

❶ constructing ❷ being constructed

❸ being constructing ❹ to be constructing

（福岡大）

群動詞の受動態

【問題1】

look after Oという群動詞を用いた受動態の問題である。群動詞とは動詞に副詞や前置詞などがついているものであるが，群動詞の受動態で注意しなければならないのは，動詞の後ろにある前置詞や副詞も含めてひとかたまりのものと考えて受動態にするということだ。まずは，次の例を見てほしい。

【能動態の文】Everyone laughed at me.（みんなが私のことを笑った）

【受動態の文】I was laughed at by everyone.（私はみんなに笑われた）

※laughed atがそのままwas laughed atという受動態の形になっていることを確認してほしい。

▌現在完了の受動態

それでは，【問題1】に戻ろう。空所直前にhasがあることから，現在完了の受動態have［has］been *done*の形を使う。現在完了の受動態は，現在完了have［has］*done*という表現の過去分詞（*done*）の部分に受動態のbe *done*をあてはめた形になる。すなわち，be *done*のbeをbeenに変えてbeen *done*というカタマリを作り，have［has］*done*のdoneの位置に置いたものが，現在完了の受動態have［has］been *done*である。

have ☐☐☐☐☐☐（現在完了の形）

　　過去分詞（*done*）

☐☐☐の部分に be *done*（受動態）をあてはめる（過去分詞の形にする）ため，be を been に変え，been *done* とする。結果，have been *done* という形になる。

これは，助動詞を用いた受動態で，動詞の原形（*do*）の部分にbe動詞の原形beを用いた be *done* を入れるのと同様である。

助動詞 ☐☐☐☐☐☐（助動詞を用いた形）

　　動詞の原形（*do*）

☐☐☐の部分に be *done*（受動態）をあてはめる（動詞の原形の形にする）。be *done* のまま入れればよいため，助動詞＋ be *done* という形になる。

例 The tree will be cut down tomorrow.（その木は明日切り倒されるだろう）

本問では，look afterをひとかたまりで受動態にすると，has been looked after by ...という形になる。❸been looked after byが正解だ。なお，❷looked afterは「ネコが職員の世話をした」という能動態の文となり，不自然な意味になってしまうため誤りである。ちなみに，have *done*の形は，*done*があるため受動的な意味を

持つと勘違いする人が少なくないが，能動的な意味である。受動の意味にしたい
ときはhave been *done*の形を使う。

【完成文】 The kitten that was rescued has been looked after by staff members at the
　　　　　animal shelter.

【 訳 例 】 その保護された子猫は，動物保護施設の職員によって世話されてきた。

▍進行形の受動態

【問題２】

construct「…を建設する」は目的語が必要な他動詞であるため，能動態であるに
もかかわらず後ろに目的語が置かれていないことになる❶，❸，❹は誤りである。
進行形（be *doing*）と受動態の形（be *done*）が組み合わさった進行形の受動態の
形は，「…されている」という意味になるため，❷being constructedが正解だ。

【完成文】 Between the islands, a new bridge is being constructed.

【 訳 例 】 ２つの島の間には，新しい橋が建設されている（建設中である）。

ここで，進行形の受動態について確認しておこう。進行形の受動態は，進行形be
*doing*という表現の*doing*の部分に受動態のbe *done*をあてはめた形になる。すな
わち，be *done*のbeをbeingに変えてbeing *done*というカタマリを作り，be *doing*
の*doing*の位置に置いたものが，進行形の受動態be being *done*である。

be ⬚⬚⬚⬚⬚⬚⬚（進行形）
　　　　doing

⬚⬚⬚の部分に be *done*（受動態）をあてはめる（進行形の形にする）ため，be を being
に変え，being *done* とする。結果，be being *done* という形になる。

Lesson5の最重要POINT

♕ 群動詞の受動態は，前置詞や副詞も動詞とセットで受動態にする
♕ 受動態の後ろに名詞を置くのは第４，第５文型のみ
♕ 現在完了の受動態は**have been *done*** の形
♕ 進行形の受動態は**be being *done*** の形

次の空所に入れるのに最も適切なものを，選択肢❶〜❹から選びなさい。

【1】【難易度★☆☆】

Have the keynote speakers ☐ to each other yet?

❶ introduce ❷ introduced ❸ been introduced ❹ been introducing

（青山学院大）

【2】【難易度★★☆】

"Why are you shopping for a bicycle? Didn't you buy one just last month?"

"Yes, but unfortunately ☐ last week."

❶ I was stolen it ❷ it was robbed ❸ it was stolen ❹ someone was robbed

（センター本試）

【3】【難易度★★☆】

I was ☐ my bag, so I went to the police station.

❶ robbed ❷ robbed of ❸ stolen ❹ stolen of

（立命館大）

【4】【難易度★★☆】

Mr. Johnson is quick to make good decisions, and that is why he is ☐ his friends.

❶ looked up to ❷ looking up to by ❸ looked up to by ❹ looked up by

（早稲田大　改）

【5】【難易度★☆☆】

The newborn baby will ☐ her grandmother.

❶ be taken care of by ❷ be taken care of ❸ taking care of ❹ take care of by

（専修大　改）

【6】【難易度★☆☆】

It has been hard to concentrate on my studies lately because a road ☐ in front of my house.

❶ builds ❷ has built ❸ is being built ❹ is building

（センター本試）

誤りを含む箇所を選びなさい。誤りがない場合は❺を選びなさい。

【7】【難易度★★★】

There are ❶few things that bother me more ❷than being ❸lied, especially by someone who is always acting ❹as though he or she were a true friend of mine.

（早稲田大）

【8】【難易度★★★】

I really don't know what, **❶if anything**, is **❷expecting of** me **❸in regard to** that very difficult and perplexing problem that I was asked **❹to deal with**.

（早稲田大）

確認問題：解答と解説

【1】 ❸ been introduced

Have the keynote speakers ☐ to each other yet?

現在完了の受動態have been *done*を用いた疑問文の形にする。❸been introduced が正解。

【完成文】 Have the keynote speakers been introduced to each other yet?

【訳例】 もう基調演説者同士のお互いの紹介は終わりましたか。

【2】 ❸ it was stolen

"Why are you shopping for a bicycle? Didn't you buy one just last month?"

"Yes, but unfortunately ☐ last week."

itは先月買った自転車（one）を指すと考えられる。「自転車が盗まれた」という自然な意味になる❸it was stolenが正解。❶I was stolen itはstealが第4文型，第5文型では使えず，受動態の後ろにitを置くことができないため，誤り。なお，robはrob A of B「A（人）からB（物）を奪う」の形で用いられ，受動態にするとA be robbed of B「A（人）はB（物）を奪われる」となる。❷it was robbedのようにB（物）を主語にした受動態にはできない。rob は steal と異なり，被害者をOとする。実際にはものをOとすることもあるが，誤用とされる。❹someone was robbedもof Bの部分がなく意味が通らないため，誤り。

【完成文】 "Why are you shopping for a bicycle? Didn't you buy one just last month?"

"Yes, but unfortunately it was stolen last week."

【訳例】 「どうして自転車を買おうとしてるんだい？ちょうど先月に自転車を買ったばかりじゃなかったっけ？」

「そうなんだよ。でも運悪く，先週その自転車を盗まれちゃってさ」

【3】 ❷ robbed of

I was ⬚ my bag, so I went to the police station.

空所に過去分詞を入れて受動態の文を作る。robはrob A of B「A（人）からB（物）を奪う」の形で用いられ，受動態にするとA be robbed of B「A（人）はB（物）を奪われる」となる。この形になる❷robbed ofが正解。なお，stealもrobも第4文型，第5文型では使えず，受動態の後ろに名詞 my bagを置くことができないため，❶robbed，❸stolenは誤り。❹stolen ofはstealがsteal A of Bの形で使えないため，誤り。

【完成文】 I was robbed of my bag, so I went to the police station.

【 訳 例 】 私はカバンを盗まれたので，交番へ行った。

【4】 ❸ looked up to by

Mr. Johnson is quick to make good decisions, and that is why he is ⬚ his friends.

選択肢から，「彼が友人に尊敬されている」という意味になることがわかる。S look up to A「SはAを尊敬する」という表現の受動態は，A be looked up to by S「AはSによって尊敬されている」となる。❸looked up to byが正解。

【完成文】 Mr. Johnson is quick to make good decisions, and that is why he is looked up to by his friends.

【 訳 例 】 ジョンソン氏はいい決断を素早くするため，友人たちから尊敬されている。

【5】 ❶ be taken care of by

The newborn baby will ⬚ her grandmother.

選択肢から，「新生児が祖母に世話をされるだろう」という意味になることがわかる。S take care of A「SはAの世話をする」という表現の受動態は，A be taken care of by S「AはSによって世話をされる」となる。❶be taken care of byが正解。

【完成文】 The newborn baby will be taken care of by her grandmother.

【 訳 例 】 その新生児は祖母によって世話をされるだろう。

【6】 ❸ is being built

It has been hard to concentrate on my studies lately because a road ⬚ in front of my house.

buildという動詞は「建設する」という意味の他動詞として用いられる。because

節内のSがa roadであることに着目すると，「道路が建設されている」という意味になるようにすればよいとわかる。進行形の受動態**be being *done***を用いた❸is being builtが正解。

【完成文】 It has been hard to concentrate on my studies lately because a road is being built in front of my house.

【 訳 例 】 最近，勉強になかなか集中できていない。というのも，家の前で道路を建設中だからだ。

【7】

There are ❶few things that bother me more ❷than being ❸lied, especially by someone who is always acting ❹as though he or she were a true friend of mine.

❸liedに着目する。being liedという受動態の形になっていることから，動詞lie「嘘をつく」の語法について考える。He lied to me.「彼は私に嘘をついた」のような文で使うことから，lie to ...は群動詞であり，受動態はbe lied toとするのが正しい形である。❸が正解。

【完成文】 There are few things that bother me more than being <u>lied to</u>, especially by someone who is always acting as though he or she were a true friend of mine.

【 訳 例 】 嘘をつかれること，特に私の親友であるかのようにいつも振る舞っている人から嘘をつかれることほど，私を悩ませるものはほとんどない。

【8】

I really don't know what, ❶if anything, is ❷**expecting of** me ❸in regard to that very difficult and perplexing problem that I was asked ❹to deal with.

expectは「妊娠している」という意味で用いる場合を除いては，原則として他動詞であり，目的語を必要とする。後ろに目的語が続いていない❷が正解。expect A of B「Bに対してAを期待する」を受動態にしたA be expected of B「AがBに対して期待されている」という表現を用いれば，正しい英文となる（expect A of B については，別冊付録p.57参照）。

【完成文】 I really don't know what, if anything, is <u>expected of</u> me in regard to that very difficult and perplexing problem that I was asked to deal with.

【 訳 例 】 私が対処するよう求められたあの非常に困難で頭を悩ませる問題に関して，何かあるとしても，私に何が期待されているのか，私には本当にわからない。

5 助動詞
助動詞＋have *done* の意味

Track 05

本章では，助動詞の過去形や助動詞＋have *done* の表現がどのような時に使われるのかについて学習する。このテーマは似たような表現が多く，まぎらわしいところだ。この機会に正確に整理しておこう。

例題 次の空所に入れるのに最も適切なものを，選択肢❶～❹から選びなさい。

I ⬚ him somewhere, but I cannot remember where.

❶ can have met ❷ could meet ❸ may have met ❹ might meet

(桜美林大 改)

助動詞の過去形は過去のことを表すとは限らない

選択肢に目を通すと，全体の大まかな意味は「以前どこかで彼に会ったが，いつのことだったか思い出せない」というものになりそうだ。彼に会ったのは過去のことだとわかるため，canの過去形couldを用いた❷や，mayの過去形mightを用いた❹を選んでしまいがちな問題である。しかし，それは誤りだ。確かにcouldが過去を表すこともあるが，それは過去を表す動詞の目的語などになる名詞節の中にある場合，または，明らかに過去を表す語句が前後にある場合にほぼ限られると考えてよい。現在形の動詞を含んだ文の中に助動詞の過去形がある場合，ほとんどそれは過去の意味ではない。以下は，couldを過去の意味で使う場合と現在の意味で使う場合の例である。

【例1】 I could run 1 km within 5 minutes when young .

（私は若い頃，1キロを5分以内で走れた）【過去の能力】

【例2】 You could do it now.

（君なら今それをできるだろう）【現在の能力，可能性】

また，mightもcouldと同様であり，一部の場合を除き「…かもしれなかった」と過去の意味になるのはまれである。

【例3】 It might rain today.

（今日，雨が降るかもしれない）【現在の推量】

助動詞を用いて過去のことを表す場合

【例1】で見た【過去の能力】を表すcouldのように，助動詞の過去形で過去のことを表す場合がある。過去の文脈で次に挙げるようなwouldを用いる場合もその例である。

【例4】 The suspect wouldn't say a word.
（被疑者は一言も発しようとしなかった）【過去における拒絶】

【例5】 He would often go into the woods to catch insects during summer vacation.
（彼は夏休みには山へ虫捕りに行ったものだ）【過去の習慣】

しかし，助動詞の過去形は必ずしも過去のことを表さない。では，助動詞を用いつつ過去のことを表すためには，助動詞の過去形以外にどのような形を使うのだろうか。例えば【過去の事実についての推量】を表す場合は，may have *done*という形や，might have *done*，could have *done*，would have *done*などといった形を用いる。つまり，**助動詞（または助動詞の過去形）＋have *done*** で過去のことを表すことができる。

例題 の正解は❸may have metだ。なお，少しややこしいが，can have *done*という形は使われないため，❶は誤りである。

【完成文】 I may have met him somewhere, but I cannot remember where.
【訳例】 どこかで彼に会ったかもしれないが，どこだったか思い出せない。

それでは，練習問題を解いてみよう。

次の空所に入れるのに最も適切なものを，選択肢❶〜❹から選びなさい。

【問題1】My brother ☐ have been very popular when he was a high school student. He still gets lots of New Year's cards from his former classmates.

❶must ❷ought to ❸should ❹can

（センター本試）

【問題2】My sister ☐ at Tokyo Station by now, for she took the early train.

❶must reach ❷must arrive
❸ought to have reached ❹ought to have arrived

（東洋大 改）

【問題３】 "I saw Mr. Yamada at Shinjuku Station this morning."

"You ⬚ have. He's still on vacation in Hawaii."

❶couldn't   ❷didn't   ❸might   ❹should

（センター本試）

must have *done*とshould have *done*の違い

ここで整理しておきたいのが，must have *done*とshould have *done*の違いである。mustには「…にちがいない」【推量】，「…しなければならない」【義務】という意味がある。そして，must have *done*の形になると，「…したにちがいない」【過去の推量】や「…していなければならない」【期限までに動作が完了していなければならないという内容の義務】という意味になる。一方で，shouldには「…するはずだ」【推量】，「…すべきだ」【義務】という意味がある。そして，should have *done*の形になると，「（もう）…しているはずだ」「…したはずだ」【推量】，「…すべきだったのに（実際にはしていない）」【義務】といった意味になる。もちろん，must have *done*とshould have *done*はほかにも様々な意味を持ちうるが，まずここに挙げたものを中心に覚えよう。

【must *do*】	（1）…にちがいない（*do* は状態動詞を用いるのが通例。動作動詞の場合は進行形 be *doing* を用いる） （2）…しなければならない（*do* は動作動詞を用いるのが通例）
【must have *done*】	（1）…したにちがいない （2）…していなければならない（※）
【should *do*】	（1）…するはずだ（*do* は状態動詞を用いるのが通例） （2）…すべきだ
【should have *done*】	（1）…してしまったはずだ （2）…すべきだったのに（実際にはしていない）

※must have *done*「…していなければならない」は，以下のような場合に用いる。

例 This document must have been submitted by August 13.

（この書類は８月13日までに提出が完了していなければなりません）

【問題1】

まず，when he was a high school student「高校生の頃」という表現から，空所を含む1文目は過去のことであるとわかる。2文目は「今でも彼はたくさんの年賀状を昔の同級生からもらっている」という意味であるため，空所には助動詞を入れ，「とても人気があったにちがいない」と過去の事実について推量する内容にすると自然に意味が通る。❶mustが正解だ。should［ought to］have *done*は主に「…してしまったはずだ，…すべきだったのに」という意味であり，文全体が不自然な意味になるため，❷，❸は誤りである。なお，can have *done*という形は原則として使われないため，❹は誤りである。

【完成文】 My brother must have been very popular when he was a high school student. He still gets lots of New Year's cards from his former classmates.

【 訳 例 】 私の兄（弟）は高校生の頃とても人気があったにちがいない。今でも彼はたくさんの年賀状を昔の同級生からもらっている。

【問題2】

本問では，空所の後ろにatがあるため，reach O「Oに到着する」ではなく，arrive at A「Aに到着する」の形を用いることがわかる。for she took the early train「というのも，彼女は早い電車に乗ったからだ」という後半に対して，前半は「今ごろ（もう）東京駅に着いているはずだ（着いてしまったはずだ）」とすると自然な意味の文になる。❹ought to have arrivedが正解だ。❷must arriveはarriveが動作動詞であり「（今）到着しなければならない」という不自然な意味の文になるため，誤りである。なお，must be「いるに違いない」を用いて，My sister must be at Tokyo Station now「私の姉（妹）は今ごろ東京駅にいるに違いない」とすれば正しい意味の文となる。

【完成文】 My sister ought to have arrived at Tokyo Station by now, for she took the early train.

【 訳 例 】 私の姉（妹）は今ごろ東京駅に着いているはずだ。というのも，彼女は早い電車に乗ったからだ。

【問題3】

本問では，空所を含む文の次の文に「彼はまだハワイで休暇中だ」とあるため，空所には新宿駅で山田さんを見たという発言に対して「そんなはずはない」と否定する内容が入るはずである。そこで，couldn't have *done*「…したはずがない」

という表現を用いる。**❶couldn't**が正解だ。なお，couldn't haveの後にはseen Mr. Yamada at Shinjuku Station this morningが省略されている。**❸might（have）**は「そうだったかもしれない」，**❹should（have）**は「すべきだったのに，してしまったはずだ」となり，意味が通らないため，それぞれ誤りである。

【完成文】 "I saw Mr. Yamada at Shinjuku Station this morning."

"You couldn't have. He's still on vacation in Hawaii."

【 訳 例 】「今朝，山田さんを新宿駅で見かけました」

「そんなはずないですよ。彼はまだ休暇でハワイにいますから」

様々な助動詞＋have＋*done*

ここで，主な助動詞＋have *done*の形と意味について確認しておこう。このあたりの知識は否定がからんだり，「使われない形」もあったりして，混乱しやすい。この機会に整理しておいてほしい。

【助動詞＋ have *done*】	【意味】
must have *done*	（1）…したにちがいない （2）…していなければならない
should［ought to］have *done*	（1）…してしまったはずだ （2）…すべきだったのに
may［might］have *done*	…したかもしれない
could have *done*	（1）…したかもしれない （2）…できただろう
cannot［couldn't］have *done*	（1）…したはずがない （2）…できなかっただろう
needn't have *done*	…する必要はなかったのに（実際はした）

※can have *done*やneed have *done*の形はないと考えてよい。

※must have *done*「…したにちがいない」の否定はcannot［couldn't］have *done*「…しなかったはずだ」である。

Lesson5の最重要POINT

♛ 助動詞の過去形は必ずしも過去のことを表さない

♛ 助動詞＋have *done*の形で，過去のことを表すことができる

確認問題

次の空所に入れるのに最も適切なものを，選択肢❶～❹から選びなさい。

【1】 【難易度★★☆】

"No one was prepared for Professor Hill's questions."

"I guess we ☐ the assignment last night."

❶ must have read ❷ ought to read ❸ read ❹ should have read

（センター本試　改）

【2】 【難易度★★☆】

"What's that song you're listening to?"

"You don't know? It's 'Yesterday' by the Beatles. You ☐ it before!"

❶ hadn't heard ❷ might hear ❸ must've heard ❹ should hear

（センター本試）

【3】 【難易度★★☆】

The economist said, "Cost cutting ☐ long before they had to start firing employees. That was extremely regrettable."

❶ may be done ❷ is done ❸ has been done ❹ should have been done

（慶應義塾大）

確認問題：解答と解説

【1】 ❹ should have read

"No one was prepared for Professor Hill's questions."

"I guess we ☐ the assignment last night."

「誰もヒル教授の質問への準備ができていなかったね」という発言に対し，「課題について昨晩読んでおくべきだった」と答えれば自然な意味になる。❹ should have readが正解。

【完成文】 "No one was prepared for Professor Hill's questions."

"I guess we should have read the assignment last night."

【 訳 例 】 「誰もヒル教授の質問への準備ができていなかったね」

「私たちは課題について昨晩読んでおくべきだったと思うな」

【2】 ❸ must've heard

"What's that song you're listening to?"

"You don't know? It's 'Yesterday' by the Beatles. You ⬜ it before!"

会話の流れより,「君も前に聞いたことがあるに違いない」と答えれば自然な意味になる。❸must've heardが正解。なお,❶hadn't heardは「聞いたことがなかった」となり,過去の時点よりも前に聞いたことがないという意味になるため不自然。❷might hearは「聞くかもしれない」,❹should hearは「聞くべきだ」で,ともに現在のことを表し,before「以前に」と意味が合わない。

【完成文】 "What's that song you're listening to?"

"You don't know? It's 'Yesterday' by the Beatles. You must've heard it before!"

【 訳 例 】 「君が聴いているのは何ていう曲?」

「知らないの? ビートルズの『イエスタデイ』だよ。君も前に聞いたことがあるに違いないよ!」

【3】 ❹ should have been done

The economist said, "Cost cutting ⬜ long before they had to start firing employees. That was extremely regrettable."

空所を含む文の次の文に「極めて残念なことだった」とあることから,「経費削減をすべきだったのに」とすると自然な意味になる。❹should have been doneが正解。

【完成文】 The economist said, "Cost cutting should have been done long before they had to start firing employees. That was extremely regrettable."

【 訳 例 】 「従業員を解雇し始めなければならなくなる前に,経費削減をすべきでした。それが極めて残念です」とその経済学者は言った。

6 仮定法
ifを使わない仮定法

本章では，仮定法を学習する。仮定法の「法」というのは話し手の態度のことだ。事実を述べる直説法とは異なり，話し手が頭の中で考えた，事実と異なる内容や実現可能性の低い内容を述べるのが仮定法である。ところで，仮定法というとどんなイメージがあるだろうか。「もし…ならば」「ifを使う」など，いろいろなことが考えられるだろう。しかし，仮定法の世界はIf I were a bird, I could fly to you. ／ I could fly to you if I were a bird.「もし私が鳥だったら，あなたのところへ飛んでいけるのに」のような典型的な表現ばかりではない。仮定法が使われる範囲は，実はもっと広いのである。本章で「仮定法と言えばif」のような狭い考え方を取り払って，仮定法の世界を広げてもらいたい。

例題 次の空所に入れるのに最も適切なものを，選択肢❶～❹から選びなさい。
　　　　 he caught the morning train, he'd be enjoying this lunch with us now.
❶ Did　　　❷ Had　　　❸ If　　　❹ Were

（東京経済大）

▎「なんとなく」は厳禁，英文法は「形」が大事

例題 は，❸Ifを入れる人が多い問題だ。日本語からなんとなく考えて，「その朝の電車に乗っていたら，彼は今ごろ私たちとこの昼食を楽しんでいるだろうに」と訳せば「意味が通る！」となってしまいがちである。しかし，英文法は「形」が大事だ。「意味」から考えれば正解になりそうな選択肢も，「形」が間違っていたら正解にはならない。この問題ではどのような「形」が問題となるのだろうか。文の後半部分を見てみよう。

he'd be enjoying this lunch with us now.

he'dはhe wouldの短縮形で，wouldはwillの過去形だ。wouldは「過去の習慣」を表したりするとき，過去の意味で使われる。しかし，ここでのwouldは現在の意味である。それは，この文の最後にnow「今ごろ」という語があることからわかる。それでは，なぜここで過去形が使われているのだろうか。それは，仮定法の文だからである。仮定法の文では，帰結節に必ず助動詞の過去形（**would** ／ **could** ／ **might** ／ **should**）が使われる。

文の後半he'd be enjoying this lunch with us now.の部分が仮定法であることはわかった。しかし，繰り返しになるが，正解は❸Ifではない。少し立ち止まって考えてみてほしい。If he caught the morning trainはどのような意味だろうか。仮定法の文でif節内に動詞の過去形が使われているということは，現在・未来の意味になるはずである。すると，文の前半If he caught the morning trainは「もし彼が（今・これから）その朝の電車に乗れば」という意味になるが，これを後半のhe'd be enjoying this lunch with us now「今ごろ私たちとこの昼食を楽しんでいるだろう」とつなげると文の意味が不自然になってしまう。そこで，このif節の部分は過去のことを伝えているのだと考えて，If he had caught the morning train「もし彼が（過去に）その朝の電車に乗れていたら」としてみる。これで，文の後半ときれいにつながった。ところが，選択肢にはこのような表現がない。ここで知っておきたいことがある。「ifのない仮定法がある」ということだ。そのうちの1つ，ifの省略を確認しておこう。

必ず覚えておきたいifの省略3パターン

- if S were … = were S …
- if S had *done* = had S *done*
- if S should *do* = should S *do*

※「ifをとってSと次の語を入れ替える」と覚えておけばOK。

つまり，If he had caught the morning trainはHad he caught the morning trainと言い換えることができる。正解は，❷Hadである。正解だけでなく，正解にたどり着くまでのプロセスをしっかりと理解しよう。

【完成文】 Had he caught the morning train, he'd be enjoying this lunch with us now.

【訳例】 その朝の電車に乗れていたら，彼は今ごろ私たちとこの昼食を楽しんでいるだろうに。

それでは，練習問題を解いてみよう。

次の空所に入れるのに最も適切なものを，選択肢❶〜❹から選びなさい。

【問題1】 Monetary policy _____ more effective in the U.S. had more attention been devoted to credit blockages.

❶ has been   ❷ would have been   ❸ was   ❹ will be

（慶應義塾大）

【問題2】 The flooding that the hurricane caused was serious, but watchers had feared much worse. A bit farther north, and it _____ the big cities.

❶ has been hit   ❷ should have been hit   ❸ had hit   ❹ might have hit

（慶應義塾大）

【問題3】 The man at the window must be a spy, since he works slowly and keeps looking around. A real cleaner _____ the windows twice.

❶ had never washed   ❷ was not washing   ❸ would not wash   ❹ did not wash

（慶應義塾大）

【問題1】

後半のhad more attention been devoted to credit blockagesがひとかたまりに見えただろうか。そう，これはifの省略の形だ。つまり，if more attention had been devoted to credit blockagesがもとの形だとわかる。正解は，❷would have beenである。このようにifの省略が文の後ろのほうで行われると，構文が複雑になって気づきにくくなる。大学入試では和訳問題などで出題されることもあるため，注意が必要だ。助動詞の過去形（would／could／might／should）に着目することで，仮定法が使われていることにも気づきやすくなるはずである。

【完成文】 Monetary policy would have been more effective in the U.S. had more attention been devoted to credit blockages.

【訳例】 信用の障害にもっと注意を向けていれば，アメリカの金融政策はもっと効果的だっただろう。

【問題2】

この問題は，A bit farther north, andのところが，「あとちょっと北だったら」という意味でif節の代わりに使われている。1文目は過去の事実についての話であり，続く2文目も過去の話をしていると考えられるため，過去のことについての

仮定法だと考えることができる。したがって，正解を❷should have been hitか❹
might have hitに絞り込むことができる。正解は❹であるが，❷はどこが誤りか
わかるだろうか。それは，受動態の形をしているにもかかわらず，直後にthe big
citiesという名詞がきているというところである。第4文型・第5文型で使われる
場合を除いては，受動態の後に名詞を置くことはない（『4．態－受動態』p.34～
参照）ことを再度確認しておいてほしい。なお，A bit farther north, andのように
「副詞句＋and」の形は次のような文でも使われる。

例 A few minutes later, and I might have missed the 8:10 train.
（数分遅かったら，8時10分の電車に乗り遅れたかもしれない）

【完成文】 The flooding that the hurricane caused was serious, but watchers had
feared much worse. A bit farther north, and it might have hit the big
cities.

【訳例】 ハリケーンのもたらした洪水は深刻だったが，観測者はもっと悪い結果を恐れて
いた。もう少し北にずれていたら，洪水は大都市を襲っていたかもしれない。

【問題3】
この問題も，ifのない仮定法が頭の中にあれば瞬時に正解を選択できる。この文で
では主語A real cleanerがif節の代わりの表現となっており，「本物の清掃作業員な
ら」という意味が込められている。仮定が主語部分に潜んでいる，いわゆる潜在
仮定と言われるもので，和訳問題でもポイントとなるものだ。正解は，仮定法の
形をとる❸would not washである。

【完成文】 The man at the window must be a spy, since he works slowly and keeps
looking around. A real cleaner would not wash the windows twice.

【訳例】 窓のところにいる男はスパイにちがいない。というのも，彼は仕事が緩慢で，ず
っとあたりを見回している。本物の清掃作業員なら窓を2回洗ったりしないよ。

潜在仮定を見抜くポイントは「現在のことについて述べた文であるにもかかわら
ず，助動詞の過去形が用いられている」という点である。次の文を見てほしい。
He could do it now.
この文は，nowという語からもわかるように現在の話である。したがって，助動
詞の過去形couldが使われているのは仮定法の文だからであるとわかる。しかし，
文の中にif節がない。そこでif節の代わりとなる表現を探す。この文では大まか
に2つの解釈が可能で，1つの解釈は，主語のheをif節の代わりと考えること

（「彼ならば今それができるだろう」と訳す），もう1つの解釈は，副詞のnowをif節の代わりと考えること（「彼は今ならばそれができるだろう」と訳す）である。このように，潜在仮定の文では主に主語の部分や副詞（句）をif節の代わりと考えて解釈する。次の例で確認しておこう。

（1）主語がif節の代わり

例 <u>An American</u> would not pronounce the word that way.

（<u>アメリカ人なら</u>その単語をそのようには発音しないだろう）

（2）副詞句がif節の代わり

例 That strange custom could have been accepted <u>300 years ago</u>.

（その風変わりな風習は<u>300年前なら</u>受け入れられただろう）

仮定法はパーツごとに「いつの話か」を考える

仮定法の基本的な形についておさらいしておこう。次の表を見てほしい。これは，仮定法の基本的な形をまとめたものである。

●《仮定法の基本形》

【仮定のパーツ】	【結果のパーツ】
❶If S *did* 「もしSが…したら」 現在・未来のこと	❷S would *do* 「Sは…するだろう」 現在・未来のこと
❸If S had *done* 「もしSが…していたら」 過去のこと	❹S would have *done* 「Sは…しただろう」 過去のこと

仮定法の文は，基本的に上の❶～❹の4つのパーツを組み合わせることによってできている。❶と❷，❸と❹の組み合わせが基本である。なお，❷と❹の助動詞の過去形wouldの部分には，couldやmight，shouldも用いられる（別冊付録p.13参照）。

【❶と❷の組み合わせ例】

If I were a bird, I would fly to you.

(もし私が鳥なら，あなたのところに飛んでいくだろうに)

【❸と❹の組み合わせ例】

If I had got up earlier, I would have attended the party.

(もし私がもっと早く起きていたら，そのパーティに出席しただろうに)

※ 【仮定のパーツ】と【結果のパーツ】は出てくる順番が逆になることもある。

例 If I were a bird, I would fly to you. ≒ I would fly to you if I were a bird.

一方で，❸と❷，❶と❹の組み合わせも可能だ。

【❸と❷の組み合わせ例】

If I had got up earlier this morning, I would be in the park now.

(今朝もっと早く起きていたら，私は今ごろ公園にいるだろう)

【❶と❹の組み合わせ例】

If John Lennon were alive, he could have written a lot more wonderful songs.

(ジョン・レノンが生きていたら，もっと多くの素晴らしい曲を書けただろう)

このように，パーツごとに「いつの話か」を考えるのが仮定法の基本的な考え方である。英作文で仮定法を使う際は，【仮定のパーツ】と【結果のパーツ】がそれぞれ「いつの話か」を考えて書くことになる。【❶と❹の組み合わせ例】のような仮定法を書くことが求められる場合もあるため，注意が必要だ。

ここで，上記のすべての組み合わせ例で助動詞の過去形（would／could／might／should）が使われていることも再確認しておきたい。仮定法の文を見抜く際には，ifよりも助動詞の過去形が手がかりになるからである。

仮定法の世界は広い。まずは助動詞の過去形を見かけたら「仮定法かも？」と考え，if 節か if 節の代わりに使われている仮定の表現を探すクセをつけよう。そうすることで，英文の意味を正確に把握することができる。

👑 仮定法の文では，助動詞の過去形（**would** ／ **could** ／ **might** ／ **should**）がある

👑 **if**を使わない仮定法がある（省略３パターン，**if**節の代用表現など）

👑 仮定法の文では，４つのパーツごとにそれぞれ「いつのことか」を考える

確認問題

次の空所に入れるのに最も適切なものを，選択肢❶〜❹から選びなさい。

【１】【難易度★★☆】

[____] he listened to his mother, he might not have made such a mistake.

❶ Had ❷ If ❸ Should ❹ Supposing

（近畿大）

【２】【難易度★★☆】

[____] writing to an irritable man, I would have tried harder than I did to find expressions more suitable to his character.

❶ As I am ❷ If I am ❸ I had been ❹ Had I been

（慶應義塾大）

【３】【難易度★★☆】

A few minutes later, and Susan [____] the last plane yesterday.

❶ might have missed ❷ might miss ❸ should miss ❹ can have missed

【４】【難易度★★★】

カッコ内の語句を並べ替えて，正しい英文を作りなさい。

There was a phone call from someone whose number you didn't recognize, so you didn't answer it. However, it was from someone inviting you to a party. You could express your regret by saying: I (could ／ had ／ have ／ I ／ attended ／ the party) answered the phone yesterday.

（センター本試　改）

【1】 ❶ Had

[____] he listened to his mother, he might not have made such a mistake.

might not have madeという形に着目すると，過去のことを表す仮定法の文かもしれないと考えることができる。【結果のパーツ】の意味は，「母親の言うことを聞いていたら，そんなミスをしなかったかもしれない」となりそうであるため，【仮定のパーツ】も過去のことだと考えるのが自然である。そこで，If he had listened to his mother, としたいところだが，そのような選択肢はない。ifの省略を考え，Had he listened to his mother, と言い換えた❶Hadが正解。

【完成文】 Had he listened to his mother, he might not have made such a mistake.

【訳例】 母親の言うことを聞いていたら，彼はそんなミスをしなかったかもしれない。

【2】 ❹ Had I been

[____] writing to an irritable man, I would have tried harder than I did to find expressions more suitable to his character.

would have triedという形に着目すると，過去のことを表す仮定法の文かもしれないと考えることができる。【結果のパーツ】の意味は，「私はその人の性格にもっと合った表現を，実際にしたよりも一生懸命見つけようとしていただろうに」となりそうであるため，【仮定のパーツ】も過去のことだと考えるのが自然である。そこで，If I had been writing to an irritable man, としたいところだが，そのような選択肢はない。ifの省略を考え，Had I been writing to an irritable man, と言い換えた❹Had I beenが正解。

【完成文】 Had I been writing to an irritable man, I would have tried harder than I did to find expressions more suitable to his character.

【訳例】 もし短気な男に手紙を書こうとしていたならば，私はその人の性格にもっと合った表現を，実際にしたよりも一生懸命見つけようとしていただろうに。

【3】 ❶ might have missed

A few minutes later, and Susan [____] the last plane yesterday.

A few minutes later, and「数分遅ければ」は【副詞＋and】の形であり，if節の代わりに仮定を表す表現として使われている。また，【結果のパーツ】にyesterday「昨日」という過去を表す表現があることから，過去のことを表す仮定法表現を選

ぶ。助動詞の過去形＋have *done*の形になっている ❶might have missedが正解。

【完成文】 A few minutes later, and Susan might have missed the last plane yesterday.

【訳 例】 数分遅ければ，スーザンは昨日，最終飛行機に乗り遅れたかもしれない。

【4】

There was a phone call from someone whose number you didn't recognize, so you didn't answer it. However, it was from someone inviting you to a party. You could express your regret by saying: I（could／had／have／I／attended／the party） answered the phone yesterday.

まず，カッコを含む文の前の文の意味「電話があったが，知らない番号の人からだったので出なかった。しかし，あなたをパーティーに誘う人からの電話だった。あなたは次のように言うことで，残念だという気持ちを表現できるだろう」を把握する。次に，カッコを含む文の意味と形を考える。カッコ内でcould have attendedという表現を作ることができるため，意味は「昨日電話に出ていれば，パーティーに出席できただろうに」とするのが自然であること，形は仮定法にすることを考える。if I had answered the phone yesterday「昨日電話に出ていれば」という節を作り，ifを省略した形had I answered the phone yesterdayで表して文末に置くと，次のような文が得られる。

【完成文】 There was a phone call from someone whose number you didn't recognize, so you didn't answer it. However, it was from someone inviting you to a party. You could express your regret by saying: I could have attended the party had I answered the phone yesterday.

【訳 例】 電話があったが，知らない番号の人からだったので出なかった。しかし，あなたをパーティーに誘う人からの電話だった。あなたは次のように言うことで，残念だという気持ちを表現できるだろう。「もし昨日電話に出ていれば，パーティーに出席できただろうに」

7 仮定法
直説法と仮定法, 未来のことを表す表現

本章では, 直説法と仮定法の区別について学習する。仮定法をどのような場面で使うのかについて理解を深めよう。また, 未来のことに関する条件や仮定を伴う文についても, その使い方を確認する。使われる場面と使う形の組み合わせを理解し, 記憶しておくことがカギとなる。

例題 次の空所に入れるのに最も適切なものを, 選択肢❶〜❹から選びなさい。
If it 〔　　　〕 tomorrow, we'll have to put off the tennis match.
❶rains　　❷rain　　❸will rain　　❹rained

本問は, tomorrowやwe'llといった表現から, 未来のことを表している文であるとわかる。ここで, 未来のことについての条件「…ならば」を表すときは, if節内の動詞は現在形か現在完了形を用いる(『2. 時制 – 時・条件の副詞節』p.22〜参照)というルールを思い出してほしい。正解は, 現在形❶rainsだ。
【完成文】If it rains tomorrow, we'll have to put off the tennis match.
【訳 例】 もし明日雨が降れば, 私たちはテニスの試合を延期しなければならないだろう。

ところで, 上の文は「仮定法の文」だろうか。答えはNoである。仮定法の文とは動詞の時制が異なるからだ。次の仮定法の例文を見てほしい。
例 If I were you, I wouldn't accept the offer.
　(私があなたなら, その申し出を受け入れないだろう)

このように, 現在や未来のことを表す仮定法の文では, 帰結節で助動詞の過去形が用いられ, 条件節では動詞の過去形が用いられる。例文では, 帰結節で助動詞の過去形wouldn'tが使われており, 条件節でbe動詞の過去形wereが使われていること確認しよう。

直説法と仮定法の違い

では, 上の2つの文の違いは, どこにあるのだろうか。一言で言うと, 直説法と仮定法の違いである。「法」とは書き手(話し手)の態度のことだ。直説法は事実

を述べるもので，普段読み書きしている文の多くが直説法で書かれている。一方で，仮定法では書き手（話し手）の頭の中の想像を述べる。特に，現在や過去の事実に反することを述べたり，実現可能性がゼロまたは非常に低い未来についての想像を述べるときなどに用いられる。

- 直説法…事実を述べる
- 仮定法…想像を述べる（現在・過去の事実に反すること，未来の起こりそうにないことについての想像など）

つまり，if節を用いた 例題 の文は直説法の文（単なる条件の文）で，「五分五分」で起こる可能性があることについて事実を説明していると考えるとよい。一方で，例文の仮定法の文は，現在の事実に反することについて想像したことを述べている。

【単なる条件の文】	If it rains tomorrow, we'll have to put off the tennis match. （もし明日雨が降れば，私たちはテニスの試合を延期しなければならないだろう） ⇒ 雨が降るかどうかは「五分五分」のイメージ
【仮定法の文】	If I were you, I wouldn't accept the offer. （私があなたなら，その申し出を受け入れないだろう） ⇒「私があなたである」というのは現在の事実に反する

それでは，練習問題を解いてみよう。

次の空所に入れるのに最も適切なものを，選択肢❶〜❹から選びなさい。

【問題1】If you ⬚ tomorrow, please let me know by e-mail.

❶were to come　　❷should come　　❸had come　　❹came

【問題2】If a serious accident ⬚ happen, what would you do?

❶were to　　❷will　　❸to　　❹were

【問題3】次の2文がほぼ同じ意味になるように，空所に適語を入れなさい。

If I had enough money, I could buy this car.

As I ⬚ ⬚ enough money, I ⬚ ⬚ this car.

未来のことを表す表現

【問題１】
主節で命令文が使われているため，主節で助動詞の過去形を用いる仮定法の文ではなく，直説法の文（単なる条件の文）であるとわかる。したがって，if 節内の動詞は現在形か現在完了形になるはずであるが，選択肢に現在形や現在完了形の動詞は見当たらない。そこで，「万一」という意味を持つshouldを用いた❷ should comeを入れる。この文は，単なる条件の文に「万一」の意味を持つshouldを用いることで，実現可能性が低い条件を表している。なお，❶were to comeは後述のように仮定法の文で用いる形であるため，本問では誤りとなる。

【完成文】 If you should come tomorrow, please let me know by e-mail.

【 訳 例 】 万一明日，あなたが来るようなら，メールで知らせてください。

【問題２】
主節で助動詞の過去形wouldが用いられていることから，仮定法の文であるとわかる。そこで，未来のことについて実現可能性が低いと話者が判断していることを述べる際に用いるwere toを入れる。❶が正解。

【完成文】 If a serious accident were to happen, what would you do?

【 訳 例 】 もし重大な事故が起こったら，どうしますか。

were toという表現に違和感を持つ人もいるかもしれないが，be to do で主に未来のことを表すことを思い出すと理解しやすいだろう。

例 The Prime Minister is to arrive at Tokyo Station around noon.
　　（首相は正午ごろに東京駅に到着する予定だ）

if S were to do の表現は，実現可能性が低いと話者が判断していることについて述べるときに使うが，このように実現可能性は低いけれどもありうるときだけでなく，客観的に見て実現可能性がないときにも使う。覚えておきたい。

例 If the sun were to rise in the west, I would be very surprised.
　　（もし太陽が西から昇ったら，私はとても驚くだろう）

まとめると，次のようになる。

- **If S should *do* ...**

⇒単なる条件の文「万一…すれば」

（低いが実現可能性があると話者が判断することについて述べる）

※客観的に見て実現可能性がない場合には使わない。

- **If S were to *do* ...**

⇒仮定法の文「もし…すれば」

（実現可能性が低いと話者が判断することについて述べる）

※客観的に見て実現可能性が低い場合と実現可能性がない場合の両方に使う。

実現可能性の非常に低い条件について述べる	▶ If S should *do* ... , 命令文（条件の文） ▶ If S should *do* ... , S will *do*（条件の文） ▶ If S should *do* ... , S would *do*（仮定法）※
実現可能性がゼロまたは非常に低い想像について述べる	▶ If S were to *do*... , S would *do*（仮定法）

※ if S should *do* ... であっても，主節（帰結節）を仮定法の形にすることもある。

仮定法の文が表す"事実"を読み取る

【問題３】

第１文は仮定法過去の文であり，現在のことについて，「十分なお金を持っていれば，この車を買えるのに」と事実に反する仮定をしている。このような仮定法の文を見たときに，実際の意味をとれるようにしたい。つまり，「事実はどうなのか」ということを読み取れるようにしたいのである。この文での事実は，「十分なお金を持っていないので，この車を買えない」である。したがって，空所は次のように埋める。

As I（don't）（have）enough money, I（can't）（buy）this car.

現在や過去の事実に反する内容の仮定法の文がある場合，その裏の意味，すなわち「事実はどうなのか」ということを読み取る力は，長文読解問題などでも問われる。ぜひそのような考え方に慣れておいてほしい。

【完成文】　If I had enough money, I could buy this car.

　　　　　As I don't have enough money, I can't buy this car.

【 訳 例 】　もし私が十分なお金を持っていれば，この車を買えるのに。

　　　　　私は十分なお金を持っていないので，この車を買えない。

Lesson7の最重要POINT

- 仮定法は現在・過去の事実に反することや，未来の起こりそうにないことについての想像などを述べるのに用いる
- 直説法は事実を述べるのに用いる
- 未来のことはif S were to *do*やif S should *do*の形で表せるが，続く形が異なる
  If S were to *do*, S would *do*
  If S should *do*, 命令文／S will *do*／S would *do*
- 仮定法は「事実はどうなのか」を考えることが重要

確認問題

次の空所に入れるのに最も適切なものを，選択肢❶〜❹から選びなさい。

【1】【難易度★★☆】

_____ an earthquake to occur, we would have to take immediate action.

❶If　　❷Should　　❸Unless　　❹Were

（近畿大）

【2】【難易度★★☆】

_____ my plane not arrive on time, please wait for me in the baggage area.

❶If　　❷Unless　　❸Should　　❹When

（南山大　改）

次の2文がほぼ同じ意味になるように，空所に適語を入れなさい。

【3】【難易度★★☆】

If the weather had been good, we could have danced outside.

As the weather _____ good, we _____ _____ outside.

【4】【難易度★★☆】

Since she took the doctor's advice then, she is well now.

If she _____ taken the doctor's advice then, she _____ _____ well now.

【5】【難易度★★☆】

You have your own computer, so you don't have to borrow one to finish the report.

If you _____ _____ your own computer, you _____ _____ _____ borrow one to finish the report.

【1】 ❹ Were

_____ an earthquake to occur, we would have to take immediate action.

主節の時制に着目する。助動詞の過去形wouldが用いられていることから，仮定法の文ではないかと考えられる。そこで，if S were to *do* ...のifを省略した形were S to *do* ...を用いる。❹Wereが正解。

【完成文】 Were an earthquake to occur, we would have to take immediate action.
≒ If an earthquake were to occur, we would have to take immediate action.

【 訳 例 】 もし地震が起こったら，私たちは素早い行動をとらなければならないだろう。

【2】 ❸ Should

_____ my plane not arrive on time, please wait for me in the baggage area.

主節の時制に着目する。please wait「待っていてください」より，未来のことについての単なる条件の文ではないかと考えられる。そこで，if S should *do* ...のifを省略した形should S *do* ...を用いる。❸Shouldが正解。なお，Ifを入れるならIf my plane <u>does</u> not arriveなどとしなければならないため，❶Ifは誤りである。

【完成文】 Should my plane not arrive on time, please wait for me in the baggage area.≒ If my plane should not arrive on time, please wait for me in the baggage area.

【 訳 例 】 万が一私の飛行機が時間通りに到着しなければ，手荷物受取所で待っていてください。

【3】

If the weather had been good, we could have danced outside.

As the weather _____ good, we _____ _____ outside.

第1文は，「もし天気が良かったら，外でダンスができただろうに」という意味の仮定法過去完了の文である。この文での事実，「天気が良くなかったので，外でダンスができなかった」を読み取れるようにしたい。

【完成文】 If the weather had been good, we could have danced outside.

As the weather <u>wasn't</u> good, we <u>couldn't dance</u> outside.

【 訳 例 】 もし天気が良かったら，私たちは外でダンスができただろうに。

天気が良くなかったので，私たちは外でダンスができなかった。

【4】

Since she took the doctor's advice then, she is well now.

If she ☐ taken the doctor's advice then, she ☐ ☐ well now.

第1文は，「彼女はその時医師の助言を受け入れたので，現在では元気だ」という意味の直説法の文である。これを仮定法を用いた文に書き換えると，「もしその時医師の助言を受け入れていなかったら，現在，彼女は元気ではないだろうに」という意味の文になる。したがって，正解は if 節が仮定法過去完了，主節が仮定法過去の次のような文になる。

【完成文】 Since she took the doctor's advice then, she is well now.

If she <u>hadn't</u> taken the doctor's advice then, she <u>wouldn't be</u> well now.

【 訳 例 】 彼女はその時医師の助言を受け入れたので，現在では元気だ。

もしその時医師の助言を受け入れていなかったら，現在，彼女は元気ではないだろうに。

【5】

You have your own computer, so you don't have to borrow one to finish the report.

If you ☐ ☐ your own computer, you ☐ ☐ ☐ borrow one to finish the report.

第1文は，「あなたは自分のパソコンを持っているので，レポートを仕上げるためにパソコンを借りる必要はない」という意味の直説法の文である。これを仮定法を用いた文に書き換えると，「もしあなたが自分のパソコンを持っていなかったら，レポートを仕上げるためにパソコンを借りる必要があるだろう」という意味の文になる。したがって，正解は仮定法過去を用いた次のような文となる。なお，oneは代名詞で a computerのこと。代名詞oneの使い方については『24．代名詞 — one, it, thatの区別』p.181〜参照。

【完成文】 You have your own computer, so you don't have to borrow one to finish the report.

If you <u>didn't have</u> your own computer, you <u>would have to</u> borrow one to finish the report.

【 訳 例 】 あなたは自分のパソコンを持っているので，レポートを仕上げるためにパソコンを借りる必要はない。

もしあなたが自分のパソコンを持っていなかったら，レポートを仕上げるためにパソコンを借りる必要があるだろう。

Track 08

本章では，仮定法現在について学習する。仮定法現在という名前にあまりなじみがない人も多いと思われるので簡単に説明すると，仮定法現在とは「まだ実現していないことについてthat節内で動詞の原形を使う場面」のことで，主にアメリカ英語に残った形である。文法事項の分類のために「仮定法現在」という言葉を使ったが，この言葉自体は当分の間忘れてしまっても構わない。

例題 次の空所に入れるのに最も適切なものを，選択肢❶〜❹から選びなさい。

People have the right to expect that the river passing through their city ☐ visually appealing and unpolluted.

❶having ❷being ❸has ❹be

(慶應義塾大)

「要求・提案・命令」の動詞

問題文から，本問は「人は自分の街を流れる川の見た目が魅力的で，汚染されていないことを求める権利を有する」という意味になりそうである。空所には主語 the river passing through their city「自分の街を流れる川」に対応する V を入れるが，空所の直後に visually appealing and unpolluted「魅力的で汚染されていない」という形容詞句があり，これは補語のはたらきをしていると考えられるため，空所には be 動詞が入る。ここで，重要なルールがある。「求める」という意味の **expect** の後ろに that 節が続くとき，that 節内の動詞は，動詞の原形または **should** ＋動詞の原形になることがあるというルールだ。したがって，動詞の原形 be を用いた ❹ be が正解である。

【完成文】 People have the right to expect that the river passing through their city be visually appealing and unpolluted.

【訳例】 人は自分の街を流れる川の見た目が魅力的で，汚染されていないことを求める権利を有する。

このルールのポイントは expect という動詞にある。expect には「求める」という

意味があるが，何かを求める際，求めている状況はまだ実現していない。例えば，部屋の片づけを求めるとき，部屋はまだ片付いていないし，真実を話すように求めるとき，真実はまだ話されていない。このように，まだ実現していない状況について述べる際，動詞の原形やshould＋動詞の原形を使うことがあるのである。expect以外にも，未実現の状況についての要求・提案・命令を表す動詞に続くthat節内の動詞は，動詞の原形またはshould＋動詞の原形を用いることがある。具体例を見て確認してほしい。

● 《要求・提案・命令の意味を表す動詞》

▶ advise「助言する」／▶ ask「求める」／▶ command「命令する」／
▶ demand「要求する」／▶ expect「求める」／▶ insist「主張する」／
▶ order「命令する」／▶ propose「提案する」／▶ recommend「推奨する」／
▶ request「要求する」／▶ require「求める」／▶ suggest「提案する」／▶ urge「促す」
etc.

ここで，次の例文を見てほしい。これは，注意が必要な場面である。

【例1】　She suggested that I (should) be there.
（彼女は私がそこにいるべきだと提案した）

【例2】　His findings suggested that consuming too much caffeine is harmful.
（彼の研究結果はカフェインの摂りすぎは害だと示唆した）

この2文の相違点に気づいただろうか。2文ともsuggestという動詞が使われているが，【例1】のsuggestが「提案する」という意味で，未実現の状況についての提案を表しているのに対し，【例2】のsuggestは「示唆する，示す」という意味で，要求・提案・命令の意味ではないという点である。したがって，【例1】では動詞の原形beを用いているが，【例2】では動詞の原形beではなく現在形isを用いている。このように，先ほどのリストに挙がっている動詞でも，未実現の状況についての要求・提案・命令の意味で述べていない場合は，動詞の原形を用いないことに注意が必要である。英作文ではsuggestの後のthat節中の動詞を必ず原形にしている答案を見かける。要求・提案・命令の意味を表す時だけ原形を使うと知っておくだけで，そのようなミスは防げるはずだ。

それでは，練習問題を解いてみよう。

「必要・重要」の形容詞

先ほど確認した「未実現の状況についての要求・提案・命令を表す動詞に続くthat節内の動詞は，動詞の原形またはshould＋動詞の原形を用いることがある」というルールは，要求・提案・命令の動詞の場合に限られない。必要・命令の形容詞を用いたIt is ... that 〜の構文にもあてはまるのである。

【問題１】
essential「不可欠だ」という形容詞が用いられている。このような場合，that節内の動詞は動詞の原形かshould＋動詞の原形を用いることがある。every childが単数名詞の扱いをされるため，動詞はhaveではなくhasにすべきようにも見えるが，原形のhaveを使うことができるのである。したがって，誤りを含む箇所はなく，❺が正解となる。

【完成文】 It is essential that every child have access to equal education in any country.

【 訳 例 】 すべての子どもがどの国においても平等な教育を受けられるのが肝要だ。

ではなぜ，【問題１】のような場合に，that節内で動詞の原形やshould＋動詞の原形を使うのだろうか。実は，要求・提案・命令の動詞の場合と同じ理由で，まだ実現していない状況のことについて述べる場面だからである。例えば，「食糧がみんなに行き渡ることが必要だ」というときには，食糧がみんなに行き渡るという状況はまだ実現していないということがわかるだろう。つまり，次のようなルールがある。It is＋必要・重要の意味の形容詞 ＋ that ...のthat節内の動詞は，文章の状況に応じて（未実現の状況について述べる場面では）動詞の原形かshould＋動詞の原形を用いることがあるというルールだ。これもまた，具体例を挙げて

おいた。頭に入れておいてほしい。

● 《必要・重要の意味の形容詞》

▶ advisable「勧められる，賢明な」／▶ crucial「重大な」／▶ desirable「望ましい」／
▶ essential「不可欠な，肝要な」／▶ important「重要な」／▶ necessary「必要な」／
▶ urgent「急を要する」／▶ vital「肝要な」   etc.

「要求・提案・命令」の名詞

【問題２】

recommendation that ...という形になっている。recommendation「推薦，推奨」
はrecommend「推奨する」という動詞の名詞形であるが，これまで見てきたルー
ルは名詞の場合にもあてはまる。したがって，動詞の原形を用いた❶stayが正解
だ。なお，❸staysは原形ではなく現在形である。

【完成文】 The fortuneteller made a recommendation that he stay at home.

【 訳 例 】 その占い師は，彼が家にいるべきだと勧めた。

この章では，動詞の原形やshould＋動詞の原形を用いる場合について見てきた。
未実現の状況について述べる場合にそのようなルールがあるということを知って
おけば，バラバラに思える事項も一気に整理できるはずである。

Lesson8の最重要POINT

👑 仮定法現在では，未実現の状況について動詞の原形やshould＋動詞の原形を用い
る

👑 要求・提案・命令の意味の動詞・名詞に続くthat節内では，仮定法現在を用い
ることがある

👑 必要・重要の意味の形容詞に続くthat節内では，仮定法現在を用いることがあ
る

次の空所に入れるのに最も適切なものを，選択肢❶～❹から選びなさい。

【1】【難易度★☆☆】

Our family doctor suggested that our son ＿＿＿ a complete medical checkup every year.

❶ get ❷ getting ❸ is getting ❹ to get

（センター試験）

【2】【難易度★☆☆】

The committee recommended that more detailed safety procedures ＿＿＿ developed.

❶ are ❷ be ❸ have ❹ to be

（慶應義塾大）

【3】【難易度★☆☆】

It is important that every employee ＿＿＿ his or her rights.

❶ know ❷ knowing ❸ known ❹ to know

（日本女子大）

【4】【難易度★★★】

次の日本語に合うようにカッコ内の語句を並べ替えて，正しい英文を作りなさい（1語不足）。

昼の試合は雨が止むまで延期しようと，主催者は提案した。

The organizer suggested（stopped／it／afternoon game／put off until／the）raining.

確認問題：解答と解説

【1】❶ get

Our family doctor suggested that our son ＿＿＿ a complete medical checkup every year.

suggestedという動詞に着目する。「要求・提案・命令を表す動詞に続くthat節内の動詞は，動詞の原形またはshould＋動詞の原形を用いることがある」というルールから，原形のgetを入れる。❶getが正解。

【完成文】 Our family doctor suggested that our son get a complete medical checkup every year.

【訳 例】 私たちのかかりつけ医は，息子が精密な健康診断を毎年受けるべきだと提案した。

【2】❷ be

The committee recommended that more detailed safety procedures ☐ developed.

recommendedという動詞に着目する。「要求・提案・命令を表す動詞に続くthat節内の動詞は，動詞の原形またはshould＋動詞の原形を用いることがある」というルールから，原形のbeを入れる。❷beが正解。

【完成文】 The committee recommended that more detailed safety procedures be developed.

【訳 例】 委員会は，より詳細な安全策を考案すべきだと提案した。

【3】❶ know

It is important that every employee ☐ his or her rights.

importantという形容詞に着目する。「必要・重要の意味の形容詞に続くthat節内では，動詞の原形またはshould＋動詞の原形を用いることがある」というルールから，原形のknowを入れる。❶knowが正解。

【完成文】 It is important that every employee know his or her rights.

【訳 例】 すべての従業員が自分の権利を知っておくことが重要だ。

【4】

昼の試合は雨が止むまで延期しようと，主催者は提案した。

The organizer suggested（stopped／it／afternoon game／put off until／the）raining.（1語不足）

「提案した」という日本語と，suggestedという動詞に着目する。「要求・提案・命令を表す動詞に続くthat節内の動詞は，動詞の原形またはshould＋動詞の原形を用いることがある」というルールから，put off O「Oを延期する」という表現の受動態を用いるためにbe動詞の原形beを補い，the afternoon game be put offという語順にする。

【完成文】 The organizer suggested the afternoon game be put off until it stopped raining.（不足語：be）

【訳 例】 昼の試合は雨が止むまで延期しようと，主催者は提案した。

本章では，動名詞とto不定詞の意味上の主語について学習する。動名詞とto不定詞は準動詞に分類されるが，これらはもともと動詞であったことから，動詞としての性質を有する。例えば，準動詞の主語や準動詞の目的語などを考えることができるが，準動詞の主語は明示されないことが多いため，特に重要である。また，主語を明示する場合もいくつかの文法規則がある。意味上の主語と呼ばれる準動詞の主語について学習することで，準動詞そのものについての理解を深めたい。

例題 1 次の空所に入れるのに最も適切なものを，選択肢❶〜❹から選びなさい。

Just after putting away the dishes, ____.

❶ the doorbell rang

❷ Joan heard the door knocking

❸ Joan heard the doorbell ring

❹ the doorbell was heard to ring

（同志社大）

例題 2 カッコ内の語を並べ替えて，正しい英文を作りなさい。（1語不足）

The teacher (walked／slowly／enough／children／to／follow／her／the).

動名詞の意味上の主語：書かれていない場合

例題 1

文全体の大まかな意味が「ちょうどお皿を片付けた後に，玄関のベルが鳴った」というものであることは，選択肢から想像がつくだろう。しかし，この問題は意味だけで考えると間違ってしまう。英文法を考えるときは，意味と形の両面を意識しなければならない。

本問では，putting away the dishesという動名詞句がある。動名詞とは，動詞が名詞として使われるようになったもので，動詞の後ろに目的語を置くのと同様に，動名詞の後ろにその目的語（O）を置くことができる。

put away the dishes（動詞句）→ putting away the dishes（動名詞句）
V   O   (V)   (O)

別の言い方をすると，動名詞句は全体として名詞の働きをする（ＳやＯやＣ，前置詞の目的語になる）が，動詞としての性質も残しており，元の動詞が後ろに置いていた目的語（Ｏ）や補語（Ｃ）を伴って，動名詞句というカタマリを形成している。

だとすると，元の動詞の動作の主体である主語（Ｓ）もあるはずだ。しかし，次の例文を見てもらえればわかるが，動名詞のＯやＣははっきりと書かれても，Ｓは書かれないことが多い。

【例1】She practices [playing the piano every day].
　　　　　　　　　　　　(V)　　　(O)

　　（彼女は毎日ピアノの練習をする）

【例2】He is proud of [being a member of the club].
　　　　　　　　　　　　(V)　　　(C)

　　（彼はそのクラブの一員であることを誇りに思っている）

動名詞のＳ（意味上の主語）は，文のＳと一致する場合，一般的な人を指す場合，明らかなためわざわざ言う必要がないような場合は書かない。【例1】では，playing the pianoのＳは文のＳであるsheであり，【例2】では，being a member of the clubのＳは文のＳであるheである。

例題1 に戻ろう。putting away the dishesのＳは，空所に入れる文のＳと一致するはずだ。つまり，空所には「皿を片付ける」という動作をする者がＳになっている文を入れなければならない。「玄関のベルが皿を片付ける」とするのは極めて不自然である。そこで，人であるジョーンをＳにした選択肢❷か❸に絞ることができる。❸Joan heard the doorbell ringはhear O do「Ｏが…するのを聞く」を用いた表現で，「玄関のベルが鳴るのを聞く」という自然な意味になる。❸が正解だ。なお，❷Joan heard the door knockingはhear O doing「Ｏが…しているのを聞く」を用いた表現で，「玄関のドアがノックするのを聞く」という不自然な意味となってしまうため，誤りである。

【完成文】 Just after putting away the dishes, Joan heard the doorbell ring.
【 訳 例 】 ちょうどお皿を片付けた後，ジョーンは玄関のベルが鳴るのを聞いた。

動名詞の意味上の主語：書かれている場合

これまで見たように，動名詞の意味上の主語は原則として文のSと一致するため，わざわざ書かないことが多い。しかし，はっきりと書かなければならないこともある。次の例文のような場合だ。

【例3】The musician is sure of [the new song becoming a big hit].
　　　　　　　　　　　　　　　　　(S)　　　　　(V)　　　(C)

　　(そのミュージシャンは新曲が大ヒットすることを確信している)

この文では，前置詞ofの目的語になっているbecoming a big hitという動名詞句があり，その直前に動名詞句の意味上の主語であるthe new songが書かれている。このように，文のSとは違うものを動名詞の意味上の主語にしたいとき，それを動名詞句の直前に置く。例文では，the new songが意味上の主語である。基本的には，名詞，代名詞の目的格（例えばhim）を置くが，意味上の主語が人の場合は所有格（例えばhis）も用いる。次の例文で再度確認してほしい。

【例4】I'm aware of [him[his] studying hard every day].
　　　　　　　　　　　(S)　　　　(V)

　　(私は彼が毎日一生懸命勉強していることを知っています)

和訳問題では，動名詞の意味上の主語の理解を問うものも出題される。【例3】のような場面で，becoming a big hitを現在分詞句ととらえて，the new songを修飾するような不自然な訳（「大ヒットする新曲を確信している」）をしないよう，注意が必要である。

to不定詞の意味上の主語

例題2

選択肢から，文全体の大まかな意味は「その教師は子どもたちが彼女についていくのに十分なほどゆっくりと歩いた」となると推測できる。そこで，slowly enough to follow herというカタマリを作る。to不定詞は動名詞と同じように，意味上の主語が必ず存在するが，文のSと一致する場合，一般的な人を指す場合，明らかなためわざわざ言う必要がないような場合は書かない。一方で，本問のように文のS（the teacher）とto不定詞の意味上の主語（the children）が異なるた

め意味上の主語を書く必要がある場合は，to不定詞句の意味上の主語はfor ...の形で表し，to不定詞句の直前に置く。

【完成文】The teacher walked slowly enough [for the children to follow her]．（不足語：for）
　　　　　　　　　　　　　　　　　　　　　　　（S）　　　　　（V）（O）

【訳 例】その教師は子どもたちがついていくことができるほどゆっくりと歩いた。

応用の話に入ろう。まず，練習問題を解いてみてほしい。

【問題】次の空所に入れるのに最も適切なものを，選択肢❶〜❹から選びなさい。
The shirt needs [　　]．
❶to wash　　　❷washing　　　❸being washed　　　❹washed

動名詞の態

本問は，❶to washを入れる人が多い問題である。しかし，❶は誤りだ。なぜだかわかるだろうか。

（×）**The shirt needs to wash.**

という文は不自然だからである。「to不定詞の意味上の主語は文のS」という原則に基づけば，「シャツが洗う」という意味となり不自然であるし，to washのOがない点も不自然である。

（○）**The shirt needs to be washed.**

このように，受動態の形にすれば，「シャツが洗われる」という自然な意味になり，正しい英文となる。

しかし，to be washedは選択肢にはない。正解は，❷washingである。ここで，疑問が生まれる。washingが動名詞だとすると，to不定詞と同様，意味上の主語は文のSと一致するため，「シャツが洗う」という意味になってしまうのではないかということだ。また，washingのOがない点も不自然に思える。そこで，❸being washedのように，受動態の形にするのが正しいと考えた人もいるかもしれない。

では，なぜ正解は❷washingなのだろうか。それは，動名詞がneedの目的語になってneed *doing*の形で用いられる場合，「…される必要がある」という受動の意味になるからである。

9

準動詞　動名詞・to不定詞の意味上の主語

75

【完成文】 The shirt needs washing.

【訳 例】 そのシャツは洗われる必要がある（そのシャツは洗濯の必要がある）。

原則として動名詞の能動形 *doing* は「…すること」という能動の意味を持ち，動名詞の受動形 being *done* は「…されること」という受動の意味を持つが，本問で見たように特定の動詞の目的語になる場合は，能動形 *doing* が受動の意味を持つ。

このような使い方をするもので覚えておきたいのは，次の 2 つである。いずれも，「S は…される必要がある」という意味になる。

（1）S need *doing*

例 The house needs repairing.

　（その家は修理される必要がある ≒ その家は修理の必要がある）

（2）S want *doing*

例 The car wants washing.

　（その車は洗車される必要がある ≒ その車は洗車の必要がある）

▌名詞的な性質が強い動名詞と S や O の表し方

もう 1 つ，動名詞の性質に関わる重要なポイントを確認しておこう。動名詞には，動詞的な性質が強い場合と名詞的な性質が強い場合があるということだ。次の英文を見てほしい。

例 The wearing of uniforms by us students is required at this school.

　（この学校では私たち生徒の制服の着用が必須だ）

この文の wearing はどのような性質を持つだろうか。もし動詞的な性質が強ければ，動詞 wear の後ろに O を置くように wearing の後ろに O を置いて，wearing uniforms となるはずだ。しかし，そうはなっていない。つまり，この wearing は動詞的な性質が弱いと言える。むしろ，名詞につけるべき冠詞 the がついていることからもわかるように，この wearing は名詞的な性質が強い。このように，動名詞の名詞的な性質が強いため，意味上の O はそのままの形で直後に置かず，of 〜 の形で表されている。また，意味上の主語は by 〜 で表されている。なお，us students は，us と students が同格の関係にある（「『28. 同格 − 同格の that』p.210〜参照）。

動名詞の性質による意味上の主語や O の表し方の違いは次のようになる。

【動詞的な性質が強い場合】	【名詞的な性質が強い場合】
<u>our</u>[us] <u>wearing</u> <u>uniforms</u> 　(S)　　 (V)　　(O) （私たちが制服を着用すること）	<u>the wearing</u> of <u>uniforms</u> <u>by us</u> 　(V)　　　　(O)　　　(S) （私たちの制服の着用 ＝ 私たちが制服を着用すること）

Lesson9の最重要POINT

👑 動名詞の意味上の主語は，原則として文のSと一致する
　（動名詞の意味上の主語を文のSとは異なるものにしたいときは，名詞（代名詞）の目的格か所有格を動名詞の直前に置く）

👑 to不定詞の意味上の主語も，原則として文のSと一致する
　（to不定詞の意味上の主語を文のSとは異なるものにしたいときは，for＋名詞をto不定詞の直前に置く）

👑 need *doing* ／ want *doing*は「…される必要がある」という意味になる

👑 動名詞には，動詞的な性質が強い場合と名詞的な性質が強い場合とがある

確認問題

次の空所に入れるのに最も適切なものを，選択肢❶〜❹から選びなさい。

【1】【難易度★★☆】

On returning home, ⬚ .

❶ the mailbox had a letter in it　　❷ a letter was in the mailbox

❸ there was a letter in the mailbox　❹ Tom found a letter in the mailbox

【2】【難易度★★☆】

In that country, the possibility of a woman ever ⬚ prime minister is so remote as to be almost non-existent.

❶ becomes　　❷ becoming　　❸ will become　　❹ become

（早稲田大　改）

【3】【難易度★★☆】

This flower wants ⬚ .

❶ to water　　❷ watering　　❸ being watered　　❹ watered

【1】 ❹ Tom found a letter in the mailbox

On returning home, ⬚ .

前置詞onの直後にあるreturning homeという動名詞句の意味上の主語は，空所に入れる文のＳと同じでなければならない。つまり，「帰宅する」という動作の主体として適切なものがＳになっている文を選ぶ。❹Tom found a letter in the mailboxが正解。

【完成文】 On returning home, Tom found a letter in the mailbox.

【訳 例】 帰宅するとすぐに，トムは手紙が郵便ポストに入っているのに気づいた。

【2】 ❷ becoming

In that country, the possibility of a woman ever ⬚ prime minister is so remote as to be almost non-existent.

文のＳはthe possibility of a woman ever ⬚ prime ministerの部分で，of以下はpossibility「可能性」の内容を説明している。前置詞ofの後ろには名詞がくるため，動名詞句を作れる❷becomingが正解。a womanが動名詞句の意味上の主語のはたらきをしている。❶becomes，❸will become，❹becomeは前置詞の後ろにＳＶを続けることになってしまうため，誤り（『27. 接続詞と前置詞－等位接続詞・従属接続詞と前置詞』p.202～参照）。

【完成文】 In that country, the possibility of a woman ever becoming prime minister is so remote as to be almost non-existent.

【訳 例】 あの国では，女性がいつか首相になる可能性はほぼないに等しいほどわずかである。

【3】 ❷ watering

This flower wants ⬚ .

want *doing*で「…される必要がある」という意味である。❷wateringが正解。ここでは，wateringは普通名詞になっており，「水やり = 水やりをされること」という意味で使われていることに注意が必要だ。

【完成文】 This flower wants watering.

【訳 例】 この花は水やりが必要だ。

本章では，完了不定詞と完了動名詞について学習する。準動詞に分類されるto不定詞や動名詞自体からは，いつのことを表しているのかを読み取ることはできない。つまり，to不定詞や動名詞の表す時は，文の述語動詞の意味や時制から考えるのが原則である。一方で，文の述語動詞が表している時よりも前のことを表す際は完了不定詞，完了動名詞の形を用いる。これらを理解して使いこなせるようになれば，表現の幅は確実に広がるはずだ。

例題 1 次の空所に入れるのに最も適切なものを，選択肢❶～❹から選びなさい。

Dinosaurs are said _____ millions of years ago.

❶ to die out ❷ to have died out ❸ that they died out ❹ that they had died out

例題 2 次の2文がほぼ同じ意味になるように，空所に適語を入れなさい。

I'm sorry that he didn't come with me.

I'm sorry about _____ _____ _____ _____ with me.

---

to不定詞がいつのことを表すのかを考える

例題の解説に入る前に，基本の形をおさらいしておこう。次の例文を見てほしい。

【例1】 She is said to be rich.（彼女はお金持ちだと言われている）

この例文で考えたいのは，「to不定詞の表す時はいつか」ということである。「彼女はお金持ちだと言われている」という文は，「お金持ちである」のが現在のことで，「言われている」のも現在のことだ。つまり，to不定詞の表す時は【現在】である。

それでは，次のような例ではどうだろうか。

【例2】 She was said to be rich.（彼女はお金持ちだと言われていた）

この例文では，to不定詞の表す時は【過去】である。このように，to be richという表現は，現在のことを表す時にも，過去のことを表す時にも使うことができる。

別の言い方をすると，to不定詞だけを見ても，それがいつのことを表しているのかはわからない。

では，どこを見ればいいのだろうか。それは，文の動詞である。【例1】の文の動詞isは現在形であり，to不定詞も現在のことを表すと考えるのが自然である。一方で，【例2】の文の動詞wasは過去形であり，to不定詞も過去のことを表すと考えるのが自然である。

ここで，「to不定詞句の表す時」が「文の動詞の表す時」と一致しない例を見ておこう。

例 The man wants to see the Northern Lights someday in the future.
　　（その男性は，いつか将来オーロラを見たいと思っている）

この例文では，文の動詞wantsは現在形であり，現在のことを表す。しかし，want to *do* の「…することを望む，…したいと考える」という意味から，to不定詞句to see the Northern Lights someday in the future「いつか将来オーロラを見る」は未来のことを表すと考えるのが自然である。

以上をまとめると，次のように言える。
to不定詞が表す時は，文の動詞の意味や時制から考えるのが原則。

「to不定詞の表す時」と「文の動詞の表す時」の間にズレがある場合

「彼女は若い頃お金持ちだったと言われている」という日本語を英語にすることを考えてみてほしい。「言われている」のは現在だが，「お金持ちだった」のは過去のことである。このような場合，【例1】のようにShe is said to be rich …という文では表現できない。to不定詞の表す時が文の動詞の表す時よりも前のことを表す場合，to＋動詞の原形ではなく，完了不定詞（to＋have *done*）の形を用いる。したがって，「彼女は若い頃お金持ちだったと言われている」という日本語を英語にする場合，次のような文になる。

【例3】She is said to have been rich when young .
　　（彼女は若い頃お金持ちだったと言われている）

ここで，to不定詞に関わる重要なルールを確認しておこう。

> ● to不定詞が表す時は文の動詞の意味や時制から考えるのが原則
> ● to不定詞の表す時が文の動詞の表す時よりも前のことを表す場合，
>   to have *done*の形を用いる

それでは，　例題1　を見てほしい。まず，❸that they died outと❹that they had died outが不正解であることがわかる。これは，S is said that …という形がないためだ。そこで，S is said to …の形を用いる。「言われている」のは現在のことだが，「何百万年も前に恐竜が絶滅した」のは過去のことであり，動詞の表す時とto不定詞の表す時との間にずれがある。文の動詞が表す時より前に起こったことをto不定詞を用いて表す場合はto have *done*の形を用いるため，❷to have died outが正解だ。

【完成文】　Dinosaurs are said to have died out millions of years ago.

【 訳 例 】　恐竜は何百万年も前に絶滅したと言われている。

It is said that S V ... ≒ S is said to *do* ...

ここでもう一度　例題1　を見てほしい。不正解の選択肢❸と❹には特に注意が必要だ。繰り返しになるが，S is said that SV …という形はない。英作文の答案を添削しているとよく見かけるミスであるため，次の表でIt is said that S V …とS is said to *do* …を用いた典型的な書き換えのパターンを確認しておいてほしい。なお，is saidの部分をis reported「報じられている」，is believed「信じられている」，seems「…ようだ」，appears「…に見える」に置き換えても同じ形になる。この機会に正しい形を整理しよう。

● 《It is said that S V ...とS is said to *do* ...を用いた典型的な書き換えのパターン》

[It is said that S V ...]	[S is said to *do* ...]	【いつの話か】
It is said that she is rich.	≒ She is said to be rich.	「言われている」：現在 「お金持ち」：現在
It is said that she has been rich for 5 years.	≒ She is said to have been rich for 5 years.	「言われている」：現在 「お金持ち」：過去〜現在（※）
It is said that she was rich when young.	≒ She is said to have been rich when young.	「言われている」：現在 「お金持ち」：過去
It was said that she was rich 10 years ago.	≒ She was said to be rich 10 years ago.	「言われていた」：過去 「お金持ち」：過去
It was said that she had been rich for 5 years when she got married.	≒ She was said to have been rich for 5 years when she got married.	「言われていた」：過去 「お金持ち」：過去〜過去（※）
It was said that she had been rich when young.	≒ She was said to have been rich when young.	「言われていた」：過去 「お金持ち」：過去よりもさらに前の過去

※これらの例は，文の動詞が表す時までの【継続】の意味を表している。このように，完了不定詞to have *done*は文の動詞が表す時より前の時点での動作や状態のみならず，文の動詞が表す時までの【継続】【経験】【完了】を表すこともできる。

動名詞がいつのことを表すのかを考える

これまで見てきたのはto不定詞が表す時がいつのことかについてであるが，同様のルールは動名詞にもあてはまる。

- *doing*（動名詞）が表す時は文の動詞の意味や時制から考えるのが原則
- *doing*（動名詞）の表す時が文の動詞の表す時よりも前のことを表す場合，**having *done*** の形を用いる

例文で確認しよう。

例 I'm proud of being a member of the team.

（私はそのチームの一員であることを誇りに思っている）

この例文では，文の動詞amの意味や時制から，動名詞句being a member of the teamが表す時も文の動詞と同じ時【現在】であると考えるのが自然である。

例 I'm proud of having been a member of the team when young.

（私は若い頃，そのチームの一員だったことを誇りに思っている）

この例文では，動名詞句having been a member of the team when youngは，文の動詞amが表す時【現在】よりも前のことであるため，having *done*の形を用いている。

例題2

aboutは前置詞であり，後ろにはdidn't comeを動名詞の形にしたものが入る。また，「彼が来なかった」のは「私が残念に思っている」時よりも前のことであるため，having *done*の形を用いる。動名詞の否定は not *doing* の形になる。さらに，動名詞の意味上の主語が文の主語とは異なるため，hisかhimを動名詞句の前に置く（『9．準動詞－動名詞・to不定詞の意味上の主語』p.72〜参照）。すると，次のような文が完成する。

【完成文】 I'm sorry about his［him］ not having come with me.

【 訳 例 】 彼が一緒に来られなかったことを残念に思っています。

ちなみに，動名詞の否定はnot *doing*の形で表したが，to不定詞の否定はnot to *do*の形で表す。

例 The doctor told him not to drink too much.

（その医者は彼にお酒を飲み過ぎないように言った）

Lesson10の最重要POINT

♛ to不定詞や動名詞の表す時は，文の動詞の意味や時制から考えるのが原則

♛ 文の動詞が表す時より前のことを表す場合，完了不定詞**to have *done***，完了動名詞**having *done***の形を用いる

【１】【難易度★★☆】

次の２文がほぼ同じ意味になるように，空所に適語を入れなさい。

It is said that his uncle succeeded as a soccer player.

His uncle is said ☐ ☐ ☐ as a soccer player.

次の空所に入れるのに最も適切なものを，選択肢❶～❹から選びなさい。

【２】【難易度★☆☆】

The woman is said ☐ married when she was 20.

❶ to get   ❷ to have got   ❸ that she got   ❹ that she had got

【３】【難易度★★☆】

Gary is proud ☐ won the match.

❶ of his daughter   ❷ of his daughter have

❸ of his daughter having   ❹ that his daughter having

（関東学院大　改）

【４】【難易度★★☆】

He complained ☐ unfairly.

❶ to have been treated   ❷ that he had treated

❸ of having treated   ❹ of having been treated

（玉川大）

確認問題：解答と解説

【１】

It is said that his uncle succeeded as a soccer player.

His uncle is said ☐ ☐ ☐ as a soccer player.

最初の文は，「彼の叔父はサッカー選手として成功したと言われている」という意味である。「言われている」時と「成功した」時との間にずれがあるため，to have *done*の形を用いる。

【完成文】 His uncle is said to have succeeded as a soccer player.

【 訳 例 】 彼の叔父はサッカー選手として成功したと言われている。

【2】 **❷ to have got**

The woman is said ⬚ married when she was 20.

when she was 20「20歳の時」という過去を表す表現に着目する。文の動詞が表す時とto不定詞が表す時との間にずれがあるため，to have *done*の形を用いる。**❷** to have gotが正解。

【完成文】　The woman is said to have got married when she was 20.

【訳 例】　その女性は20歳の時に結婚したと言われている。

【3】 **❸ of his daughter having**

Gary is proud ⬚ won the match.

be proudの後ろに続く形は，be proud that SV ...かbe proud of *doing* ...のいずれかである。したがって，Gary is proud that his daughter won the match.またはGary is proud of his daughter having won the match.が正しい形となる。**❸** of his daughter havingが正解。文の動詞が表す時と動名詞が表す時との間にずれがあるため，having *done*の形を用いている。なお，his daughterは動名詞句の意味上の主語のはたらきをしている。

【完成文】　Gary is proud of his daughter having won the match.

【訳 例】　ゲーリーは娘がその試合に勝ったことを誇りに思っている。

【4】 **❹ of having been treated**

He complained ⬚ unfairly.

complainの後ろに続く形は，complain that SV ...かcomplain of［about］*doing* ...のいずれかである。したがって，He complained that he had been treated unfairly.またはHe complained of having been treated unfairly. が正しい形となる。**❹** of having been treatedが正解。文の動詞が表す時と動名詞が表す時との間にずれがあるため，having *done*の形を用いている。

【完成文】　He complained of having been treated unfairly.

【訳 例】　彼は不公平な扱いを受けたことに不平を言った。

本章では，タフ構文やto不定詞の形容詞用法について学習する。to不定詞句の目的語が欠けるケースを中心に考察を深めよう。意味ももちろん重要だが，名詞があるのかないのかなど，形に着目すると理解しやすいだろう。

次の空所に入れるのに最も適切なものを，選択肢❶〜❹から選びなさい。

例題 1 The policeman was [   ] to arrest the thief.

❶ unable　　　❷ impossible　　　❸ incapable　　　❹ difficult

例題 2 The thief was [   ] for the policeman to arrest.

❶ unable　　　❷ impossible　　　❸ possible　　　❹ incapable

「できない」を表す形容詞の様々な使い方

例題 1

本問は，「警察官が泥棒を捕まえられなかった（捕まえるのが難しかった）」という日本語の意味をぼんやりと思いつき，選択肢❷，❸，❹を選んでしまう人が多い問題である。しかし，いずれも誤りだ。❷ impossible「できない」は「原則として人を主語にとれない形容詞」で，S is impossible to do ...の形では「Sは…することができない」という意味を表すことができない。また，❹ difficult「困難だ」を用いたS is difficult to do ...も同様で，「Sが…するのは難しい」という意味を表すことはできない。❸ incapableは「できない」という意味だが，S is incapable of doing ...の形で「Sは…することができない」という意味を表すため，誤りである。S is unable to do ...で「Sは…することができない」という意味を表すことができる❶ unableが正解だ。

【完成文】 The policeman was unable to arrest the thief.
【訳 例】 その警察官は，泥棒を逮捕することができなかった。

なお，誤りの文を正しく修正すると，次のようになる。

［選択肢❷ impossible］

✕ The policeman was impossible to arrest the thief.

〇 It was impossible for the policeman to arrest the thief.

［選択肢❸ incapable］

✕ The policeman was incapable to arrest the thief.

〇 The policeman was incapable of arresting the thief.

［選択肢❹ difficult］

✕ The policeman was difficult to arrest the thief.

〇 It was difficult for the policeman to arrest the thief.

「タフ構文」とは

例題2

例題2 の正解は❷impossibleである。ここで疑問に感じた人もいるかもしれない。 例題1 の解説で「impossibleは原則として人を主語にとれない形容詞だ」と述べたからだ。泥棒は「人でなし」かもしれないが，人である。では，泥棒を主語にとれるのだろうか。答えはYesだ。まったくもって正しい英文である。この英文のしくみに迫ってみよう。

例題1 では，以下の内容を確認した。

【例1】✕ The policeman was impossible to arrest the thief.

【例2】〇 It was impossible for the policeman to arrest the thief.

繰り返しになるが，「impossibleは人を主語にとれない形容詞」というのは，S is impossible to do ...の形では「Sは…することができない」という意味を表すことができないということである。したがって，【例1】は誤りの文となる。これに対し，【例2】は形式主語構文で，for the policeman to arrest the thief「警察官が泥棒を逮捕すること」というto不定詞句が主語になっており，文法的に正しい英文である。この【例2】の文から，to arrestの目的語であるthe thiefを主語の位置に移動させた文を作ることができる。次のような形だ。

【例3】〇 The thief was impossible for the policeman to arrest.

このようにしてできた文を，特別な名前をつけて「タフ構文」と呼ぶことがある。

【完成文】 The thief was impossible for the policeman to arrest.

【訳例】 その泥棒は，警察官には捕まえることができなかった。

タフ構文とはどのような構文か

タフ構文の特徴を確認しておこう。大きな特徴は次の3つだ。

（特徴1）　タフ構文を作れる形容詞は限られている
（特徴2）　It is 〜 for … to do …という形式主語構文で書き換えられる
（特徴3）　to不定詞の後ろに目的語が欠けており，文の主語が目的語を兼ねている

（特徴1）について

タフ構文で使われる形容詞は限られている。どんな形容詞でもタフ構文で使える
わけではない。具体例を挙げたので，ざっと目を通しておいてほしい。なお，具
体例のなかにもあるtough「難しい」は，タフ構文という名前の由来である。

●《タフ構文で使われる形容詞の例》

【カテゴリー】	【形容詞の例（一部）】
難易	▶ easy「易しい」　▶ difficult ／ tough ／ hard「難しい」
快・不快	▶ comfortable「快適な」　▶ uncomfortable「不快な」
危険・安全	▶ dangerous「危険な」　▶ safe「安全な」
不可能	▶ impossible「不可能な」

（特徴2）（特徴3）について

タフ構文は，形式主語構文の中にあるto不定詞の目的語を主語の位置に移動させ
たものと考えることができるため，元の形式主語構文に書き換えることができる。
また，目的語が欠けた文になる。

例 It is comfortable to sleep in this room.（形式主語構文）

　　This room is comfortable to sleep in φ.（タフ構文）

　　（この部屋は眠るのに快適だ）

※φは名詞が欠けていることを表す。

それでは，練習問題を解いてみよう。

【問題】　次の空所に入れるのに最も適切なものを，選択肢❶〜❹から選びなさい。

This lake is safe ⬚ in June.

❶to swim 　　❷to swim in 　　❸swimming 　　❹swimming in

safe「安全だ」という形容詞に着目すると，this lakeを主語とするタフ構文である
と考えられる。元の形式主語構文は，It is safe to swim in this lake in June.という
文であると考えられるため，タフ構文はThis lake is safe to swim in φ in June.と
いう文になる。❷to swim inが正解だ。

【完成文】　This lake is safe to swim in in June.

【 訳 例 】　この湖は６月に泳ぐ分には安全だ。

主語が目的語を兼ねる文は他にもある

主語が目的語を兼ねる構文は，タフ構文以外にも存在する。その一部を確認して
おこう。

▶ **This box is too heavy to lift φ .**
（この箱は重すぎて持ち上げられない）
・too ... to *do* 〜「とても…なので〜できない」の構文で，主語が目的語を兼ねる構造に
なる場合がある。
・to lift の目的語が欠けており，主語の this box が目的語も兼ねていることをチェックし
よう。

▶ **She spoke slowly enough for the audience to follow φ .**
（彼女は聴衆がついていくのに十分なほどゆっくりと話した）
・... enough to *do* 〜「〜するのに十分なほど…」を用いた文で，主語が目的語を兼ねる
構造になる場合がある。
・to follow の目的語が欠けており，主語の she が目的語も兼ねていることをチェックしよ
う。

▶ **The great book is worth reading φ over and over again.**
（その名著は何度も繰り返し読む価値がある）
・worth *doing* ...「…する価値がある」を用いた文で，主語が目的語を兼ねる構造になる
場合がある。
・reading の目的語が欠けており，主語の the great book が目的語も兼ねていることをチ
ェックしよう。

to不定詞の形容詞用法にまで広がる，目的語のない世界

to不定詞の形容詞用法，その形についてじっくり考えたことがあるだろうか。to不定詞の形容詞用法は，大きく次の3種類に分類できる。

（1）ＳＶの関係	例 **someone to love me**（私を愛してくれる誰か） someone と to love が実質的にはＳとＶの関係になっている。
（2）ＯＶの関係	例 **someone to love φ**（愛すべき誰か） someone と to love が実質的にはＯとＶの関係になっている。
（3）同格的関係	例 **the ability to swim**（泳ぐ能力） the ability の内容について to swim で説明している。

ここで注目したいのは（2）の形である。to loveというto不定詞句がsomeoneを修飾しているが，to loveの後ろに置かれるはずの目的語がない。そして，意味の上ではto loveに修飾されるsomeoneが目的語のはたらきをしている（love someoneという関係が実質的に成り立っている）。修飾するto不定詞句と修飾される名詞との間にこのような関係があるとき，to不定詞句の目的語が欠ける構造となる（to不定詞の形容詞用法）。

---

*Lesson11*の最重要POINT

👑 タフ構文では，Ｏが欠けた構造になり，ＳがＯを兼ねる

👑 to不定詞の形容詞用法で修飾される名詞とto不定詞句にＯＶの関係があるときは，to不定詞句内の目的語が欠ける構造になる

確認問題

【1】【難易度★★☆】

次のうち，文法的な誤りを含む文を1つ選びなさい。

❶ You are easy to do the homework.　　❷ It is easy for you to do the homework.

❸ The homework is easy for you to do.　　❹ You can do the homework easily.

【2】【難易度★★☆】

誤りを含む箇所を選びなさい。誤りがない場合は❺を選びなさい。

❶Some of the ❷pieces of classical music ❸are worth ❹listening twice.

次の空所に入れるのに最も適切なものを，選択肢❶〜❹から選びなさい。

【3】【難易度★★☆】

I think there is ⬚ in the drawer of my desk.

❶ a knife to cut paper with　　　　❷ a knife to cut paper

❸ a knife cutting paper　　　　　　❹ a knife cutting paper with

【4】【難易度★★☆】

The businessperson looked for a hotel ⬚ on the Internet.

❶ to stay　　❷ to stay at　　❸ to be stayed　　❹ to stay at it

カッコ内の語句を並べ替えて，正しい英文を作りなさい。

【5】【難易度★★☆】

The speech was (me／slow／for／keep up／to／enough) with.

【6】【難易度★★★】

That man isn't (hard／with／when／know／you／to get along) him well.

【1】❶ You are easy to do the homework.

❷ It is easy for you to do the homework.は形式主語構文，❸ The homework is easy for you to do.はそれを前提にしたタフ構文の形，❹ You can do the homework easily.は特に問題のない英文である。一方で，❶はタフ構文のような形をしているものの，目的語が欠ける構造にもなっておらず，誤りの文である。英作文の答案ではこのような文が散見される。瞬時に誤りの文であると判断できるようになりたい。

【2】

❶Some of the ❷pieces of classical music ❸are worth ❹listening twice.

S is worth *doing* ...「Sは…する価値がある」という表現を用いた文である。この文の特徴は，目的語が欠けて主語が目的語を兼ねる形になる点だ。listenは自動詞であるため，このままでは目的語が欠けたことにならない。listen toの形にして，toの後ろに目的語が欠ける形にする。❹が正解。

【完成文】 Some of the pieces of classical music are worth listening to twice.
【訳 例】 クラシック音楽の中には，2回聴く価値のあるものもある。

【3】❶ a knife to cut paper with

I think there is ☐ in the drawer of my desk.

選択肢から，「紙を切るためのナイフ」という意味になるように空所に適切な語句を入れる。まず，選択肢❸ a knife cutting paper，❹ a knife cutting paper withは誤りだとわかる。cuttingは現在分詞だと考えられるが，現在分詞句が名詞を修飾するときは修飾される名詞と修飾する分詞句の間には主語と述語の関係が成立しなければならず，「ナイフが（自ら何かを）切る」という意味になる選択肢❸ a knife cutting paper，❹ a knife cutting paper withは不自然だからである。次に，to不定詞の形容詞用法について考える。修飾される名詞（ここではa knife）と修飾するto不定詞句（ここではto cut ...）が実質的に見て目的語と動詞の関係にある場合，to不定詞句の後ろに置かれるはずの目的語が欠け，修飾される名詞が目的語のはたらきを兼ねる形になる。cut paper with a knife という表現を想定し，to cut paper with φという，目的語が欠けた形を入れるのが適切であるため，❶ a knife to cut paper withが正解。ちなみに，a knife to cut paper withは前置詞＋関

係代名詞＋to不定詞という表現を用いて，a knife with which to cut paperと書き換えることができる。この機会に確認しておきたい。

【完成文】　I think there is a knife to cut paper with in the drawer of my desk.

【 訳 例 】　私の机の引き出しに，紙を切るためのナイフがあると思う。

【４】 ❷ to stay at

The businessperson looked for a hotel ☐ on the Internet.

選択肢から，「泊まるホテル」という意味になるように形容詞用法のto不定詞を用いる。a hotelとto stay ...の間には実質的に見て目的語と動詞の関係があるため，stay at a hotel という表現を想定し，to stay ...はto stay at φ と目的語が欠けた形にする。❷to stay atが正解。ちなみに，a hotel to stay atは前置詞＋関係代名詞＋to不定詞という表現を用いて，a hotel at which to stayと書き換えることができる。この機会に確認しておきたい。

【完成文】　The businessperson looked for a hotel to stay at on the Internet.

【 訳 例 】　そのビジネスパーソンは，泊まるホテルをインターネットで探した。

【５】

The speech was（me／slow／for／keep up／to／enough）with.

文末がwithで終わっていること，目的語が欠けた形になっていることに着目する。... enough to *do* 〜「〜するのに十分なほど…」という表現は，目的語が欠けて主語が目的語のはたらきを兼ねる形になることがある。また，forはto不定詞の意味上の主語を表せる。

【完成文】　The speech was slow enough for me to keep up with.

【 訳 例 】　その演説は，私がついていけるくらいゆっくりだった。

【６】

That man isn't（hard／with／when／know／you／to get along）him well.

isn'tに続くＣの位置にくるものとしてはhardが考えられるため，タフ構文の可能性を考える。タフ構文ではto不定詞句の目的語が欠け，to get along with φ という形になる。タフ構文の後にwhen節を続ければよい。

【完成文】　That man isn't hard to get along with when you know him well.

【 訳 例 】　その男をよく知れば，うまくやっていくのは難しくない。

12 準動詞
分詞句の形容詞としてのはたらき

Track 12

本章では，分詞句が形容詞句としてはたらく場面について学習する。どのような場合に現在分詞を用い，どのような場合に過去分詞を用いるのか，その判断の基準を理解すれば，この分野についてはマスターしたも同然である。形と意味のかかわり合いに着目しながら，仕組みを理解していこう。

次の空所に入れるのに最も適切なものを，選択肢❶〜❹から選びなさい。

例題1 I'm sorry to have kept you _____ .
❶ waiting ❷ to wait ❸ waited ❹ having waited

例題2 I heard the students _____ a song in the gymnasium.
❶ singing ❷ to sing ❸ sung ❹ having sung

例題3 He remained _____ until the bus stopped.
❶ seated ❷ seating ❸ sat ❹ sit

例題4 A _____ pot will never boil.
❶ watched ❷ watching ❸ watch ❹ having watched

分詞句の形容詞としてのはたらき

分詞句は現在分詞や過去分詞によって形成された句であり，副詞としてはたらく（『15. 準動詞−分詞構文』p.118〜参照）ほか，形容詞としてはたらくこともできる。形容詞は文中で名詞を修飾するか補語（C）になるかのいずれかのはたらきをするため，分詞句もいずれかのはたらきをする。

Cになる場合（O Cの関係）

例題1

本問ではkeep O C「OをCのままにしておく」の語法が使われている。ここで，空

94

所に入るものを考える際の重要なポイントを確認しておこう。それは，次の2つだ。

- OとCの間には主語・述語の関係がある
- 主語・述語の関係が能動（する）関係なのか，受動（される）関係なのか考える

主語・述語の関係が能動関係なら現在分詞（…している，…する），受動関係なら過去分詞（…されている，…される）がCの位置に入ることになる。　例題1 は，O「あなた」がC「待っている」という能動関係があるため，❶現在分詞waitingを入れるのが適切だ。日本語でぼんやりと「待たされる」などと考えて，なんとなく❸waitedを入れたりすることのないよう注意が必要である。なお，過去分詞のwaitedの意味は「待たれる」であって「待たされる」ではない。ここは日本語がややこしいところだが，「待たされる」は受動ではなく使役の意味を含んでしまうので注意してほしい。

【完成文】I'm sorry to have kept you waiting.

【 訳 例 】お待たせしてすみません。

例題1 ではOとCの主語・述語の関係に着目して能動関係なのか受動関係なのかを考えたが，別の視点から考えることもできる。　例題2 を見てほしい。

例題2

空所の直後に a songという名詞がある。また，選択肢から空所にはsingが形を変えたものが入ることがわかる。ここで，singが他動詞として使えることを知っていれば空所の後ろにその目的語となる名詞 a songがあることから，空所には❶現在分詞singingが入るのではないかと考えることができる。singing a song「歌を歌っている」という分詞句を作ることができるからだ。とはいえ，すべての動詞について他動詞か自動詞かを覚えておくのは不可能なため，「学生」が「歌う」という能動関係を意味から把握する方法と併用するようにしたい。

【完成文】I heard the students singing a song in the gymnasium.

【 訳 例 】私は，学生たちが体育館で歌を歌っているのを聞いた。

Cになる場合（S Cの関係）

remainは第2文型で用いることができる動詞で，S remain C「SはCのままである」の形で使う。SとCは主語・述語の関係にあり，先に見たOとCの関係の場合と同じように，能動関係なのか受動関係なのかを考える。ここで注意してほしいのは，seatという動詞の語法である。seatの意味は「座る」ではなく「座らせる」で，日本語でいう「座っている」は，「座らされている」という意味のseatedという過去分詞の形で表される。本問では「彼」が「座っている = 座らされている」という受動関係が成り立つため，❶過去分詞seatedを空所に入れるのが正しい。

【完成文】He remained seated until the bus stopped.

【訳 例】彼は，バスが止まるまで座ったままでいた。

なお，日本語で考えると間違えやすい動詞を下に挙げたので，知識として覚えておいてほしい。

【動詞】	【意味】	【現在分詞】	【過去分詞】
seat	座らせる （×座る）	seating （座らせている）	seated （座らされている＝座っている）
injure	ケガをさせる （×ケガをする）	injuring （ケガをさせる）	injured （ケガをさせられている ＝ケガをしている）
wound	ケガをさせる （×ケガをする）	wounding （ケガをさせる）	wounded （ケガをさせられている ＝ケガをしている）
excite など 感情を表す 動詞	ワクワクさせる （×ワクワクする）	exciting （ワクワクさせる）	excited （ワクワクさせられている ＝ワクワクしている）

名詞を修飾する場合

問題文と選択肢から，大まかな日本語の意味は「見ている鍋は沸かない（見つめる鍋は煮立たない）」となることが予想される。「お湯が沸くのをじっと見て待っているときほど時間がたつのが長く感じられ，なかなか沸かないものだ（じっと

待っていると時間が長く感じられる）」という意味の表現である。そこで，空所に「見ている」という意味の分詞を入れて直後の名詞potを修飾する形にすることが考えられる。しかし，日本語の「見ている」という言葉にひきずられてwatchingを入れてしまうのは誤りだ。分詞が名詞を修飾する場合にもルールが存在する。修飾されるものと修飾するものの間には，主語・述語の関係が存在するということだ。主語・述語の関係が能動関係（する）なのか受動関係（される）なのかを判断する点は，分詞をCとして用いる場合と同じである。本問では，「鍋」が「見る」という関係（能動関係）ではなく，「鍋」が「見られる」という関係（受動関係）があるため，❶過去分詞watchedを入れるのが適切だ。

【完成文】A watched pot will never boil.

【 訳 例 】見つめる鍋は煮立たない。

それでは，練習問題を解いてみよう。

次の空所に入れるのに最も適切なものを，選択肢❶〜❹から選びなさい。

【問題 1 】The new product exceeded the ☐ sales target by 10 percent.

❶ expect　　　❷ expects　　　❸ expected　　　❹ expecting

（青山学院大）

【問題 2 】The examples ☐ by the teacher were not clear.

❶ have shown　　❷ having shown　　❸ showing　　❹ shown

（立命館大）

前置修飾と後置修飾

【問題 1 】

名詞の修飾のしかたには 2 種類ある。1 つは前から修飾するやり方（前置修飾）で，もう 1 つは後ろから修飾するやり方（後置修飾）である。【問題 1 】では，空所にsales target「売上目標」を前置修飾する分詞を入れる。expectは「期待する」という意味の動詞であり，「売上目標（sales target）」が「期待される，期待されている」という受動関係にすれば自然な意味になる。❸過去分詞 expectedが正解だ。

【完成文】The new product exceeded the expected sales target by 10 percent.

【 訳 例 】新製品は，期待される売り上げ目標を10％上回った。

【問題２】

_____ by the teacherのカタマリがThe examplesを修飾する，分詞句の後置修飾の場面である。「例（The examples）」が「示される」という受動関係にすると自然な意味になるため，❹過去分詞 shownを入れるのが適切だ。このように，２語以上の分詞句は，**the successfully solved problem**「首尾よく解決された問題」，**commonly accepted idea**「一般的に受け入れられている考え」のように，副詞が加わったときなど一部の例外はあるものの，後置修飾の形になるのが基本である。

【完成文】 The examples shown by the teacher were not clear.

【 訳 例 】 その教師から示された例は，わかりにくかった。

---

*Lesson12*の最重要POINT

- ♛ 分詞（句）は形容詞のはたらきをするため，Cになるか，名詞を修飾する
- ♛ Cになるとき，ＳＶＣではＳとＣの間に，ＳＶＯＣなどではＯとＣの間に，主語・述語の関係がある
- ♛ 名詞を修飾するとき，修飾される名詞と修飾する分詞（句）の間に，主語・述語の関係がある
- ♛ 主語・述語の関係は，能動（する）関係なのか，受動（される）関係なのかを考える
- ♛ 能動関係なら現在分詞（…している，…する）を用い，受動関係なら過去分詞（…されている，…される）を用いる

次の空所に入れるのに最も適切なものを，選択肢❶〜❹から選びなさい。

【1】【難易度★★☆】

The baseball player was surprised to find himself ⬚ captain.

❶ elected ❷ elect ❸ to elect ❹ electing

【2】【難易度★★☆】

She was sitting on a chair with her eyes ⬚ .

❶ close ❷ closing ❸ closed ❹ to close

【3】【難易度★★☆】

The basketball player hit the free throw for the victory with only 2.2 seconds ⬚ on the clock.

❶ leave ❷ leaving ❸ left ❹ to leave

（立命館大）

【4】【難易度★★☆】

Last night, a man was found ⬚ expensive cars from the car dealership.

❶ stealing ❷ stole ❸ stolen ❹ to steal

（日本女子大　改）

【5】【難易度★★☆】

The town council decided to cut down the roadside trees ⬚ the construction site.

❶ surround ❷ surrounded ❸ surrounding ❹ to surrounding

（日本女子大　改）

【6】【難易度★★★】

次の日本語に合うようにカッコ内の語句を並べ替えて，正しい英文を作りなさい。
（1語不要）

その男性は，駅の近くに停めてあった車の中で寝ているのを発見された。

The man（ in ／ sleeping ／ parked ／ found ／ a car ／ was ／ slept ）near the station.

【1】 ❶ elected

The baseball player was surprised to find himself ⬚ captain.

find O C「OがCだとわかる」を用いた形である。OとCには主語・述語の関係があり、「自身（himself）」が「キャプテンに選ばれる」という受動関係にすると自然な意味になる。elect O C「OをCに選ぶ」を受動態の形にするとO be elected C「OはCに選ばれる」となるが、その一部である過去分詞句elected Cの形を用いればよい。❶過去分詞electedが正解。

【完成文】The baseball player was surprised to find himself elected captain.

【 訳 例 】その野球選手は、自分がキャプテンに選ばれたとわかって驚いた。

【2】 ❸ closed

She was sitting on a chair with her eyes ⬚ .

with O C「OがCの状態で」（いわゆる付帯状況のwith）を用いた形である。OとCには主語・述語の関係があり、「彼女の目（her eyes)」が「閉じられている」という受動関係にすると自然な意味になる。❸過去分詞closedが正解。なお、with O Cの形は、慣用句的に使われることもある。典型的なものを挙げたので、次の表で知識としても確認しておいてほしい。

【完成文】She was sitting on a chair with her eyes closed.

【 訳 例 】彼女は目を閉じて（目が閉じられた状態で）椅子に座っていた。

● 《頻出のwith O C》

▶ **with my eyes closed**（目を閉じて）	「目」が「閉じられた」状態：close O で「Oを閉じる」
▶ **with my arms folded**（腕を組んで）	「腕」が「組まれた」状態：fold O で「Oを組む」
▶ **with my legs crossed**（脚を組んで）	「脚」が「組まれた」状態：cross O で「Oを組む」
▶ **with his sleeves rolled up**（袖をまくって）	「袖」が「まくりあげられた」状態：roll up O で「Oをまくりあげる」

【3】❸ left

The basketball player hit the free throw for the victory with only 2.2 seconds ⬚ on the clock.

with O C「OがCの状態で」(いわゆる付帯状況のwith) を用いた形である。Oと Cには主語・述語の関係があり,「ほんの2.2秒 (only 2.2 seconds)」が「残されて いる」という受動関係にすると自然な意味になる。❸過去分詞のleftが正解。

【完成文】 The basketball player hit the free throw for the victory with only 2.2 seconds left on the clock.

【訳 例】 そのバスケットボール選手は,時計でほんの2.2秒しか残っていないのに,勝利を 決めるフリースローを放った。

【4】❶ stealing

Last night, a man was found ⬚ expensive cars from the car dealership.

find O C「OがCなのを発見する」の受動態,O be found C「OがCなのが発見さ れる」の形である。OとCの間には主語・述語の関係があり,「男 (a man)」が 「高級車を盗んでいる」という能動関係にすると,自然な意味の英文となり, expensive carsをstealingの目的語として用いることができる。❶現在分詞stealing が正解。

【完成文】 Last night, a man was found stealing expensive cars from the car dealership.

【訳 例】 昨晩,男が自動車販売店から高級車を盗んでいるのが発見された。

【5】❸ surrounding

The town council decided to cut down the roadside trees ⬚ the construction site.

surround Oで「Oを取り囲む」の意味。空所にsurroundingを入れると, surrounding the construction site「建設現場を取り囲んでいる」という現在分詞 句を作ることができ,これがthe roadside trees「沿道の木」を修飾する自然な文 となる。❸現在分詞 surroundingが正解。なお,修飾される語the roadside trees とsurrounding the construction siteの間には主語・述語の関係がある。

【完成文】 The town council decided to cut down the roadside trees surrounding the construction site.

【訳 例】 町議会は建設現場を取り囲む沿道の木を切ることに決めた。

【6】

その男性は，駅の近くにとめてあった車の中で寝ているのを発見された。

The man（in／sleeping／parked／found／a car／was／slept）near the station.

（1語不要）

find O C「OがCなのを発見する」の受動態の形，O be found C「OがCなのが発見される」を用いる。OとCには主語・述語の関係があり，「その男性（the man）」が「眠っている」という能動関係にすると自然な意味になるため，現在分詞のsleepingを用いる。また，「駅の近くにとめてあった車」は「駅の近くにとめられていた車」と言い換えることができるため，parked near the station「駅の近くにとめられていた」という過去分詞句でa car「車」を後置修飾する形にすればよい。

【完成文】 The man was found sleeping in a car parked near the station.

　　　　　 （不要語：slept）

【訳 例】 その男性は，駅の近くにとめてあった車の中で寝ているのを発見された。

13 準動詞
使役動詞

Track 13

本章では，使役動詞make／let／haveについて，その形と使い方を学習する。使役動詞というと，まずはその使い方が問題となる。どのような形を使うのか，動詞ごとに正しい形と意味を押さえよう。使役動詞は一般的に「…させる」という意味になるが，どのような場面で使うのかを理解することで，使える知識となる。例文を見ながら使われる場面について具体的なイメージを持とう。

次の空所に入れるのに最も適切なものを，選択肢❶～❹から選びなさい。

例題 1 They couldn't make her [　　　] why they decided to fire her.

❶understand　　❷to understand　　❸understanding　　❹understood

例題 2 I couldn't make myself [　　　] in English when spoken to by an American.

❶understand　　❷to understand　　❸understanding　　❹understood

使役動詞は「日本語訳」ではなく「形」と「意味」を考える

makeは，make cake「ケーキを作る」のように第3文型で使われることが多いが，それだけではない。第5文型の使い方もあり，第5文型の文ではOとCの間に主語・述語の関係がある（基本5文型については，別冊付録p.7参照）。つまり，「OがCである」「OがCする」状態をmake「作り出す」というのが，第5文型 make O C の意味であり，make O Cで「OをCにする」という日本語訳になる。次の例文を見てほしい。

【例1】The novelist made him an assistant.（その小説家は彼を助手にした）

【例2】The novelist made his fans happy.（その小説家は彼のファンを幸せにした）

OとCの間に主語と述語という関係（「OがCである」「OがCする」という関係）があるということは，例えばCが名詞や形容詞の場合，OとCの間にbe動詞を補って文を作れるということである。【例1】では，O（him）とC（an assistant）の間にbe動詞を補って文を作ると，He is an assistant.という文が成立し，【例2】では，O（his fans）とC（happy）の間にbe動詞を補って文を作ると，His fans are happy.という文が成立する。

Cには名詞や形容詞が入るのはもちろんのこと，動詞が形を変えたもの（準動詞）を入れることもできる。ここで重要なポイントがある。使える準動詞の形がmakeやhaveやletといった使役動詞ごとに決まっているということである。使役動詞make, have, letそれぞれについて「どのような準動詞を入れられるか」と「意味」についてまとめた。まずはmakeの場合について，次の表で確認してほしい。

● 《Cに入れられる準動詞と意味：make O Cの場合》

make	O	【準動詞】	【意味】	【日本語訳】
		do（原形不定詞）	Oが…する状態を作り出す	Oに…させる
		done（過去分詞）	Oが…される状態を作り出す	Oを…される etc.

真っ先に確認してほしいのは，makeの場合に使える準動詞が*do*と*done*だけだということだ。次に，具体的にどちらの準動詞を使うのかを「意味」から判断する。文法問題や英作文問題，読解問題は，多くの場合「意味」さえわかれば十分である。日本語訳が必要になる場合は，文脈から自然な訳をするよう心がければよい。「日本語訳」をうまくしようとして混乱してしまいがちなところだが，まずは形を覚えて，「意味」を判断できるようになろう。

> 例題1

選択肢から，空所には動詞が形を変えた準動詞を入れることが考えられる。この時点で，選択肢は❶understandか❹understoodに絞られる。❷to understandと❸understandingの「形」は表で確認したように，ありえない「形」であるからだ。次に，空所の直後にwhy節があることに着目する。why節を原形不定詞understandの目的語として，understand why they decided to fire her「なぜ彼らが彼女を解雇することに決定したのか理解する」とつなげると自然な意味になる（原形不定詞については，別冊付録p.16参照）。一方で，understoodという過去分詞を入れると，その後ろにwhy節（名詞節）をつなげることができない。be understood＋名詞節という形はないからである。❶understandが正解だ。

【完成文】 They couldn't make her understand why they decided to fire her.

【訳例】 彼らはなぜ彼女を解雇することに決定したのかについて彼女に理解させることができなかった。

選択肢から，空所には動詞が形を変えた準動詞を入れることが考えられる。この時点で，選択肢は❶understandか❹understoodに絞られる。❷to understandと❸understandingの「形」は表で確認したように，ありえない「形」であるからだ。次に「意味」の判断に入る。understandを入れると，後ろに目的語がなく何を理解するのかがわからないため不自然である。一方，understoodを入れると，「自身（myself）」が「アメリカ人に話しかけられたときに，英語で理解された（understood in English when spoken to by an American）」という意味になり，自然に意味が通る。❹understoodが正解だ。

【完成文】 I couldn't make myself understood in English when spoken to by an American.

【訳 例】 私はアメリカ人に話しかけられた際，英語で理解してもらえなかった（英語が通じなかった）。

make O *done*の形で使う表現は実はそれほど多くない。ほとんどが慣用表現であり，知識として覚えておいたほうが早いこともある。以下に頻出のmake O *done*をまとめたので，覚えておいてほしい。

●《頻出のmake O *done*》

		【準動詞】	【意味】	【日本語訳】
make	O	known	Oが…知られている状態を作り出す	Oを知らせる
	oneself	understood	自身が理解される状態を作り出す	自分の考え（言葉）をわかってもらう，（言語などが）通じる
		heard	自身が聞かれる状態を作り出す	（広い部屋などで）声を届かせる

それでは，練習問題を解いてみよう。

【問題１】次の空所に入れるのに最も適切なものを，選択肢❶～❹から選びなさい。

The boy had his girlfriend ☐ at Hachiko-mae, Shibuya, for an hour.

❶wait ❷waited ❸waits ❹to wait

【問題２】カッコ内の語を並べ替えて，正しい英文を作りなさい。

The old man（had／taken／license／away／his）for speeding on the highway.

haveは「日本語訳」も大切

例題 ではmakeの使い方について確認したが，ここでhaveについても見ておこう。haveは「持っている」という意味であり，have O Cで「OがCである状態を持っている」という意味になる。makeと同じように，Cには準動詞を置くことができる。「どのような準動詞を入れられるか」と「意味」については次の表で確認してほしい。

● 《Cに入れられる準動詞と意味：have O Cの場合》

		【準動詞】	【意味】	【日本語訳】
have	O	*do* （原形）	Oが…する状態を持っている	Oに…させる（使役） Oに…させておく（保持・許容） Oに…される（受け身）
		doing （現在分詞）	Oが…している状態を持っている	Oに…させる etc.
		done （過去分詞）	Oが…される状態を持っている	Oを…してもらう（依頼・受益） Oを…される（被害） Oを…してしまう（完了）

【問題１】

選択肢から，空所には動詞が形を変えた準動詞を入れることが考えられる。この時点で，選択肢は❶waitか❷waitedに絞られる。❸waitsと❹to waitの「形」は表で確認したように，ありえない「形」であるからだ。また，❷も「形」からありえないと判断できる。wait for A「Aを待つ」を受動態にするとA be waited for「Aは待たれる」となり，本問でも過去分詞waitedの後ろにforが必要だからであ

る。また，仮にforがあったとしても，「彼のガールフレンド」が「ハチ公前で待
たれる（待たされる，ではない！）」という，誰に待たれるのかもよくわからない
不自然な意味の文になってしまうため，誤りである。一方で，waitを入れると
wait at Hachiko-mae...となり，「彼のガールフレンド（his girlfriend）」が「ハチ
公前で待つ（wait）」という自然な意味になる。❶waitが正解だ。

【完成文】 The boy had his girlfriend wait at Hachiko-mae, Shibuya, for an hour.

【訳 例】 その男の子は，ガールフレンドを渋谷ハチ公前で1時間待たせた。

13

準
動
詞

使
役
動
詞

【問題２】
選択肢から，文全体のざっくりとした意味は「スピード違反で免許を取り上げら
れた」という意味になると考えられる。そこで，have O *done*の形を使う。

【完成文】 The old man had his license taken away for speeding on the highway.

【訳 例】 そのお年寄りの男性は幹線道路でスピード違反をしたため，免許をはく奪された。

先ほどの表でも確認したが，have O *done*には大きく分けて次の３つの訳がある。
Oを…してもらう（依頼・受益）
Oを…される（被害）
Oを…してしまう（完了）

この３つの訳のどれを選択するかは文脈による。例えば，cut「切る」の過去分詞
cutを用いた次の表現を見てほしい。

【例１】He had his hair cut.

【例２】He had his hair cut at the beauty parlor.

【例３】He had his hair cut on the street.

【例１】は，「髪を切ってもらった」という訳をすることが多い。というのも，髪は
一般的には誰かに依頼して切ってもらうことが多いからだ。【例２】のようにat the
beauty parlor「美容院で」があると「髪を切ってもらった」という訳がますます
適切だ。しかし，【例３】になると状況が変わってくる。路上理髪店がある国もあ
るため，そこで髪を切ってもらったという内容の文脈があれば，「髪を切ってもら
った」という訳をするのが正しい。そのような事情がなければ，誰かに「髪を切
られた」という被害の意味の訳をするのが自然だろう。このように，**have O
*done***をどう訳すかは文脈に依存する。和訳問題で出てきた場合は，「Oが…され

る状態を持っている」という意味をつかんだうえで，文脈に照らして自然な訳をするよう心掛けたい。

最後にもう1問，練習問題を解いておこう。

【問題3】次の空所に入れるのに最も適切なものを，選択肢❶～❹から選びなさい。
You should ☐ your dog run in an open field.
❶let　　　❷allow　　　❸get　　　❹enable

---

let Oに続く意外な形

letについても見ておこう。letは「許容する」という意味であり，let O Cで「OがCである状態を許容する」という意味になる。makeやhaveと同じように，Cには準動詞を置くことができる。「どのような準動詞を入れられるか」と「意味」については次の表で確認してほしい。

● 《Cに入れられる準動詞と意味：let O Cの場合》

		【準動詞】	【意味】	【日本語訳】
let	O	*do*（原形）	Oが…する状態を許容する	Oに自由に…させる Oが…するのを許す
		be *done*（過去分詞）	Oが…される状態を許容する	Oを…する Oを…しておく

※表の中では下の段のlet O be *done*という形が特殊なので，意識して覚えておこう。

【例1】The woman let her dog run in the park.（その女性は公園で犬を走らせた）
【例2】Don't let the criticism be ignored.（批判を無視したままではいけない）

【問題3】
your dog runに着目する。O *do*（原形）の形が使われているが，この形で使えるのは，選択肢の中ではletだけである。❶letが正解だ。なお，❷はallow your dog to run …（allow O to *do*「Oが…するのを許す」），❸はget your dog to run …（get O to *do*「（説得・努力などして）Oに…させる」），❹はenable your dog to run …

108

（enable O to *do*「Oが…するのを可能にする」）とすれば，それぞれ正しい形になる。

【完成文】 You should let your dog run in an open field.

【 訳 例 】 広いところで犬を走らせてあげたほうがいいよ。

Lesson13の最重要POINT

♛ 使役動詞は動詞ごとに後続する形を覚える

♛ Oが「する」（能動）のか「される」（受動）のかで考える

♛ 日本語訳は文脈に即して柔軟に行う

確認問題

次の空所に入れるのに最も適切なものを，選択肢❶～❹から選びなさい。

【1】【難易度★★☆】

The poor man ⬚ again.

❶ was robbed his bag　　　❷ was stolen his bag

❸ let his bag to be stolen　　❹ had his bag stolen

【2】【難易度★★☆】

My English is not very good, but I was able to ⬚ when I was in America.

❶ make it understand　　　❷ make me understand

❸ make me understanding　　❹ make myself understood

（早稲田大　改）

【3】【難易度★★☆】

However hard he tried, he couldn't make himself ⬚ in front of a large audience.

❶ to hear　　　❷ hear　　　❸ hearing　　　❹ heard

【4】【難易度★★☆】

"What happened to Roger last night?"

"Well, he had ⬚ in a car accident."

❶ broken his leg　　❷ his leg breaks　　❸ his leg broken　　❹ his leg to break

【5】【難易度★☆☆】

It is not easy to ⬚ children to study when they are playing video games.

❶ let ❷ make ❸ have ❹ get

（慶應義塾大）

確認問題：解答と解説

【1】 ❹ had his bag stolen

The poor man ⬚ again.

have O *done*「Oを…される」という表現を用いた❹had his bag stolenが正解。なお，❶was robbed his bagと❷was stolen his bagは受動態の後ろに名詞が置かれた形だが，この形になるのは第4文型か第5文型の受動態の時だけであり，rob, stealともに第4文型でも第5文型でも使えないため，誤り。❸let his bag to be stolenはletの後ろの形がそもそも誤り。

【完成文】 The poor man had his bag stolen again.

【訳例】 そのかわいそうな男は，またカバンを盗まれた。

【2】 ❹ make myself understood

My English is not very good, but I was able to ⬚ when I was in America.

make oneself understand「自分の考え（言葉）をわかってもらう」という慣用表現を用いた❹make myself understoodが正解。❶make it understand，❷make me understandはそれぞれ文全体が不自然な意味になるため，誤り。❸make me understandingはmakeの語法としてそもそもそのような形がないため，誤り。

【完成文】 My English is not very good, but I was able to make myself understood when I was in America.

【訳例】 私の英語はそれほどうまくないが，アメリカにいたとき，自分の考えをわかってもらうことができた。

【3】 ❹ heard

However hard he tried, he couldn't make himself ⬚ in front of a large audience.

make oneself heard「声を届かせる」という慣用表現を用いた❹heardが正解。❷hear（動詞の原形）は文全体が不自然な意味になるため，誤り。❶to hear，❸hearingはmakeの語法としてそもそもそのような形がないため，誤り。

【完成文】 However hard he tried, he couldn't make himself heard in front of a large audience.

【 訳 例 】 どんなに頑張っても，彼は大勢の聴衆の前で声を届かせることができなかった。

【4】 ❸ his leg broken

"What happened to Roger last night?"

"Well, he had ⬚ in a car accident."

have O *done*「Oを…される」の表現を用いた❸his leg brokenが正解。❶broken his legは自ら骨を折るということになり意味が不自然で，特に過去より以前のことだという事情もないのに過去完了を使っている点も誤り。❷his leg breaks，❹his leg to breakはhaveの語法としてそのような形はないため，誤り。

【完成文】 "What happened to Roger last night?"

　　　　　 "Well, he had his leg broken in a car accident."

【 訳 例 】 「昨晩ロジャーの身に何が起こったんだい？」

　　　　　 「えっと，彼は車の事故で脚を骨折したんだって」

【5】❹ get

It is not easy to ⬚ children to study when they are playing video games.

選択肢の中で，O to *do*の形を後続させることができるのは，get O to *do*「Oに…させる」だけである。❹getが正解。❶はlet O *do*，❷はmake O *do*，❸はhave O *do*の形で用いるため，それぞれ誤り。

【完成文】 It is not easy to get children to study when they are playing video games.

【 訳 例 】 子どもがテレビゲームで遊んでいるときに勉強させるのは簡単ではない。

以下に，使役動詞の形と意味の違いをまとめた。英作文で使役の表現は頻出である。場面に応じて使い分けられるよう，整理しておきたい。

【使役動詞】	【形】	【日本語訳】	【主に使う場面】
make	make O do	Oに…させる	意思とは無関係にさせる（強制が多い）
let	let O do	Oに（自由に）…させる	許容してさせる
have	have O do	Oに…させる，してもらう	依頼したらやってもらえる関係でさせる（※）
get	get O to do	Oに…させる	努力・説得してさせる

※She had a total stranger speak to her.（彼女は全く見知らぬ人に話しかけられた／全く見知らぬ人が彼女に話しかけた）のように，彼女が意図的に「Oが…する状態」を持ったわけではない場合は，「使役」ではなく「経験（受け身）」の意味になると考えられる。

14 準動詞
知覚動詞

Track 14

本章では，知覚動詞と呼ばれる「人の知覚に関わる動詞」を用いた表現を学習する。様々な形が出てくるが，前章で学習した使役動詞とセットで考えると理解しやすい。また，第5文型動詞による知覚の表現と，that節を用いた知覚の表現との違いについても確認する。これらは英作文をする際にも活きてくる。例文を見ながら仕組みを理解してほしい。

例題 次の空所に入れるのに最も適切なものを，選択肢❶〜❹から選びなさい。

When I looked out of the window last night, I saw a cat _____ into my neighbor's yard.

❶is sneaked ❷sneaking ❸sneaks ❹to sneak

（センター本試）

知覚動詞の基本形

sawという動詞に着目してほしい。seeは知覚動詞と呼ばれ，次のように，使役動詞haveと同様の形で使われる（『13. 準動詞 — 使役動詞』p.103〜参照）。

		【C】	【日本語訳】
see	O	do（原形）	Oが…するのを見る（一部始終）
		doing（現在分詞）	Oが…しているのを見る（1コマ）
		done（過去分詞）	Oが…されるのを見る

例題

「ネコ（a cat）」が「こっそり入る（sneak）」という能動の関係にあることから，正解は❷sneakingである。

【完成文】 When I looked out of the window last night, I saw a cat sneaking into my neighbor's yard.

【 訳 例 】 昨晩私が窓の外を見ると，1匹のネコが隣人の庭にこっそり入っていくのが見えた。

知覚動詞の受動態の文

例題 の❹to sneakはsee O to doという形では用いないことから，誤りである。
I saw a cat sneak into my neighbor's yard. のように，原形不定詞sneakの形にすれば正しい文となる。

注意が必要なのがsee O doの受動態だ。次の２つの英文を見てほしい。

【例1】 They saw the cat come out of the yard after half an hour.
　　　　（彼らはそのネコが30分後に庭から出てくるのを見た）

【例2】 The cat was seen to come out of the yard after half an hour（by them）.
　　　　（そのネコは30分後に庭から出てくるのを（彼らによって）見られた）

【例1】は能動態の文，【例2】は受動態の文である。能動態の文では原形不定詞comeが用いられていたのが，受動態の文になるとto不定詞が用いられる。これと同様の現象は使役動詞makeの場合にも見られる。例文で確認しておこう。

【例3】 The villagers made the horse drink water.
　　　　（村人たちはその馬に水を飲ませた）

【例4】 The horse was made to drink water（by the villagers）.
　　　　（その馬は（村人たちによって）水を飲まされた）

知覚動詞や使役動詞makeの受動態の文でto不定詞が用いられる点は英文法・語法の問題でもよく問われる。覚えておきたい。

第５文型とthat節

例題 の❸sneaksはなぜ誤りなのだろうか。seeには目的語にthat節をとる語法があるため，I saw（that）a cat sneaks into my neighbor's yardという形を想定することも可能だ。しかし，see that SV ...は基本的に「…を理解する，…がわかる」という意味であるため，「私はネコが隣人の庭にこっそり入っていくことを理解した」という不自然な意味になってしまう。

このことは，もう少し広く，第５文型とthat節をとる場合の違いの問題としてとらえることができる。例えば，次の２文の違いを考えてみてほしい。

【例5】 I found the book interesting.

　　　（私はその本が面白いとわかった）

【例6】 I found that the book was interesting.

　　　（私はその本が面白いということがわかった）

【例5】はfind O C「OがCだとわかる」，【例6】はfind (that) SV ...「…ということがわかる」という意味だが，この2文の違いは，【例5】が直接的な経験に基づく判断を表している一方，【例6】はより間接的な経験による判断を含んでいると考えられることだ。間接的な経験による判断とは，例えば「他人から聞いた情報からわかる」などである。違いが明確になる次の例を確認しよう。

【例7】 I heard a bird singing.

　　　（私は鳥がさえずっているのを聞いた）

【例8】 I heard that a bird sings.

　　　（私は鳥がさえずるということを聞いた）

【例7】ではhear O *doing*「Oが…しているのを聞く」の形で主語であるIの直接の体験を述べているのに対し，【例8】ではhear (that) SV ...「…ということを聞く」の形で誰かが言っているのを聞いた，と間接的な体験を述べていることがわかるはずだ。

このように，see O *do* ／ *doing* ／ *done*は主語の直接的な体験を述べる際に使うことを押さえておけば，英作文で表現に困ることもないだろう。以下にsee以外の主な知覚動詞についてまとめたので確認してほしい。

		【C】	【日本語訳】
hear	O	*do*（原形）	Oが…するのを聞く
		doing（現在分詞）	Oが…しているのを聞く
		done（過去分詞）	Oが…されるのを聞く
feel	O	*do*（原形）	Oが…するのを感じる
		doing（現在分詞）	Oが…しているのを感じる
		done（過去分詞）	Oが…されるのを感じる

👑 知覚動詞の基本形を押さえる

👑 知覚動詞や使役動詞makeの受動態の文ではto不定詞が用いられる

👑 第5文型を用いた知覚の表現は，直接的な体験を述べる際に使う

確認問題

次の空所に入れるのに最も適切なものを，選択肢❶〜❹から選びなさい。

【1】【難易度★★☆】

Kate speaks English very fast. I've never heard English ⬚ so quickly.

❶ speak　　　❷ speaking　　　❸ spoken　　　❹ to speak

（センター本試）

【2】【難易度★★☆】

To recover his strength, the patient was made ⬚ his arms above his head many times every day.

❶ raise　　　❷ rise　　　❸ to raise　　　❹ to rise

（センター追試）

【3】【難易度★★★】

In France, I often hear it ⬚ that love is blind.

❶ said　　　❷ say　　　❸ says　　　❹ saying

（青山学院大）

確認問題：解答と解説

【1】❸ spoken

Kate speaks English very fast. I've never heard English ⬚ so quickly.

知覚動詞hear O Cの形を考える。「英語」が「話される」という受動関係にすると意味が成立するため，❸過去分詞spokenが正解。

【完成文】 Kate speaks English very fast. I've never heard English spoken so quickly.

【訳例】 ケイトはとても速く英語を話す。あれほど速く英語が話されるのを私は聞いたことがない。

【2】 ❸ to raise

To recover his strength, the patient was made ⬚ his arms above his head many times every day.

make O *do*「Oに…させる」の受動態O be made to *do*「Oは…させられる」の形。空所の直後に目的語となるhis armsがあることから，他動詞のraise「上げる」を用いた❸to raiseが正解。なお，riseは自動詞で「上がる」という意味。

【完成文】 To recover his strength, the patient was made to raise his arms above his head many times every day.

【 訳 例 】 体力を回復するため，患者は毎日何回も頭の上へ腕を上げさせられた。

【3】 ❶ said

In France, I often hear it ⬚ that love is blind.

知覚動詞hear O Cの形を考える。it は形式目的語で，that love is blind「愛は盲目であるということ」が真目的語である。「愛は盲目であるということ」が「言われる」という受動関係にすると意味が成立するため，❶過去分詞saidが正解。

【完成文】 In France, I often hear it said that love is blind.

【 訳 例 】 フランスでは，愛は盲目と言われるのを私はよく耳にする。

15 準動詞
分詞構文

本章では，分詞構文の基本的な仕組みを確認したうえで，応用の形を学習する。分詞構文とは，分詞句を副詞句として用いる構文のことだ。分詞構文をマスターするのに大切なのは，主節との関わり方の違いに着目して整理し，分詞句の主語は何であるかを考えることである。

例題 次の空所に入れるのに最も適切なものを，選択肢❶〜❹から選びなさい。
〔　　　　　〕from a distance, the island looks like a bird.
❶Seeing　　　　❷Seen　　　　❸To see　　　　❹Having seen

原則：分詞構文の意味上の主語は主節の主語と同じ

例題 は文頭の分詞構文の例である。ここで重要なのが，分詞構文の意味上の主語が主節の主語と一致するという原則だ。空所には分詞を入れるが，その主語はthe islandである。the islandが何かを「見る」（能動関係）のではなく，the islandは「見られる」（受動関係）ものであるため，受動の意味を持つ過去分詞Seen（Being seen）を空所に入れる。❷Seenが正解だ。訳は「見ると」と能動の意味で訳すことが多いため注意が必要である。

【完成文】Seen from a distance, the island looks like a bird.
【 訳 例 】遠くから見ると（見られると），その島は鳥のように見える。

なお，主節の主語と分詞句の主語が一致しない形で用いられることもあり，懸垂分詞と呼ばれる。英文を読んでいると時に見られるが，文法的には誤りとされるため，英作文で書くのは避けたほうがよい。

（×）Studying in my room, a big earthquake happened.
　　　（部屋で勉強していると，大きな地震が起こった）

続いて，練習問題を解いてみよう。

【問題１】次の空所に入れるのに最も適切なものを，選択肢❶〜❹から選びなさい。

Several former classmates gathered for lunch, ⬚ their high school reunion the night before.

❶ having attended　　　　　❷ attending

❸ having been attending　　❹ being attended　　　　　　　　（慶應義塾大）

分詞構文の置かれる位置と文法上の意味

分詞構文は，分詞句を副詞句として用いるものである。副詞は基本的に文中のどこに置くこともできるため，分詞構文も当然のことながら文頭・文中・文末など様々なところに現れる。

本問は文末に分詞構文が現れており，主節の主語Several former classmates「数人の元同級生たち」が分詞構文の意味上の主語になっている。選択肢はattend O「Oに出席する」という他動詞が形を変えたものだ。空所の後ろにtheir high school reunion「彼らの高校の同窓会」という名詞があり，これがOである。したがって，能動の形である❶having attendedか❷attendingが正解だと考えられる。次に，the night before「前の晩」という表現に着目する。「前の晩」とはgathered for lunch「昼食に集まった」時点よりも前のことである。したがって，主節の表す時よりも前のことであることを表すことのできる完了分詞having attendedを入れる。❶が正解だ。

【完成文】Several former classmates gathered for lunch, having attended their high school reunion the night before.

【訳例】数人の元同級生たちが，前の晩の高校の同窓会に出席した後，昼食に集まった。

（数人の元同級生たちが昼食に集まったが，その前の晩は高校の同窓会に出席した）

完了分詞

主節の表す時よりも前に生じたことを表す分詞構文においては，完了分詞を用いる。具体的な形は次の通り。

	【主節の表す時と同じ】	【主節の表す時より前】
能動「する」	doing	having done
受動「される」	(being) done	(having been) done

分詞構文の意味

ここで，分詞構文の意味について見ておこう。分詞構文の意味は主節との関係で決まる。よくある分詞構文の例をいくつか挙げた。すべて現在分詞を用いた例である。

(1) 文頭の分詞構文

例 Looking around, he entered the building.

　（あたりを見回しながら，彼はその建物に入った）

例 Lighting the cigarette, the old man sat on the bench.

　（タバコに火をつけると，そのお年寄りの男性はベンチに腰掛けた）

例 Knowing that inactivity leads to poor health, she exercises moderately.

　（運動不足は不健康につながるとわかっているので，彼女は毎日適度な運動をしている）

(2) 文中の分詞構文

例 The student, knowing that he was late, walked slowly to school.

　（その学生は遅刻していると知りながら（知っているのに），学校までゆっくり歩いた）

(3) 文末の分詞構文

例 She said goodbye to the exchange student, waving her hand.

　（彼女は，手を振りながらその交換留学生にさよならを言った）

例 The train left Tokyo Station at 9:00, arriving at Nagoya Station at around 10:30.

　（その電車は東京駅を9時に出発し，10時半前後に名古屋駅に到着した）

このように，分詞構文の意味は様々である。また，同じ分詞句でも複数の意味で訳すことができる場合もある。分詞構文はそれほどあいまいな接続なのだ。英文読解においては主節との関係を念頭に置いて読み，和訳問題など詳細な解釈が求められる場合には，より細かな意味を考え，どう訳すのが日本語として自然か，文脈に即して考えたい。以下に分詞構文の典型的な訳語を挙げておくので，参考にしてほしい。

分詞構文の典型的な訳し方

①…ので，…から（理由）
②…すると，…しているときに（時）
③…すると，…すれば（条件）
④…しながら，そして…，…しており（付帯状況）
⑤…しても，…けれども（譲歩）

それではもう1問，練習問題を解いてみよう。

【問題2】次の空所に入れるのに最も適切なものを，選択肢❶〜❹から選びなさい。

[　　　] us a large house like this, we were able to live comfortably.

❶ Having left
❷ Leaving
❸ My grandfather having left
❹ My grandfather had left

独立分詞構文

本問で❹は正解にならない。なぜなら，SV ... , SV 〜.となり，節同士をカンマだけでつなぐことになってしまうからである。また，❶と❷を入れる場合，分詞の意味上の主語は主節の主語であるweとなるが，「私たちがこのような大きな家を残したので，私たちは快適に暮らすことができた」となり，意味が不自然である。この点，分詞の意味上の主語My grandfatherを用いた形にすれば意味も通る。❸My grandfather having leftが正解だ。なお，本問のように主節の主語と異なる主語が分詞構文の主語である場合，分詞の直前に主語を置いて明示する（独立分詞構文）。

【完成文】 My grandfather having left us a large house like this, we were able to live comfortably.

【訳例】 私の祖父がこのように大きな家を残してくれたので，私たちは快適に暮らすことができた。

最後にもう1問，練習問題を解いておこう。

【問題3】 次の空所に入れるのに最も適切なものを，選択肢❶〜❹から選びなさい。

There _____ no taxi at the station, we had to walk to the hospital.

❶is   ❷are   ❸being   ❹came

本問では❶，❷，❹は正解にならない。なぜなら，SV …, SV 〜.となり，節同士をカンマだけでつなぐことになってしまうからである。There is／are S構文「Sがある」の分詞構文は，There being／having been Sの形を用いる。❸being が正解だ。thereが分詞構文の意味上の主語の位置に置かれる形であり，覚えておきたい。

【完成文】 There being no taxi at the station, we had to walk to the hospital.

【訳例】 駅にタクシーがいなかったので，私たちは病院まで歩かなければならなかった。

There is／are S 構文の分詞構文の形

There is／are S「Sがある」の文の分詞構文は，「いつのことか」に応じて，次の2つの形を用いる。

（主節の表す時と同じ場合）There being …

（主節の表す時より前の場合）There having been …

例 There being little chance of her finding the book in the dark, she lit the candle.

（暗闇の中でその本が見つかる可能性はほとんどなかったので，彼女はロウソクに火を灯した）

例 There having been little rain the previous year, they couldn't harvest as much as they had expected.

（前年は雨がほとんど降らなかったので，彼らは思ったほど収穫できなかった）

Lesson15の最重要POINT

♛ 分詞構文の意味上の主語は文のSと一致，変えたいときは分詞の直前に主語となる名詞を置く（独立分詞構文）

♛ 主節の表す時よりも前に生じたことを表す分詞構文においては完了分詞（**having** *done*）を用いる

♛ 分詞構文の意味は大きく分けて5つある

♛ 分詞構文の訳は文脈に応じて自然につながるようにする

♛ **There is／are**構文の分詞構文は**There being**（**having been**）の形

確認問題

次の空所に入れるのに最も適切なものを，選択肢❶〜❹から選びなさい。

【1】【難易度★★☆】

The audience applauded the singer loudly. ☐ , he tried to express his thanks.

❶ Deeply moved　❷ Having been moving　❸ Having moved　❹ Deeply moving

（慶應義塾大　改）

【2】【難易度★★☆】

☐ in Edo-period Japanese, the book was difficult to understand.

❶ Writing　　　❷ Written　　　❸ Wrote　　　❹ Having written

（法政大）

【3】【難易度★★☆】

Never ☐ raw fish, they were reluctant to order sushi.

❶ eaten　　　❷ having eaten　　　❸ eat　　　❹ have eaten

（芝浦工大）

【4】【難易度★★☆】

Their project ☐ , almost all the members of the team took time off.

❶ completed　❷ having completing　❸ being completing　❹ had completed

（東邦大　改）

【5】【難易度★★☆】

☐ , she is the perfect candidate.

❶ Because strong and honest　　　❷ For strong and honest

❸ Strong and honest　　　❹ Strong and honest person

（立命館大）

【6】【難易度★★☆】

◯ at from a different angle, the expression of this statue completely changes.

❶Looked　　❷To look　　❸Looking　　❹Look

【7】【難易度★★☆】

◯ Sunday, the bank was closed.

❶Being　　❷It being　　❸There was　　❹There being

（北海学園大　改）

確認問題：解答と解説

【1】❶ Deeply moved

The audience applauded the singer loudly. ◯ , he tried to express his thanks.

分詞構文の問題。分詞構文の主語は文の主語と一致するのが原則であり，「彼」が moved「感動している」という関係が成り立つようにすれば，自然な意味になる。❶Deeply movedが正解。

【完成文】 The audience applauded the singer loudly. Deeply moved, he tried to express his thanks.

【訳 例】 聴衆は歌手に大きな拍手を送った。深く感動し，彼は感謝の気持ちを表そうとした。

【2】❷ Written

◯ in Edo-period Japanese, the book was difficult to understand.

分詞構文の問題。分詞構文の主語は文の主語と一致するのが原則であり，the book「その本」がwritten「書かれている」という関係が成り立つようにすれば，自然な意味になる。❷Writtenが正解。

【完成文】 Written in Edo-period Japanese, the book was difficult to understand.

【訳 例】 江戸時代の日本語で書かれているので，その本は理解するのが難しかった。

【3】❷ having eaten

Never ◯ raw fish, they were reluctant to order sushi.

否定の分詞構文の問題。否定の分詞構文では，分詞句の前に否定語（neverやnot）を置く。空所の後ろにraw fish「生魚」があり，「生魚を食べたことがなかったので」という能動の意味にすると意味が通る。主節の動詞の表す時よりも前のこと

を表すには完了分詞having *done*の形を用いるため，❷having eatenが正解。

【完成文】 Never having eaten raw fish, they were reluctant to order sushi.

【訳 例】 生魚を食べたことがなかったので，彼らは寿司を注文したがらなかった。

【4】 ❶ completed

Their project ⬚ , almost all the members of the team took time off.

complete O「Oを完成させる」を用いた分詞構文の問題。Their projectは分詞句の意味上の主語であり，「そのプロジェクト」が「完成させられる」という関係が成り立つようにすれば，自然な意味になる。❶completedが正解。

【完成文】 Their project completed, almost all the members of the team took time off.

【訳 例】 プロジェクトが完成したので，チームのほぼ全員が休暇をとった。

【5】 ❸ Strong and honest

⬚ , she is the perfect candidate.

「影響力が強く誠実なので，彼女は申し分のない候補者だ」とすると自然な意味になる。Strong and honestを空所に入れることで，（Being）strong and honestという分詞句を作ることができる。❸Strong and honestが正解。このように，形容詞が文頭にくる形の分詞構文があることを知っておこう。なお，❹Strong and honest personは「影響力が強くて誠実な人」という意味の名詞である。名詞が文頭にくる形の分詞構文もあるものの，personが可算名詞であることから冠詞aが必要であるため，誤り。(『26. 名詞－可算名詞と不可算名詞』p.194〜参照) ❶Because strong and honestは接続詞Becauseの後ろにSVではなく形容詞を置いているため，誤り。❷For strong and honestは前置詞Forの後ろに名詞ではなく形容詞を置いているため，誤り。ちなみに，名詞が文頭に来るタイプの分詞構文の例を挙げておく。文頭にBeingを補うことで，分詞構文らしく見えるはずだ。

例 A man（＝ Being a man）with a warm heart, he helped anyone in need of help.

（温かい心を持った男なので，彼は助けを必要とする人は誰でも助けた）

【完成文】 Strong and honest, she is the perfect candidate.

【訳 例】 影響力が強く誠実なので，彼女は申し分のない候補者だ。

【6】 ❶ Looked

[____] at from a different angle, the expression of this statue completely changes.

分詞構文の問題。分詞構文の主語は文の主語と一致するのが原則であり、「この像の表情」がlooked at「見られる」という関係が成り立つようにすれば、自然な意味になる。❶Lookedが正解。

【完成文】 Looked at from a different angle, the expression of this statue completely changes.

【訳 例】 違う角度から見ると、この像の表情はすっかり変わる。

【7】 ❷ It being

[____] Sunday, the bank was closed.

分詞構文の主語と文の主語が異なる問題。「日曜日なので、銀行が閉まっていた」とすれば自然な意味になる。そこで、It was Sunday.「日曜日だった」を前提とした独立分詞構文にすればよい。❷It beingが正解。

【完成文】 It being Sunday, the bank was closed.

【訳 例】 日曜日なので、銀行が閉まっていた。

本章では，関係詞の仕組みについて学習する。第一に押さえるべき点は「関係詞を用いた文は，元々は２つの文である」ということである。本章の内容は関係詞に関わるすべての文法事項についての基礎にあたる。関係詞が元の文でどういうはたらきをしていたのかを丁寧に確認しながら，基本的な仕組みを理解してほしい。

例題 次の空所に入れるのに最も適切なものを，選択肢❶〜❹から選びなさい。
Soon we came to a hill at the foot ☐ stood a deserted factory.
❶ in which ❷ of which ❸ which ❹ where

（東海大 改）

関係詞を用いた文は，元は２文

関係詞の文を考える際には重要なポイントがある。「関係詞を用いた文＝元は２文」ということを常に意識することである。これを意識することで，関係詞の構造を正確に理解することができ，使いこなすことができる。次の文を見てほしい。

（×）Mr. Sato has two daughters, neither of them plays the piano.

この文は，文法的には（正確な書き言葉としては）正しくない。節と節をカンマだけでつないでしまっているからである。そして，この誤りを解消する手段はいくつかある。

１つは分詞構文だ（『15. 準動詞—分詞構文』p.118〜参照）。
【分詞句を用いた例】 Mr. Sato has two daughters, neither of them <u>playing</u> the piano.

接続詞を用いるという手もある。
【接続詞を用いた例】 Mr. Sato has two daughters, <u>and</u> neither of them plays the piano.

さらに，分詞構文や接続詞を用いない方法もある。今回のテーマである関係詞を用いる方法だ。

【関係詞を用いた例】 Mr. Sato has two daughters, neither of <u>whom</u> plays the piano.

Mr. Sato has two daughters, neither of whom plays the piano.は，次の２文のうち，them（＝ the two daughters）を目的格の関係代名詞whomに置き換えることにより得られた文である。このとき，元は次のような２つの文であったということを意識したい。
Mr. Sato has two daughters.（サトウ氏には２人の娘がいる）
Neither of them［the two daughters］plays the piano.
（２人のうちどちらもピアノを弾かない）

それでは，例題について見てみよう。まず，元の２文がどのような文であったかを考える。１文目はSoon we came to a hill.「まもなく私たちは丘までやってきた」である。at the footまで1文目に含めると，a hill at the foot「ふもとの丘」となり，不自然な意味になってしまうからだ。２文目は，stoodがV，a deserted factoryがSとなった倒置の形に気づけるかがポイントである。at the foot of A「Aのふもとに」という表現の知識を用いると，At the foot of the hill stood a deserted factory.「丘のふもとに立っていたのはさびれた工場だった」という場所句倒置（『31. 倒置 ― 文否定の副詞と倒置・場所句倒置』p.228〜参照）の文が得られる。
【元の２文】
Soon we came to <u>a hill</u>.（まもなく私たちは丘にやってきた）
At the foot of <u>the hill</u>［it］stood a deserted factory.
（その丘のふもとには，さびれた工場が立っていた）
このように，元の２文がわかれば，a hillを先行詞としてSoon we came to <u>a hill</u> at the foot of <u>which</u> stood a deserted factory.という文を作ることができる。❷of whichが正解だ。
【完成文】 Soon we came to a hill at the foot of which stood a deserted factory.
【訳 例】 まもなく私たちは，そのふもとにさびれた工場が立っている丘にやってきた。

なお，元の２文に直した際は，「１文目に先行詞となる名詞があり，これと同じ名詞が必ず２文目にもある」ということを確認しておきたい。２文目の名詞を関係代名詞に変えて節頭に移すと，関係代名詞節ができるというわけだ。名詞を関係代名詞に変える際は，名詞の文中での使い方に応じて関係代名詞の種類が変わる。次の表で確認してほしい。

● 《関係代名詞の種類》

	【主格（S）】	【目的格（O）】	【所有格】	【補語（C）】
人が先行詞	who	whom [who]	whose	that [which]
人以外が先行詞	which	which	whose	that [which]

それでは，練習問題を解いてみよう。

次の空所に入れるのに最も適切なものを，選択肢❶～❹から選びなさい。

【問題1】Godzilla destroyed the house on ☐ roof was lying a lady.

❶which　　❷whose　　❸of which　　❹what

（立命館大　改）

【問題2】Thailand, the capital ☐ is Bangkok, is in Southeast Asia.

❶of which　　❷of what　　❸of that　　❹whose

【問題1】

on ☐ roof was lying a ladyという関係詞節が，Godzilla destroyed the house という文の後に続いており，the houseを先行詞としてこれに説明を加える形になっている。そこで，元の2文を考える。1文目はGodzilla destroyed the house.であるが，2文目はwas lying がVであり，a ladyがSと考えられる。そこで，On ☐ roof was lying a lady.という場所句倒置の形（『31. 倒置 ― 文否定の副詞と倒置・場所句倒置』p.228～参照）が得られ，☐ にits（= the house's）という所有格を入れると自然な形と意味になることがわかる。

【元の2文】

Godzilla destroyed the house.（ゴジラは家を破壊した）

On its roof was lying a lady.（その屋根の上に女性が寝ていた）

所有格itsの代わりに関係代名詞whoseを入れた❷が正解である。

【完成文】 Godzilla destroyed the house on whose roof was lying a lady.

【訳例】 ゴジラはその屋根の上に女性が寝ている家を破壊した。

　　　　（ゴジラは家を破壊したが，その屋根の上には女性が寝ていた）

【問題2】

the capital ... Bangkokという関係詞節が挿入されている。そこで，元の2文を考

129

える。1文目はThailand is in Southeast Asia.である。先行詞はThailandであり，挿入部分の元の形を考えると，2文目はThe capital of Thailand [it] is Bangkok.となる。

【元の2文】

Thailand is in Southeast Asia.（タイは東南アジアにある）

The capital of Thailand [it] is Bangkok.（タイの首都はバンコクである）

※the capital of Thailand [it]「タイの首都」でひとかたまりと考える。

Thailand [it] を目的格の関係代名詞whichに変えればよいため，❶of whichが正解だ。

【完成文】 Thailand, the capital of which is Bangkok, is in Southeast Asia.

【 訳 例 】 タイは，その首都がバンコクであるが，東南アジアにある。

なお，the capital of itはits capitalと言い換えることができるため，所有格の関係代名詞を用いて，whose capital is Bangkokという関係代名詞節を用いることも可能である。さらに，the capital of whichは，時に語順を変えてof which the capitalの形で用いられることもある。

Thailand, the capital of which is Bangkok, is in Southeast Asia.

≒ Thailand, whose capital is Bangkok, is in Southeast Asia.

≒ Thailand, of which the capital is Bangkok, is in Southeast Asia.

Lesson16の最重要POINT

👑 関係詞を用いた文は，元の2文を考える

確認問題

次の空所に入れるのに最も適切なものを，選択肢❶～❹から選びなさい。

【1】【難易度★★★】

I'll introduce to you the man without ⬚ effort your society would cease to exist.

❶whose   ❷whom   ❸which   ❹of whom

【2】【難易度★★★】

The people for ⬚ benefit he worked never appreciated his efforts.

❶whom   ❷that   ❸whose   ❹which

【3】【難易度★★☆】

The man was reading a book the title ⬚ I didn't know.

❶how   ❷which   ❸that   ❹of which

【4】【難易度★★☆】

There are 30 students in my class, most of ⬚ are from the same school.

❶that   ❷which   ❸them   ❹whom

【5】【難易度★★☆】

She saw people standing in front of her, none of ⬚ she knew.

❶what   ❷which   ❸whom   ❹whose

（立命館大）

【6】【難易度★★☆】

Conventional wisdom says that math is a subject ⬚ the more talented students are expected to excel, leaving students ⬚ simply "not math people" behind.

❶to which ... whom are   ❷as which ... who are

❸of which ... whom are   ❹in which ... who are

（慶應義塾大）

確認問題：解答と解説

【1】 ❶ whose

I'll introduce to you the man without ⬚ effort your society would cease to exist.

元の2文は次のようになる。

I'll introduce to you <u>the man</u>.

（私はあなたにその男性を紹介します）

Your society would cease to exist without <u>the man's〔his〕</u> effort.

（その男性の尽力がなければ，あなたの社会は存在しないでしょう）

the man'sの代わりに使える所有格の関係代名詞whoseを入れる。 ❶whoseが正解。

【完成文】 I'll introduce to you the man without whose effort your society would cease to exist.

【訳 例】 その尽力がなければあなたの社会が存在しないであろう男性を，私はあなたに紹介します。

【2】❸ whose

The people for ⬚ benefit he worked never appreciated his efforts.

元の2文は次のようになる。

The people never appreciated his efforts.

（その人々は決して彼の努力に感謝しなかった）

He worked for the people's[their] benefit.

（彼はその人々の利益のために働いた）

the people'sの代わりに使える所有格の関係代名詞whoseを入れる。 ❸whoseが正解。

【完成文】 The people for whose benefit he worked never appreciated his efforts.

【訳 例】 その利益のために彼が働いた人々は，決して彼の努力に感謝しなかった。

【3】❹ of which

The man was reading a book the title ⬚ I didn't know.

元の2文は次のようになる。

The man was reading a book.（その男は本を読んでいた）

I didn't know the title of the book[it] .（私はその本のタイトルを知らなかった）

※the title of the book[it]「その本のタイトル」でひとかたまりと考える。

the title of the bookのthe book[it] を目的格の関係代名詞whichにした❹of which
が正解。

【完成文】 The man was reading a book the title of which I didn't know.

【訳 例】 その男は，私がそのタイトルを知らない本を読んでいた。

【4】❹ whom

There are 30 students in my class, most of ⬚ are from the same school.

元の2文は次のようになる。

There are 30 students in my class.（私のクラスには30人の生徒がいる）

Most of them are from the same school.（その生徒の大半は同じ学校の出身である）

themの代わりに使える目的格の関係代名詞whom を入れる。 ❹whomが正解。なお， ❸themを空所に入れると，節と節をカンマだけでつなぐことになるため，誤り。

【完成文】 There are 30 students in my class, most of whom are from the same school.

【 訳 例 】 私のクラスには30人の生徒がいるが，その大半は同じ学校の出身である。

【5】 ❸ whom

She saw people standing in front of her, none of ⬚ she knew.

元の2文は次のようになる。

She saw people standing in front of her.

（彼女は自分の前に人々が立っているのを見た）

She knew none of them.

（彼女はその人々のうち1人も知らなかった）

themの代わりに使える目的格の関係代名詞whom を入れる。❸whomが正解。

【完成文】 She saw people standing in front of her, none of whom she knew.

【 訳 例 】 彼女は自分の前に人々が立っているのを見たが，その人々のうち1人も知らなかった。

【6】 ❹ in which ... who are

Conventional wisdom says that math is a subject ⬚ the more talented students are expected to excel, leaving students ⬚ simply "not math people" behind.

math is a subject ⬚ the more talented students are expected to excelの部分の元の2文は次のようになる。

Math is a subject.

（数学は科目である）

The more talented students are expected to excel in the subject[it] .

（より才能のある学生がその教科において優れていると考えられている）

in itをin whichに変えて（whichは目的格の関係代名詞），節頭に出した❹in which ... who areが正解。なお，excel in Aで「Aにおいて優れている」という意味。2つ目の空所は，主格の関係代名詞whoを用いている。

【完成文】 Conventional wisdom says that math is a subject in which the more talented students are expected to excel, leaving students who are simply "not math people" behind.

【 訳 例 】 世間一般の考えでは，数学はより才能のある学生が優れていると考えられている科目であり，ただ「数学が苦手」である学生を置き去りにしている。

本章では，関係代名詞と関係副詞の区別について学習する。the reasonの後ろにくる関係詞はwhyだけではない。whichがくることもある。どのような場合にwhyを用い，どのような場合にwhichを用いるのか，元の２文を確認しながら理解を深めてほしい。

例題 次の空所に入れるのに最も適切なものを，選択肢❶～❹から選びなさい。

That was the reason ⬚ he gave for being late.

❶why ❷which ❸what ❹for which

関係代名詞と関係副詞，どちらを用いるか

本問はthe reasonが先行詞にあるため，反射的に❶whyを選んでしまうという誤りが多い。しかし，そこで立ち止まってよく考えてほしい。関係詞を用いた文は，元は２文だったものである。つまり，関係副詞whyを使うのは，例えば次のような場合である。

That was the <u>reason</u>.（これが理由だ）

I was late for the class <u>for the reason</u>.（私はその理由で授業に遅れた）

２文目のfor the reasonという副詞句を関係副詞whyに置き換えて節頭に出し，できあがった関係副詞節を先行詞の直後に置くことで１文目と接続すると，That was the reason <u>why</u> I was late for the class.「これが，私が授業に遅れた理由だ」という文が得られる。ここで，本問で❶whyを入れるためには元の２文がどのようなものでなければならないかを考えてみよう。

That was the <u>reason</u>.

（×）**He gave for being late <u>for the reason</u>.**

このようになるはずであるが，これは文法的な誤りを含んでいる。２文目のgaveの目的語がないということだ。

そこで，２文目をHe gave <u>the reason</u>[it] for being late.とする。これで，文法的に

正しい文となる。

That was the reason.（これが理由だ）

（○）**He gave the reason[it] for being late.**

（彼は遅刻したことについて，その理由を挙げた）

the reason[it] は名詞（代名詞）であり，目的格の関係代名詞whichに置き換えて節頭に出すと，which he gave φ for being lateという関係代名詞節ができる。❷whichが正解だ。※φは名詞の欠落。

【完成文】 That was the reason which he gave for being late.

【訳例】 それが，遅刻したことについて彼が挙げた理由だ。

このように，関係代名詞と関係副詞の区別について考えるときは，「元の２文」を考えるようにすると，正確に構造をつかめるようになる。

それでは，練習問題を解いてみよう。

【問題】次の空所に入れるのに最も適切なものを，選択肢❶～❹から選びなさい。

I live in the city ☐ the famous artist was born.

❶where ❷in that ❸which ❹whose

（流通科学大　改）

関係代名詞whichと関係副詞where，どちらを用いるか

先ほどの 例題 では関係代名詞whichと関係副詞whyの関係を確認した。同じ考え方が，関係代名詞whichとwhere（場所を表す語句を先行詞とする関係副詞），when（時を表す語句を先行詞とする関係副詞），how（方法・手段を表す語wayを先行詞とする関係副詞）にもあてはまる。本問は関係詞を入れる問題だが，元の２文を考えてみよう。次のようになる。

I live in the city. （私はその市に住んでいる）

The famous artist was born in the city[it]. （その有名な芸術家はその市で生まれた）

１文目のthe cityは，関係詞節によって説明をする「先行詞」となるものだ。２文

目には「先行詞」と同じ語句（ここではthe city）があるので，それを関係詞に変えて節頭に出し，関係詞節を作る。the cityは<u>名詞</u>であるため，関係詞は<u>関係代名詞</u>whichを用いる（目的格の関係代名詞）。すると，which the famous artist was born in φという関係代名詞節ができ，出来上がった関係代名詞節を先行詞の後において，次のような文を完成させることができる。

【例1】 I live in the city <u>which</u> the famous artist was born in.

　　（私は，その有名な芸術家が生まれた市に住んでいる）

さらに，whichだけでなく，in whichごと節頭に出すこともできるため，次のような文を作ることもできる。

【例2】 I live in the city <u>in which</u> the famous artist was born.

　　（私は，その有名な芸術家が生まれた市に住んでいる）

また，元の2文は，次のような文を考えることもできる。

I live in <u>the city</u>.（私はその市に住んでいる）

The famous artist was born <u>there</u>.（その有名な芸術家はそこで生まれた）

<u>副詞</u>thereを<u>関係副詞</u>whereで置き換えて節頭に出すと，where the famous artist was bornという関係副詞節ができるため，出来上がった関係副詞節を先行詞の後において，次のような文を完成させることができる。

【例3】 I live in the city <u>where</u> the famous artist was born.

　　（私は，その有名な芸術家が生まれた市に住んでいる）

正解は，❶whereだ。

【完成文】 I live in the city where the famous artist was born.

【訳 例】 私は，その有名な芸術家が生まれた市に住んでいる。

▎完全文, 不完全文？

「完全文」「不完全文」ということばを聞いたことはあるだろうか。「完全文」「不完全文」という考え方自体は便利なのだが，何が不完全なのかを理解していないとまったく意味がない。言葉だけがひとり歩きしないよう，この機会に確認しておこう。次の例は，先ほどの【例1】～【例3】の文を並べたものである。

【例1】 I live in the city ｜which｜ the famous artist was born in.

【例2】 I live in the city ｜in which｜ the famous artist was born.

【例3】 I live in the city ｜where｜ the famous artist was born.

関係詞の後ろにある下線を引いた箇所に着目してほしい。「完全か不完全か」は下線の箇所のことを言っているのである。【例1】ではinの後ろに目的語が欠けているが，このように本来あるべき名詞（SやOやC）が欠ける構造になっていることを「不完全」と呼んでいる。「【例2】や【例3】もどこで生まれたかが書かれていないから不完全なのではないですか？」という質問をよく受けるが，これは間違いだ。確かに意味の上では不完全なので言いたいことはよくわかる。しかし，ここでの「不完全」は英文の意味とは無関係で，「あるべき名詞が欠けていること」である。Vがあったら前にSがあるべきだし，Vが他動詞なら後ろにOがあるべきだし，前置詞があったら後ろにO（名詞）があるべきだが，それらがない，ということなのである。

ただ，よく考えてほしい。「完全」「不完全」という考え方は，当たり前のことを言っているにすぎないのだ。【例1】ではinの後ろにあったthe city［it］がwhichになって前に出ている。

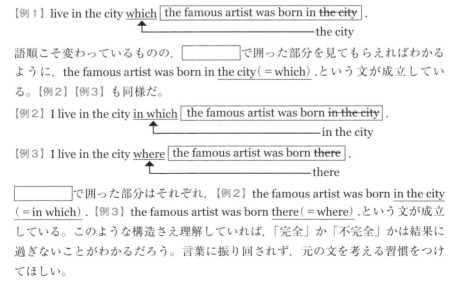

【例1】 I live in the city which ｜ the famous artist was born in ~~the city~~ ｜ .
　　　　　　　　　　　　　　　　　　　　　　　　　　　— the city

語順こそ変わっているものの，｜　　　　｜で囲った部分を見てもらえればわかるように，the famous artist was born in the city（＝which）.という文が成立している。【例2】【例3】も同様だ。

【例2】 I live in the city in which ｜ the famous artist was born ~~in the city~~ ｜ .
　　　　　　　　　　　　　　　　　　　　　　　　　　— in the city

【例3】 I live in the city where ｜ the famous artist was born ~~there~~ ｜ .
　　　　　　　　　　　　　　　　　　　　　　　— there

｜　　　　｜で囲った部分はそれぞれ，【例2】the famous artist was born in the city（＝in which）.【例3】the famous artist was born there（＝where）.という文が成立している。このような構造さえ理解していれば，「完全」か「不完全」かは結果に過ぎないことがわかるだろう。言葉に振り回されず，元の文を考える習慣をつけてほしい。

関係副詞 ＝ 前置詞＋関係代名詞？

「whereはin whichで書き換えられるんですよね？」という質問もまた，よく受ける質問である。答えは半分Yesで半分Noだ。whereがin whichで書き換えられるケースもある，というのが正しい答えである。先ほどの【例2】と【例3】は書き換えられるケースだ。

【例2】 I live in the city in which the famous artist was born.

【例3】 I live in the city where the famous artist was born.

一方で，次のような例を見てほしい。

【例4】 This is the hotel at which I stayed last year.

【例5】 This is the hotel where I stayed last year.
　　　　（これが私が昨年泊まったホテルだ）

このように，at which ＝ whereになる場合もある。つまり，「場所を表すためにatやinといった前置詞が元の文で使われる → at whichやin whichなどの形が生まれる → 結果的にそれがwhereで置き換えられる」というだけの話なのである。where ＝ in whichのような硬直的な思考は，英文法の理解にとって役に立たない。前置詞＋関係代名詞と関係副詞の関係については，次の表で確認しておこう。

【先行詞】	【関係副詞】	【前置詞＋関係代名詞】
場所	where	in which ／ at which ／ on which　　etc.（※1）
時	when	in which ／ at which ／ on which　　etc.（※2）
reason	why	for which
way（※3）	how	in which

（※1）元の文でin the place ／ at the station ／ on the boat　など

（※2）元の文でin the year ／ at the time ／ on the day　など

（※3）the way howという形では用いられない。This is how I do the job. ≒ This is the way I do the job.「これが私がその仕事をやる方法だ」のように先行詞the wayか関係副詞howを省略した形で用いられる。

Lesson17の最重要POINT

👑 関係代名詞の後ろは不完全な文（あるはずの名詞が欠けた文）

👑 前置詞＋関係代名詞，関係副詞の後ろは完全な文

👑 関係副詞は，前置詞＋関係代名詞で書き換えられる

確認問題

次の空所に入れるのに最も適切なものを，選択肢❶〜❹から選びなさい。

【1】【難易度★☆☆】

The city ⬚ I like best in the world is New York.

❶ where　　❷ in which　　❸ which　　❹ in that

【2】【難易度★★☆】

Do you know the reason ⬚ prevented us from carrying out the plan?

❶ why　　❷ for which　　❸ which　　❹ in which

【3】【難易度★☆☆】

I know the day ⬚ he got the first prize in the contest.

❶ in which　　❷ which　　❸ for which　　❹ on which

【4】【難易度★★☆】

Last night Cindy told me about her new job in Tokyo, ⬚ she appears to be enjoying very much.

❶ which　　❷ where　　❸ what　　❹ when

（センター追試）

確認問題：解答と解説

【1】❸ which

The city ⬚ I like best in the world is New York.

元の2文は次のようなものが考えられる。

The city is New York.（都市はニューヨークだ）

I like the city[it] best in the world.（私はその都市が世界で一番好きだ）

the city〔it〕を目的格の関係代名詞whichに変えると，次のような文が得られる。
❸whichが正解。

【完成文】The city which I like best in the world is New York.

【訳例】私が世界で一番好きな都市は，ニューヨークだ。

【2】❸ which

Do you know the reason ⬭ prevented us from carrying out the plan?

元の2文は次のようなものが考えられる。

Do you know <u>the reason</u>?

（理由を知っていますか？）

<u>The reason〔it〕</u> prevented us from carrying out the plan.

（その理由が，私たちがその計画を実行するのを妨げた）

the reason〔it〕を主格の関係代名詞whichに変えると，次のような文が得られる。
❸whichが正解。

【完成文】Do you know the reason which prevented us from carrying out the plan?

【訳例】私たちがその計画を実行するのを妨げた理由を知っていますか。

【3】❹ on which

I know the day ⬭ he got the first prize in the contest.

元の2文は次のようなものが考えられる。

I know <u>the day</u>.

（私はその日を知っている）

He got the first prize in the contest [on the day].

（彼はその日にコンテストで一等賞をとった）

the dayを目的格の関係代名詞whichに変え，on whichごと前に出すと，次のような文が得られる。❹on whichが正解。

【完成文】I know the day on which he got the first prize in the contest.

【訳例】私は，彼がコンテストで一等賞をとった日を知っている。

なお，2文目を次のように考えることもできる。

He got the first prize in the contest <u>then</u>.

（彼はそのとき，コンテストで一等賞をとった）

thenを関係副詞whenに変えると，次のような文が得られる。

I know the day when he got the first prize in the contest.

【4】 ❶ which

Last night Cindy told me about her new job in Tokyo, ⬚ she appears to be enjoying very much.

元の2文は次のようなものが考えられる。

Last night Cindy told me about her new job in Tokyo.

（昨晩シンディーは彼女の東京での新しい仕事について私に教えてくれた）

She appears to be enjoying her new job in Tokyo[it] very much.

（彼女はそれをとても楽しんでいるようだ）

her new job in Tokyo[it] を目的格の関係代名詞whichに変えると，次のような文が得られる。❶whichが正解。

【完成文】 Last night Cindy told me about her new job in Tokyo, which she appears to be enjoying very much.

【訳 例】 昨晩シンディーは彼女の東京での新しい仕事について私に教えてくれたが，彼女はそれをとても楽しんでいるようだ。

▌非制限用法

確認問題【4】の完成文のカンマに着目してほしい。

【完成文】 Last night Cindy told me about her new job in Tokyo, which she appears to be enjoying very much.

関係代名詞の前に置かれたカンマはどのような意味を持っているのだろうか。まずは用語の確認をしておこう。このように関係詞の前にカンマを置く用法を「非制限用法」という。関係詞の非制限用法が用いられるのは，次の2通りである。

1．限定したくないとき ＝ 補足説明したいとき
2．限定できないとき ＝ 1つ（1人）のもの（人）が先行詞のとき（固有名詞など）

「限定」とは，前に置かれた名詞の意味を限定することをいう。例えば，a son who wants to be an astronaut「宇宙飛行士になりたい息子」という表現は，複数いる息子のうち「宇宙飛行士になりたい」という限定を加えることで，一部の息子に絞っている。その結果，「宇宙飛行士になりたい息子」と「そうでない息子」がいることを暗に意味することになる。これが「限定」である。しかし，このような限定を加えずに，単に名詞の説明をしたい場合もある。

例えば，次のような場面である。

例 He has a son, who wants to be an astronaut.
　（彼には1人の息子がおり，その息子は宇宙飛行士になりたい）

この文では，「宇宙飛行士になりたい息子」と「そうでない息子」というように限定をしたいわけではなく，ただ「1人の息子がいてその息子が宇宙飛行士になりたい」ということを補足説明したいわけである。このような場合にはカンマをつけることで，限定を避ける。

また，限定できない名詞も存在する。一般的には1つ（1人）のもの（人）が先行詞のときである。具体的にはKyoto, Osaka, Tokyo, Mary, Tomといった固有名詞，生物学上1人しか存在しないhis mother，1つしかないthe earthなどがあるが，これらが先行詞のときは限定ができない。というのも，1つ（1人）のもの（人）についてはそもそも「…な名詞」と「そうでない名詞」という区別ができないからだ。したがって，このような場合にはカンマを用いる。

例 The woman visited Kyoto, where her mother was born.
　（女性は母親が生まれた京都を訪れた ＝ 女性は京都を訪れたが，そこで母親が生まれた）
　※「母親が生まれた京都」と「そうでない京都」という区別は原則としてできないことを確認
　　してほしい。

本問の英文に戻ると，her new job in Tokyoは1つしかないものであるため，非制限用法を用いていると考えられる。

18 関係詞
関係代名詞what, 複合関係詞

Track 18

本章では，まず関係代名詞のwhatについて学習する。関係代名詞のwhatは関係詞の中でも例外的に，名詞節を導く。それゆえ，他の名詞と同様に文中では文の要素（主語・目的語・補語）になる。whatを理解するためには，文の要素（主語・目的語・補語・述語動詞）についての理解が不可欠だ。学習の際には，たえず文構造全体に目を向けながら理解するよう努めよう。また，複合関係詞についても学習する。複合関係詞もその仕組みと使い方が重要だ。例文を見ながら学習を進めよう。

例題 次の空所に入れるのに最も適切なものを，選択肢❶〜❹から選びなさい。

A large proportion of _____ English-speaking people watch on TV is of American origin.

❶that ❷what ❸where ❹which

（センター本試）

関係代名詞のwhatについての重要3項目

本問は，なんとなくof whichという形を見たことがあるという理由で，❹を選ぶ人が多い問題である。しかし，これは誤りだ。空所に入れるものを選ぶためには，文構造の把握が不可欠である。丁寧に文構造を把握していこう。

まず，この文のVはisで，of American originは「アメリカで生まれた（アメリカに起源がある）」という意味でCのはたらきをしていることがわかる。A large proportion of _____ English-speaking people watch on TVがSであると考えられ，さらに細かく見てみると，前置詞ofに続く _____ English-speaking people watch on TVは名詞のカタマリであり，English-speaking people watch on TVの部分は，watchの後ろにあるはずの名詞が欠けた，いわゆる不完全な文である。したがって，空所には名詞のカタマリを作れるもので，かつ，後ろに不完全な文を続けられるものを選ばなければならない。このような条件を満たすのは，❷whatか❹whichである。

次に，それぞれの意味についても見ておこう。

【what ＋不完全な文】	（1） 何…か （2） …なもの，…なこと
【which ＋不完全な文】	どちら（どれ）…か

本問では，❹whichを入れると，Sが「どちら（どれ）を英語話者がテレビで見るかの大部分」という不自然な意味になってしまう。そこで，（2）の意味のwhatを入れる。このとき，Sは「英語話者がテレビで見ているものの大部分」という自然な意味になる。❷whatが正解だ。

【完成文】 A large proportion of what English-speaking people watch on TV is of American origin.

【 訳 例 】 英語話者がテレビで見ているものの大部分は，アメリカで生まれた。

以上をまとめると，whatについて大事な点は次の3つである。
⑴「何…か」以外に，「…なもの，…なこと」という意味がある
⑵ 後ろが不完全な文（あるべき名詞が欠けた文）になる
⑶ 名詞のカタマリを作る ＝ 文の中で，SやOやCのはたらきをする

このように，関係詞のなかにはそのカタマリが名詞のカタマリになるものもあり，その代表例がwhatである。

それでは，練習問題を解いてみよう。

【問題1】次の空所に入れるのに最も適切なものを，選択肢❶～❹から選びなさい。

I'll give this ticket to ⬚ wants it.

❶whoever ❷no matter who ❸what ❹whomever

複合関係詞＝関係代名詞＋ever

本問では，toに着目する。toは前置詞であるため，後ろには名詞を置く。空所の後ろには，wants itというSのない，不完全な文がある。しかし，whatに飛びつ

いてはいけない。「私はこのチケットをそれを欲しがっているものにあげる」となり，人ではなくものにチケットをあげるという不自然な意味になってしまうからだ。そこで，whoeverを入れる。whoeverには「…なものは誰でも」という意味があり，名詞のカタマリを作ることができる。文の意味も，「私はこのチケットをそれを欲しがっている人なら誰にでもあげる」となり，自然である。❶whoeverが正解だ。なお，❷no matter whoはwhoeverの言い換えとして用いることもあるが，後述するように副詞節の場合だけであり，本問のように名詞節としての用法では言いかえられないことに注意しておきたい。toという前置詞の後なので，❹目的格の複合関係代名詞whomeverがくるのではないかと考えた人もいるかもしれない。しかし，whomeverは節内で目的語のはたらきをするため，目的語の欠けた文が後続していなければならず，誤りである。

whomeverを用いるのは，次のような場合である。

例 I'll give this ticket to whomever I like.
　（私はこのチケットを，私が好きな人なら誰にでもあげる）

この文では，whomever I likeのカタマリ全体が名詞節のはたらきをし，前置詞toの目的語になっている。またwhomever I likeのカタマリの内部では，whomeverがlikeの目的語のはたらきをしている。

【完成文】 I'll give this ticket to whoever wants it.
【 訳 例 】 私はこのチケットをそれを欲しがっている人なら誰にでもあげる。

このように，what以外にも名詞のカタマリを作ることのできる関係詞が存在する。それが，複合関係代名詞だ。複合関係代名詞とは，関係代名詞にeverがついたもので，主に次のような種類がある。

whoever ／ whomever ／ whatever ／ whichever

これらは，後ろに不完全な文（SかOかCが欠けた文）がくるが，何が欠けているかは，関係代名詞who，whom，what，whichのときと同じように考えればよい。つまり，原則としてwhoeverはSかO，whomeverはO，whatever，whicheverはSかO（かC）が欠ける構造になる。

次に，複合関係代名詞の使い方と意味について確認しよう。まず押さえておきたいのは，複合関係代名詞には2通りの使い方があるということである。名詞のカタマリを作る使い方と副詞のカタマリを作る使い方だ。次の例文を見てほしい。

【例1】 Whatever you want will be given to you.

（君が欲しいものは何でも与えられるだろう）

【例2】 Whatever you want , he won't care about it.

（君が何を欲しがっていても，彼はそんなことにはおかまいなしだろうね）

いずれもwhatever you wantという複合関係代名詞whateverのカタマリが使われているが，カタマリのはたらきが違うことに気づけただろうか。【例1】では名詞のカタマリ，【例2】では副詞のカタマリとしてはたらいている。それに応じて意味も変わる。

(1) whatever節が名詞節の場合：「…なものは何でも」

(2) whatever節が副詞節の場合：「何を（が）…しても」

さらに，【例2】は次の【例3】のように書き換えることもできる。

【例3】 No matter what you want , he won't care about it.

このように，副詞節として用いる複合関係代名詞は，no matter＋関係代名詞で書き換えることができるのが原則である。以上をまとめると，次の表のようになる。ざっと目を通しておいてほしい。全体像がつかめれば十分だ。

【複合関係代名詞】	【後ろの形】	【意味とはたらき】
whoever	Sが 欠けた文	（1）…な人は誰でも【名詞節】 = anyone who （2）誰が…しても【副詞節】 = no matter who
whomever [**whoever**]	Oが 欠けた文	（1）…な人は誰でも【名詞節】 = anyone who (m) （2）誰を…しても【副詞節】 = no matter who (m)
whatever	SかO（C） が欠けた文	（1）…なものは何でも【名詞節】 = anything that （2）何が（を）…しても【副詞節】 = no matter what
whichever	SかO（C） が欠けた文	（1）…なものはどれ（どちら）でも【名詞節】 （2）どれ（どちら）が（を）…しても【副詞節】 　 = no matter which

もう 1 問，練習問題を解いてみよう。

【問題2】次の空所に入れるのに最も適切なものを，選択肢❶〜❹から選びなさい。
He is looking for _____ job is suitable for him.
❶whatever ❷whenever ❸however ❹wherever

この問題では，前置詞forの後ろに空所から文末までの名詞のカタマリがあると考えられる。また，空所直後の名詞jobにつながるように，空所に適語を入れなければならない。このように，名詞を直後に置いてカタマリを作れる複合関係詞は，選択肢のなかでは❶whateverだけである。

【完成文】 He is looking for whatever job is suitable for him.

【 訳 例 】 彼は，自分に合った仕事ならどんな仕事でも探している。

本問のwhatever以外にも，whicheverの直後には名詞を置くことができる。このことは，次のような例文を見ると理解しやすいだろう。

【例4】What <u>kind</u> of music do you like?（どのような種類の音楽が好きですか）

【例5】Which <u>coffee</u> do you prefer?（どちらのコーヒーがお好みですか）

ともに疑問詞のwhatとwhichを用いた例である。【例4】ではwhatが名詞kindを修飾し，【例5】ではwhichが名詞coffeeを修飾している。このような使い方は，everがついた複合関係詞の場合も同様である。

【複合関係詞】	【意味とはたらき】
whatever ＋ 名詞	（1）…な名詞はどんなものでも【名詞節】 （2）どんな名詞が…しても【副詞節】＝ no matter what ＋ 名詞
whichever ＋ 名詞	（1）…な名詞はどれ（どちら）でも【名詞節】 （2）どの（どちらの）名詞を…しても【副詞節】 　　　＝ no matter which ＋ 名詞

※whateverは不特定のものから選択する場合に用い，whicheverは限定されたものから選択する場合に用いる。

練習問題のその他の選択肢についても確認しておこう。❷whenever ❸however ❹whereverはそれぞれ，関係副詞のwhen，how，whereを元にしてeverをつけた

複合関係副詞である。これらは先ほど見た複合関係代名詞（whoever／whomever／whatever／whichever）と違い，副詞のカタマリを作るが名詞のカタマリを作らない。

また，howeverは直後に形容詞や副詞を置いて，however＋形容詞 ...やhowever＋副詞 ...の形で用いられることが多い。これは，how goodやhow slowlyのような形があることから考えると，納得しやすいだろう。なお，however＋形容詞 ...やhowever＋副詞 ...の形は，語順を間違えやすい（形容詞や副詞をhoweverの直後以外の場所に置いてしまうというミスをしやすい）ところなので，注意しておきたい。次の表に，関係副詞の種類と意味をまとめておいた。ざっと全体像を確認しておいてほしい。

【複合関係副詞】	【主な意味とはたらき】
whenever	（1）いつ…しても【副詞節】 = no matter when （2）…するときはいつも【副詞節】 = at any time when
wherever	（1）どこで（へ／に）…しても【副詞節】 　　　= no matter where （2）…するところならどこ（へ）でも【副詞節】 　　　= at[to] any place where
however	どんなふうに…しても【副詞節】 = by whatever means
however＋形容詞／副詞	どれほど形容詞／副詞でも【副詞節】 = no matter how 形容詞／副詞

Lesson18の最重要POINT

♛ whatには「何…か」以外に，「…なもの，…なこと」という意味がある

♛ whatは後ろが不完全な文（あるべき名詞が欠けた文）になる

♛ whatは名詞節を作る = 文の中で，SやOやCのはたらきをする

♛ 複合関係代名詞節には，名詞節と副詞節のはたらきがある

　（no matter ...で書き換えられるのは副詞節の場合のみ）

♛ 複合関係副詞節には，副詞節のはたらきがある

　（no matter ...で書き換えられるものがある）

確認問題

次の空所に入れるのに最も適切なものを，選択肢❶〜❹から選びなさい。

【1】【難易度★☆☆】

_____ seems easy at first often turns out to be difficult.

❶ It　　　　　❷ That　　　　　❸ What　　　　　❹ Which

（青山学院大）

【2】【難易度★☆☆】

"I really hope it'll rain tomorrow."

"From _____ you just said, it seems you don't want to go on the picnic."

❶ that　　　　❷ what　　　　❸ where　　　　❹ which

（センター本試）

【3】【難易度★★☆】

It's not only her friends that Ms. Kinoshita is kind to. She helps _____ needs her help.

❶ those　　　　❷ whatever　　　　❸ whoever　　　　❹ whom

（センター本試）

【4】【難易度★★☆】

Please give me _____ information you get as soon as possible.

❶ as if　　　　❷ even if　　　　❸ whatever　　　　❹ whenever

（センター本試）

【5】【難易度★☆☆】

I'd rather have a room of my own, _____ small it may be.

❶ however　　　　❷ no matter　　　　❸ even if　　　　❹ whatever

（近畿大　改）

【6】【難易度★★☆】

_____, the door wouldn't open.

❶ Whatever hard he tried　　　　❷ No matter how he tried hard

❸ No matter how hard he tried　　　　❹ However he tried hard

【1】 ❸ What

_____ seems easy at first often turns out to be difficult.

文全体のVはturns out to beである。_____ seems easy at firstがSであり，空所の後ろがseemsに対応するSの欠けた不完全な文であることに着目する。whatを入れると，what seems easy at first「最初は簡単に思えるもの」という自然な意味になるため，❸Whatが正解。

【完成文】 What seems easy at first often turns out to be difficult.

【 訳 例 】 最初は簡単に思えるものが，結果的に難しいとわかることが多い。

【2】 ❷ what

"I really hope it'll rain tomorrow."

"From _____ you just said, it seems you don't want to go on the picnic."

From ... saidが前置詞句であることを見抜く。_____ you just saidは名詞節となり，空所の後ろはsaidのOがない不完全な文となるため，whatを入れる。what you just saidで「あなたがちょうど言ったこと」という自然な意味になるため，❷whatが正解。

【完成文】 "I really hope it'll rain tomorrow."

"From what you just said, it seems you don't want to go on the picnic."

【 訳 例 】 「明日雨が降ってほしいと心から思うよ」

「あなたがちょうど言ったことからすると，ピクニックに行きたくないようだね」

【3】 ❸ whoever

It's not only her friends that Ms. Kinoshita is kind to. She helps _____ needs her help.

空所の後ろは，needs（V）her help（O）となっており，needsに対応するSのない不完全な文である。また，文全体で見ると _____ needs her helpはhelpsの目的語となっており，名詞節である。これにより，正解は❷whateverか❸whoeverに絞り込まれる。helpは原則として人を目的語に取るため，「彼女の助けを必要とするものなら何でも助ける」という意味になってしまう❷whateverは誤り。❸ whoeverが正解。

【完成文】 It's not only her friends that Ms. Kinoshita is kind to. She helps whoever needs her help.

【 訳 例 】 キノシタ氏が親切なのは自分の友人たちに対してだけではない。彼女は自分の助けを必要としている人なら誰でも助ける。

【4】 ❸ whatever

Please give me ☐ information you get as soon as possible.

☐ information you getはgiveの目的語になっており，名詞節である。また，空所の直後にinformationという名詞があり，このような形をとるのはwhateverかwhicheverである。whateverを入れると，whatever information you get「あなたが得る情報はどんな情報でも」という自然な意味になるため，❸whateverが正解。

【完成文】 Please give me whatever information you get as soon as possible.

【 訳 例 】 あなたが得る情報はどんな情報でも，できるだけ速やかに私に伝えてください。

【5】 ❶ however

I'd rather have a room of my own, ☐ small it may be.

空所の前まででいったん節が終わっているため，☐ small it may beは副詞節である。空所の直後に形容詞smallがあることに着目すると，このような形をとれるのはhowever[no matter how]だけである。❶howeverが正解。

【完成文】 I'd rather have a room of my own, however small it may be.

【 訳 例 】 どんなに小さくても，自分の部屋を持ちたい。

【6】 ❸ No matter how hard he tried

☐, the door wouldn't open.

選択肢から，「どれほど一生懸命試しても」という意味になることがわかる。hardは副詞であり，however hardやno matter how hardのような語順にするのが正しい。❸No matter how hard he triedが正解。ちなみに，wouldn'tは「どうしても…しなかった」という拒絶の意味を表す表現である。

【完成文】 No matter how hard he tried, the door wouldn't open.

【 訳 例 】 どれほど一生懸命試しても，ドアはいっこうに開かなかった。

Track 19

本章では，連鎖関係詞節と呼ばれる構造について学習する。関係詞節内にthat節が入り込んだ構造であり，一見すると難解に思えるが，『17. 関係詞—関係代名詞と関係副詞の区別』で学習したように元の２つの文を考えると非常に理解しやすい。落ち着いて丁寧に仕組みを理解しよう。

例題 次の空所に入れるのに最も適切なものを，選択肢❶〜❹から選びなさい。

He is a man ⬚ I supposed was able to change the situation.

❶who　　　❷whose　　　❸whom　　　❹whoever

関係詞を用いた文は元は２文

関係詞を用いた文は，元は２文であったものが関係詞によって繋がれたものである（『16. 関係詞–関係詞の仕組み』p.127〜参照）。また，関係代名詞節の直後には，名詞が欠けた節が続く。これは，本来は節のなかで名詞（ＳやＯやＣ）として用いられていたものが，関係代名詞に変わって節頭に移動するためである。例文で確認しておこう。

例 This is a man. I sent the man[him] a birthday card.
　　　　　　　　 S V　　　 O₁　　　　　 O₂

（こちらは男性です。私はその男性（彼）に誕生日カードを送りました）

この２文を関係代名詞を用いて１文にすると次のようになる。

This is a man whom I sent φ a birthday card.　 ※φは名詞の欠落
　　　　　　　 O₁ S V　 O₂

sentの直後にあった目的語のthe man[him] が目的格の関係代名詞whomに形を変えて節頭に移動した形である。

それでは，**例題** について見てみよう。空所には，もともと名詞として使われていたものが関係代名詞に形を変えて入れられる。本問では I supposed φ was able to change the situation. というように、φで示したところにあった名詞が、関係代名詞に姿を変えて移動したと考えられるが、元の名詞はＳとしてはたらいていたのだろうか、それともＯとしてはたらいていたのだろうか。

答えはＳである。元の２文は次の通りだ。

He is a man.

（彼は男だ）

I supposed the man〔he〕was able to change the situation.

（私はその男がその状況を変えることができると考えていた）

※supposedの後ろには接続詞のthatが省略されている。

２文目でＳとして用いられているthe manを主格の関係代名詞whoで書き換え、節頭に移動させると、正しい文となる。関係代名詞の問題で迷ったら、元の２文を考える癖をつけてほしい。関係代名詞に形を変える前の名詞がどのようなはたらきをしていたのかが容易にわかるはずだ。 例題 のthe manは 例 のthe manとは異なり、目的語ではなく主語として使われている。❶whoが正解だ。❸whomは、目的格の関係代名詞を入れるべき場面ではないため、誤りである。元の文での名詞の使われ方と関係代名詞の関係については、次の表を再度参考にしてほしい。

●《関係代名詞の種類》

	【主格（S）】	【目的格（O）】	【所有格】	【補語（C）】
人が先行詞	who	whom〔who〕	whose	that〔which〕
人以外が先行詞	which	which	whose	that〔which〕

【完成文】 He is a man who I supposed $\boxed{\text{was able to change the situation}}^{\text{O'}}$.
　　　　　 S V　C　　S" S'　V'　　　　V"　C"

　　　　　※was able to change the situation全体が、V'であるsupposedのO'

【訳例】 彼は、その状況を変えることができると私が考えていた男だ。

このように、**that**節内の名詞が関係代名詞に変わって節頭に出る場合、その節を連鎖関係詞節と呼ぶ。believe、agree、expect、thinkなど、that節を後続させる動詞が用いられる場合に、このような形になる。連鎖関係詞節というと大げさに聞

こえるが,「元の2文を考える」という関係代名詞節を考えるときの基本的な考え方さえ守れば,簡単に理解できる。和訳問題でも頻出の構文であるため,訳し方も確認しておいてほしい。

それでは,練習問題を解いてみよう。

【問題】次の空所に入れるのに最も適切なものを,選択肢❶～❹から選びなさい。

The researchers found fossils of _____ they thought were early dinosaurs.

❶ what   ❷ which   ❸ where   ❹ how

┃関係代名詞whatを用いた連鎖関係詞節

本問では,空所の後ろがthey thought φ were early dinosaursとなっている。例題同様,wereに対応する主語が欠けているケースだ。しかし,そこでwhichに飛びついてはいけない。例題の場合とは異なり,先行詞がないからである。ofの後ろには名詞が来なければならないため,名詞のカタマリを作れる関係代名詞whatを入れる。❶が正解だ。

【完成文】 The researchers found fossils of what they thought were early dinosaurs.

【訳例】 研究者たちは,昔の恐竜であると彼らが考えるものの化石を見つけた。

このように,連鎖関係詞節の構造はwhat節でも生じる。

Lesson19の最重要POINT

♛ that節内の名詞が関係代名詞に変わって節頭に出る場合,その節を連鎖関係詞節と呼ぶ

♛ 連鎖関係詞節も,元の2文から考える

♛ 関係代名詞whatでも,連鎖関係詞節の構造になることがある

確認問題

次の空所に入れるのに最も適切なものを,選択肢❶～❹から選びなさい。

【1】【難易度★★☆】

The woman ⬚ I thought to be my brother's acquaintance turned out to be a stranger.

❶for whom   ❷whom   ❸as whom   ❹to whom

【2】【難易度★★☆】

The man ⬚ we agreed was an honest man proved to be a liar.

❶with whom   ❷who   ❸what   ❹to whom

【3】【難易度★★☆】

Many people criticized me, but I did what ⬚ .

❶I thought I was right   ❷I thought it was right

❸I thought was right   ❹I was thought right

（センター本試）

【4】【難易度★★☆】

Our boss was sick at home, so we did ⬚ we thought was needed to finish the project.

❶how   ❷that   ❸what   ❹which

（センター本試）

【5】【難易度★★★】

Most decisions corporate leaders make are not political. You would be insane to seek an average executive ⬚ you thought might be acceptable politically, as opposed to a first-class business expert about ⬚ politics you are unclear.

❶who ... whose   ❷who ... which   ❸whom ... whose   ❹whom ... which

（慶應義塾大）

確認問題：解答と解説

【1】❷ whom

The woman ⬚ I thought to be my brother's acquaintance turned out to be a stranger.

元の2文を考える。

The woman turned out to be a stranger.

（その女性は，見知らぬ人だとわかった）

I thought the woman[her] to be my brother's acquaintance.

（私はその女性が兄の知り合いだと思っていた）

2文目のthe woman[her] は，think O to be C「OがCだと思う」のOとして用いられているため，目的格の関係代名詞whomを入れる。❷whomが正解。なお，この文は 例題 などで見た文とは異なり，that節内の名詞が欠けているわけではないが，元の2文を考えるという意味では同じ発想の問題である。文構造を丁寧に確認しておいてほしい。

【完成文】 The woman whom I thought to be my brother's acquaintance turned out
　　　　　 to be a stranger.

【 訳 例 】 私が兄の知り合いだと思っていたその女性は，見知らぬ人だとわかった。

【2】 ❷ who

The man ⬚ we agreed was an honest man proved to be a liar.

元の2文を考える。

The man proved to be a liar.

（その男は嘘つきだとわかった）

We agreed the man[he] was an honest man

（私たちは彼が正直な男だということに同意していた）

2文目のthe man[he] は，Sとして用いられているため，主格の関係代名詞whoを入れる。❷whoが正解。

※agreedの後ろには接続詞のthatが省略されている。

【完成文】 The man who we agreed was an honest man proved to be a liar.

【 訳 例 】 正直な男だということに私たちが同意していたその男は，嘘つきだとわかった。

【3】 ❸ I thought was right

Many people criticized me, but I did what ⬚ .

what節がdidの目的語になっている。whatの後ろを連鎖関係詞節の形にしたものを選ぶ。❸I thought was rightが正解。最終的には，このような問題を見たとき正しい形を瞬時に選べるようにしておきたい。

※thought の後ろには接続詞のthat が省略されている。

【完成文】 Many people criticized me, but I did what I thought was right.
【 訳 例 】 多くの人が私を批判したが，私は自分が正しいと思うことをした。

【4】 ❸ what

Our boss was sick at home, so we did ____ we thought was needed to finish the project.

空所の後ろの形がwe thought was ...という典型的な連鎖関係詞節の形をしている。 didの後ろに目的語が必要な本問では，whatを使った連鎖関係詞節の形にすればよい。❸whatが正解。

※thought の後ろには接続詞のthat が省略されている。

【完成文】 Our boss was sick at home, so we did what we thought was needed to finish the project.
【 訳 例 】 私たちの上司は体調が悪くて家にいたため，私たちはそのプロジェクトを終えるのに必要だと考えることを行った。

【5】 ❶ who ... whose

Most decisions corporate leaders make are not political. You would be insane to seek an average executive ____ you thought might be acceptable politically, as opposed to a first-class business expert about ____ politics you are unclear.

１つ目の空所の後ろの形がyou thought might be ...という典型的な連鎖関係詞節の形をしている。might beに対応する主語が欠けているため，主格の関係代名詞whoを入れる。２つ目の空所の後ろにはpoliticsという名詞があり，所有格の関係代名詞whose（『16. 関係詞－関係詞の仕組み』p.127～参照）を入れると文の意味が自然になる。❶who ... whoseが正解。

※thought の後ろには接続詞のthat が省略されている。

【完成文】 Most decisions corporate leaders make are not political. You would be insane to seek an average executive who you thought might be acceptable politically, as opposed to a first-class business expert about whose politics you are unclear.
【 訳 例 】 企業のリーダーがするほとんどの決定が政治的なものではない。どのような政治的意見を持っているのかよくわからない一流のビジネス専門家ではなく，政治的に見て受け入れられるかもしれないと考える平均的な重役を求めるならば，それは正気ではないだろう。

20 比較
比較の仕組み

本章では，比較の仕組みについて学習する。特に理解してほしいのは，比較文は原則として２つの文を元にしているということである。関係詞と同様，元の文を考えることで一気に理解が深まるはずだ。

> **例題** 誤りを含む箇所を選びなさい。誤りがない場合には❺を選びなさい。
> Some people say that there is more ❶profit in selling services than ❷there is in making products, ❸although I'm not sure ❹whether or not that's really true.
>
> （早稲田大）

答えは❺である。

誤っている箇所がないと判断するためには，文の前半にある比較の構造を正確に理解しておく必要がある。

┃ 比較構文は「２つの文が元になっている」と考える

比較構文においては，２つの文を元にしているのが原則である。例えば，本問の文は，次の２文が元になっている。

【１】There is <u>much</u> profit in selling services.（サービスを売ると<u>多くの</u>利益が得られる）
【２】There is <u>much</u> profit in making products.（商品を作ると<u>多くの</u>利益が得られる）

この２つの文を用いて，比較級を使った文を作るプロセスを確認しよう。【１】の文中にある形容詞much「多くの」を比較級more「より多くの」に変えると，次のような文になる。
There is <u>more</u> profit in selling services.（サービスを売ると<u>より多くの</u>利益が得られる）

この文だけでも，文としては成立していることがわかるだろうか。比較対象が書かれていないが，文としては成立している。次に，比較対象となる文を組み込む。その際に用いるのは，接続詞thanである。【２】の文をthanの直後に置くとthan there is much profit in making productsとなるが，much profitのmuchは比較構文

において比較の基準となる形容詞であり，必ず削除する（本問のように形容詞が名詞を修飾している場合は，名詞も一緒に削除する）。その結果，There is more profit in selling services than there is in making products. という比較文が得られる。なお，there isを省略することもあるが，上で見たようにthere isがあることで誤りとなるわけではない。

【完成文】 Some people say that there is more profit in selling services than there is in making products, although I'm not sure whether or not that's really true.

【 訳 例 】 商品を作るよりもサービスを売る方が多くの利益を得られると言う人もいる。それが事実かどうかは私にはわからないが。

続いて，練習問題を解いてみよう。

【問題】誤りを含む箇所を選びなさい。誤りがない場合には❺を選びなさい。

When ❶it comes to classical music, no one, or ❷at least no one that I know, is as ❸familiar with all the major composers and their works as my ❹brother's.

（早稲田大）

文の後半にある比較構文に着目する。比較構文においては，２つの文を元にしているのが原則である。例えば，本問の文は，次の２文が元になっている。

〔 1 〕No one, or at least no one that I know, is <u>familiar</u> with all the major composers and their works.
（あらゆる一流の作曲家とその作品について<u>精通している</u>人は１人も，いや少なくとも私が知っているなかには１人もいない）

〔 2 〕My brother is <u>familiar</u> with all the major composers and their works.
（私の兄は，あらゆる一流の作曲家とその作品について<u>精通している</u>）

例題 と同様に，〔 1 〕の文中で比較の基準となる形容詞familiarの直前に「同じくらい」という意味を持つ副詞のasを置くことで，次のような文ができる。

No one, or at least no one that I know, is <u>as</u> familiar with all the major composers and their works.

159

この文は比較対象が書かれていないが，文法的に正しい文である。比較対象について，前の文に書かれている場合もあるからだ。次に比較対象を接続詞asを用いて表し，【2】の文をasの直後に置くと次のようになる。

No one, or at least no one that I know, is as familiar with all the major composers and their works as my brother is familiar with all the major composers and their works.

この文の中で必ず省略されるのは，比較の基準となるfamiliar（繰り返し出てきた，2つ目のfamiliar）である。またwith all the major composers and their worksも繰り返しとなるので省略するのがふつうである。その結果，次のような文が得られる。

No one, or at least no one that I know, is as familiar with all the major composers and their works as my brother（is）.

正解は❹だ。brother'sはbrother isの短縮形としても用いることもあるが，比較の文のasやthanの後ろを短縮形にすることはできない。

【完成文】　When it comes to classical music, no one, or at least no one that I know, is as familiar with all the major composers and their works as my brother (is).

【訳例】　クラシック音楽となると，私の兄ほどあらゆる一流の作曲家とその作品について精通している人は1人も，いや少なくとも私が知っているなかには1人もいない。

これまで見たように，比較構文は慣用表現を除いて，原則として2つの文を元にしているものだと考えることができる。比較の文ではasとthan以下に省略が生じることが多いが，比較というものが同じものを比べるものであるがゆえに繰り返しが多くなるためであり，ある意味当然のことと言える。また，比較対象が文脈から明らかである場合は，as節やthan節そのものが省略されることもある。この点は注意が必要だ。

比較の文で省略してはいけないケース

比較文を書くときに注意しなければならないことがある。してもよい省略とするべきではない省略があるということだ。次の文を見てほしい。

She likes the cat as much as her husband.

この文はどういう意味になるだろうか。この文は，as以下に省略があるのだが，省略されているものを補う方法が2通り考えられてしまう。

【1】She likes the cat as much as her husband likes the cat.

（She likes the cat as much as her husband does.）

（彼女のネコに対する愛が，夫のネコに対する愛と同程度）

【2】She likes her cat as much as she likes her husband.

（She likes her cat as much as she does her husband.）

（彼女のネコに対する愛が，彼女の夫に対する愛と同程度）

このように，省略されているものを補う方法が2通り考えられてしまうような場合，省略は通常しない。しかし，このような例を除いて頻繁に省略が行われることは頭に入れておきたい。

例 I feel happier when sleeping than when studying.

　（私は勉強しているときよりも，眠っているときのほうが幸せに感じる）

※than I doのI do[I feel] を省略している。

Lesson20の最重要POINT

👑 比較の文は，元になっている2文を考えるのが原則

【1】【難易度★★☆】

誤りを含む箇所を選びなさい。誤りがない場合には❺を選びなさい。

❶When it comes to learning a foreign language, ❷nothing is ❸more important trying to find ❹suitable opportunities to use the language.

（早稲田大）

次の空所に入れるのに最も適切なものを，選択肢❶～❹から選びなさい。

【2】【難易度★★☆】

He revised the badly written essay extensively. It is still not perfect, but it is certainly ⬚ imperfect.

❶much less 　❷much more 　❸not less 　❹even more

（慶應義塾大）

【3】【難易度★★☆】

Robots can handle some difficult tasks more ⬚ than people.

❶easier 　❷easily 　❸easiness 　❹easy

（立命館大）

【4】【難易度★★☆】

Susan does her work ⬚ than any other person in her office.

❶more carefully 　❷the most careful 　❸the least carefully 　❹less careful

---

確認問題：解答と解説

【1】

❶When it comes to learning a foreign language, ❷nothing is ❸more important trying to find ❹suitable opportunities to use the language.

Nothing is 比較級 than ... 「…より～なものはない」という表現にする。❸が正解。

【完成文】 When it comes to learning a foreign language, nothing is more important than trying to find suitable opportunities to use the language.

【訳例】 外国語を学ぶこととなると，その言語を使う適切な機会を見つけようとすることほど重要なことはない。

【2】 ❶ much less

He revised the badly written essay extensively. It is still not perfect, but it is certainly ☐ imperfect.

「それは完璧ではないが」につながる内容としては，「より不完全でない」という内容が適切である。less〜で「より〜ない」という意味を表せるため，❶ much lessが正解。なお，この文ではthan it [the essay] wasが省略されており，エッセイの以前の状態との比較を述べている。muchは比較級の程度を強調する表現である。

【完成文】 He revised the badly written essay extensively. It is still not perfect, but it is certainly much less imperfect.

【訳 例】 彼はひどい出来のエッセイを大幅に修正した。それはまだ完璧ではないが，確実に，以前よりははるかに不完全なものでなくなっている。

【3】 ❷ easily

Robots can handle some difficult tasks more ☐ than people.

than people「人間よりも」という表現から，比較級を用いることがわかる。比較級の文にする前の文（元の文）を考えると，Robots can handle some difficult tasks easily.「ロボットは一部の困難な作業を容易にできる」という文になる。easilyをmore easilyという比較級に変えた❷ easilyが正解。

【完成文】 Robots can handle some difficult tasks more easily than people.

【訳 例】 ロボットは一部の困難な作業を人間よりも容易にできる。

【4】 ❶ more carefully

Susan does her work ☐ than any other person in her office.

than any other person in her office「彼女の会社の他の誰よりも」という表現から，比較級を用いることがわかる。比較級の文にする前の文（元の文）を考えると，Susan does her work carefully.「スーザンは慎重に作業をする」という文になる。carefullyを比較級に変えた❶ more carefullyが正解。

【完成文】 Susan does her work more carefully than any other person in her office.

【訳 例】 スーザンは同じ会社の他の誰よりも慎重に作業をする。

21 比較
not＋比較級, no＋比較級

比較は文の構造が複雑になりがちである。そこに否定がからむと，一層複雑になってしまう。しかし，否定と比較の関係は論理的に理解することができる。本章と次章を通して，否定と比較の関係を統一的に理解しよう。そうすることで，比較構文を正しく使えるようになるばかりでなく，一見すべて丸暗記しなければならないようにも思える慣用表現も，効率よく頭に入れることができるはずだ。

例題 次の２文がほぼ同じ意味になるように，空所に適語を入れなさい。

His bag is ☐ ☐ than mine.

His bag is as light as mine.

┃「not比較級」と「no比較級」の違い

シンプルなように見えて，意外に難しい問題である。よくある誤りの答えは，not heavierだ。not heavierを入れると，notが文全体を否定するため，

His bag is not heavier than mine. (彼のカバンは私のカバンより重くない)

という意味になり，彼のカバンが私のカバンと同じ重さか，あるいは彼のカバンのほうが私のカバンよりも軽いことを表す（彼のカバン ≦ 私のカバン）表現になる。しかし第２文は「彼のカバンは私のカバンと同様に，軽い」という意味であるため，これでは１文目と２文目は違う意味になってしまう。

正解はno heavierである。

no比較級という表現は，比較級の前にnoが置かれた表現である。比較級の前に置かれる語は，「差」や「程度」を表す。例えば，2 cm longerだと「２センチ分長い」ということだし，much deeperだと「ずっと深い」という意味になる。そして，no比較級の場合は「差」や「程度」がゼロ，つまり差がないということを表す。したがって，no比較級 ... than 〜は，as ... as 〜で書き換えることができるのである。 **例題** の文からもわかるように，no heavier thanがas light asで書き換えられ，heavy「重い」の反対の意味を持つlight「軽い」を使った表現で書き換えられる。このように，no比較級 ... than 〜は，as＋反対の意味の形容詞・副詞 ...

164

＋as 〜で書き換えられる。

【完成文】 His bag is no heavier than mine.／His bag is as light as mine.

【訳例】 彼のカバンは私のカバンと同じく軽い。

つまり，以上をまとめると，次のようになる。

【A no 比較級 ... than Bの意味】＝ A as 反対の意味の原級 ... as B

「AはBと同じくらいしか…ない」（A＝B）

※noは比較級を否定している。

【A not 比較級 ... than Bの意味】

「AはBより…であるということはない」（A≦B）

※notは文全体を否定している。

それでは，練習問題を解いてみよう。

【問題1】 次の空所に入れるのに最も適切なものを，選択肢❶〜❹から選びなさい。

She liked the ring, but she couldn't buy it because she had ☐ 1,000 yen with her.

❶no more than   ❷not less than   ❸the least   ❹as much as

▎「no比較級 ... than〜」の広がり

本問は，比較の慣用表現として扱われることも多い問題である。しかし，仕組み
を理解しておけば無理をして丸暗記をする必要もないし，うまく使えるようにな
る。それではどのような仕組みがあるのだろうか。まず前提として覚えておきた
いのが，as ... asに時期の早さや遅さ，数（量）などの多さや少なさなどを強調す
る用法があるということだ。次の文を見てほしい。

例 Paper money is said to have been invented as early as the 10th century.

（紙幣は早くも10世紀には発明されたと言われている）

この文でas early asは，直後に置かれたthe 10th centuryという数字が「早い
（early）」という書き手の評価を示しており，結果的にthe 10th centuryが早いこと
が強調されている。そのため，「早くも」という訳になるのである。

【問題】の検討に戻ろう。❶no more thanは，no比較級 … than〜の形で，as … as 〜で書き換えられる（no more than 〜 = as little［few］as 〜）。つまり，no more than 1,000 yenはas little as 1,000 yenとほぼ同じ意味で，「1,000円しか」と1,000円が少ないことを強調する訳となる。文の前半「指輪を気に入ったが買えなかった」とも意味が自然につながるため，❶が正解である。なお，❷not less thanは，less than 1,000 yen が「1,000円未満」であるため，それを否定して「1,000円以上（1,000円かそれより多い）」という意味になるが，文の前半「指輪を気に入ったが買えなかった」理由として意味が通らないため，誤りだ。❹as much asは，as … asで量（ここでは金額）の多さを強調する用法で，「1,000円も」と直後に置かれた1,000yenが多いことを表す表現になるため，これも文の前半と意味がつながらない。❸はthe least 1,000 yenという表現自体が意味をなさないため，誤りである。

【完成文】 She liked the ring, but she couldn't buy it because she had no more than 1,000 yen with her.

【 訳 例 】 彼女はその指輪を気に入ったが，1,000円しか持っていなかったので買えなかった。

以上をまとめると，次のようになる。それぞれを慣用表現として覚えるだけでなく，no比較級 … than 〜の形の１つとして押さえておくと，理解が深まる。

no more than … = as little［few］as … 「…しか」（少ないことを強調）≒ only
no less［fewer］than … = as much［many］as … 「…も」（多いことを強調）

もう１問，練習問題を解いておこう。

【問題２】次の空所に入れるのに最も適切なものを，選択肢❶〜❹から選びなさい。
It was a sunny day. The weather couldn't have been ☐ for hiking.
❶best　　❷better　　❸worse　　❹worst

「not 比較級」の意外な意味

本問は，1文目の「天気が良かった」という内容と2文目のcouldn't have beenという否定の表現に引きずられて，「悪くない」という表現にしようと❸worseを入れてしまいがちな問題である。しかし，正解は❷betterだ。The weather couldn't have been better for hiking.という表現は，仮定法過去完了が使われている。比較級は，過去における実際の状態と比較している。than以下が省略されているが，あえて補うとthan it wasとなる。つまり，過去における実際の状態と比較してそれよりも良くなる可能性がなかったと，仮定の話をしているのである。「それ以上良くなるはずがなかった」というのは「この上なく良かった」ということであり，天気がとても良かったことを表す表現となる。読解などでは，冒頭で述べたような読み間違いをしてしまいやすい表現なので注意が必要だ。

【完成文】 It was a sunny day. The weather couldn't have been better for hiking.

【 訳 例 】 晴れた日だった。ハイキングにとって，天気はこの上なく良かった。

Lesson21の最重要POINT

♛ A no 比較級 ... than B（A as 反対の意味の原級 ... as B）の意味は A ＝ B

♛ A not 比較級 ... than B の意味は A ≦ B

♛ 仮定法の文でnot＋比較級を用いて「このうえなく…ない」という意味になることがある

確認問題

【1】【難易度★★☆】

次の2文がほぼ同じ意味になるように，空所に適語を入れなさい。

This can-opener is just as useful as that one.

This can-opener is no ⬚ useful ⬚ that one.

次の空所に入れるのに最も適切なものを，選択肢❶〜❹から選びなさい。

【2】【難易度★★☆】

Ken is optimistic, but not ⬚ than Taro.

❶ any other　　❷ better　　❸ far less　　❹ more so

【3】【難易度★★☆】

Harry：Would you mind taking a look at this?

Nick：This is a great plan, Harry! ☐

Harry：Yeah, but there's one thing I'm concerned about. Our boss might not like the extra costs.

Nick：Well, he may not be happy with the extra costs, but this plan has so many advantages. I'm certain he'll say yes.

❶ I can't agree with that. There are too many disadvantages.

❷ I couldn't agree more. I'm sure it'll work.

❸ That depends. I have no idea what to do.

❹ Your idea doesn't make sense to me.

（センター本試）

確認問題：解答と解説

【1】

This can-opener is just as useful as that one.

This can-opener is no ☐ useful ☐ that one.

A no 比較級 ... than B = A as 反対の意味の原級 ... as Bとなる。したがって，次の完成文が得られる。

【完成文】 This can-opener is just as useful as that one. ／ This can-opener is no **less** useful **than** that one.

【訳例】 この缶切りは，あの缶切りとちょうど同じくらい便利だ。

【2】 ❹ more so

Ken is optimistic, but not ☐ than Taro.

「ケンは楽観的だが」につながる内容を考える。❹more soのsoはoptimisticを受けており，more optimisticという意味である。「ケンは楽観的だが，タローほどではない」という意味になり，自然に意味が通る。❹more soが正解。

【完成文】 Ken is optimistic, but not more so than Taro.

【訳例】 ケンは楽観的だが，タローほどではない（タローより楽観的ではない）。

【３】 **❷ I couldn't agree more. I'm sure it'll work.**

Harry：Would you mind taking a look at this?

Nick：This is a great plan, Harry! ⬚

Harry：Yeah, but there's one thing I'm concerned about. Our boss might not like the extra costs.

Nick：Well, he may not be happy with the extra costs, but this plan has so many advantages. I'm certain he'll say yes.

空所直前のニックの発言，This is a great plan, Harry!「これはいい計画だね，ハリー！」より，ニックはハリーの計画に賛成していることがわかる。I couldn't agree more.という強い賛成の意思を示す表現を用いた❷I couldn't agree more. I'm sure it'll work.が正解。これは仮定法過去を用いた表現で，「今以上に（これ以上に）同意できない」，すなわち「この上なく賛成だ」という意味である。

【完成文】 Harry：Would you mind taking a look at this?

Nick：This is a great plan, Harry! I couldn't agree more. I'm sure it'll work.

Harry：Yeah, but there's one thing I'm concerned about. Our boss might not like the extra costs.

Nick：Well, he may not be happy with the extra costs, but this plan has so many advantages. I'm certain he'll say yes.

【訳例】 ハリー：これ見てもらえる？

ニック：これはいい計画だね，ハリー！　この上なく賛成だよ。きっとうまくいくと思うな。

ハリー：うん，でも１つだけ心配なことがあるんだ。上司が追加費用がかかるのをいやがるかな，と思って。

ニック：うーん，確かに追加費用がかかるのはいやかもしれないけど，この計画はいいところがいっぱいあるからなあ。きっとYesって言うはずだよ。

【選択肢と訳例】

❶I can't agree with that. There are too many disadvantages.

（それには同意できないな。短所が多すぎるから）

❷I couldn't agree more. I'm sure it'll work.

（この上なく賛成だよ！きっとうまくいくと思うな）

❸That depends. I have no idea what to do.

（時と場合によるよ。どうしたらいいか僕にはわからないな）

❹Your idea doesn't make sense to me. （君の考えは僕にはよくわからないな）

169

22 比較
クジラ構文

本章では，これまで比較について学習してきたことをおさらいしながら，否定と比較の関係について考察を深める。具体的には，いわゆるクジラ構文の理解を通じて，否定語が比較文とともに用いられた際にどのようなはたらきをするのかについて確認する。この章の内容を理解すれば，複雑な比較文も読みこなせるようになるはずだ。

例題　次の空所に入れるのに最も適切なものを，選択肢❶〜❹から選びなさい。
A whale is no [   ] a mammal than a horse is.
❶more　　　❷less　　　❸better　　　❹fewer

クジラ構文のしくみ

例題 は，典型的なクジラ構文をテーマにした文である。正解は❷lessだ。
【完成文】 A whale is no less a mammal than a horse is.
【 訳 例 】 クジラは馬と同様，ほ乳類だ。

まず，この文の仕組みについて見てみよう。比較の文は2つの文を元にしているのが原則であった。本問では次の2文を元にしている。
【1】A whale is a mammal.（クジラはほ乳類だ）
【2】A horse is a mammal.（馬はほ乳類だ）

次に，no less ... than という表現に着目する。no＋比較級は「差がない」ということを表す表現であるため，【1】と【2】の両文の間には差がない（【1】の文＝【2】の文）という意味，すなわち「馬がほ乳類であるのと同じように，クジラはほ乳類だ」という意味になる。つまり，「クジラがほ乳類である」ということを伝えるために，クジラよりもほ乳類であることが明らかな馬を引き合いに出したというわけだ。

それでは，練習問題を解いてみよう。

> 【問題】次の空所に入れるのに最も適切なものを，選択肢❶～❹から選びなさい。
> A whale is no ◻︎ a fish than a horse is.
> ❶ more　　　❷ less　　　❸ better　　　❹ fewer

この問題も，典型的なクジラ構文をテーマにした問題である。正解は❶ more だ。

【完成文】　A whale is no more a fish than a horse is.

【訳 例】　馬が魚でないのと同様，クジラは魚ではない。

まず，この文の仕組みについて見てみよう。繰り返しになるが，比較の文は2つの文を元にしているのが原則である。本問では次の2文を元にしている。

【1】 A whale is a fish.（クジラは魚だ）

【2】 A horse is a fish.（馬は魚だ）

次に，no more ... than という表現に着目する。no＋比較級は「差がない」ということを表す表現であるため，先ほどの 例題 と同様に，【1】と【2】の両文の間には差がない（【1】の文＝【2】の文）という意味，すなわち「馬が魚であるのと同じように，クジラは魚だ」という意味になる。

しかし，例題 とは違い，「クジラが魚である」ということが言いたいわけではない。本問の場合，「馬が魚である」というあり得ない例を引き合いに出して，「クジラが魚ではない」ということを言いたいのである。したがって，日本語訳は「馬が魚でないのと同様，クジラは魚ではない」となる。

クジラ構文についてまとめると，次のようになる。これらは，英文中に出てきたら，瞬時に意味が出てくるようにしておいてほしい表現だ。まずは仕組みを理解しておくことで，比較構文および比較構文と否定の理解を深めることができるだろう。

(1) A no less ... than B～　「Bが～であるのと同様，Aも…である」
　　※B～には正しい例がくる

(2) A no more ... than B～　「Bが～でないのと同様，Aも…でない」
　　※B～には正しくない例がくる

※no more ... than の表現は，no＝not＋any であることから，次のように書き換

えることもできる。

A whale is no more a fish than a horse is.

= A whale is not a fish any more than a horse is.

Lesson22の最重要POINT

- 👑 A no less ... than B～「Bが～であるのと同様，Aも…である」では，B～に正しい例がくる
- 👑 A no more ... than B～「Bが～でないのと同様，Aも…でない」では，B～には正しくない例がくる

確認問題

次の空所に入れるのに最も適切なものを，選択肢❶～❹から選びなさい。

【1】【難易度★★☆】

I can no ⬚⬚ swim than a stone can.

❶ more   ❷ less   ❸ better   ❹ fewer

【2】【難易度★☆☆】

He cannot get up early ⬚⬚ than I can take a walk every day.

❶ no more   ❷ any more   ❸ worse   ❹ less so

確認問題：解答と解説

【1】❶ more

I can no ⬚⬚ swim than a stone can.

クジラ構文である。省略されたswimを補うと，than以下はa stone can swim「石が泳げる」というあり得ない例であることがわかる。あり得ない例を引き合いに出す表現は，A no more ... than B ～であるため，❶moreが正解。

【完成文】I can no more swim than a stone can.

【訳例】私は石と同様，泳げない（私は金槌だ）。

172

【2】 ❷ any more

He cannot get up early 〔　　〕 than I can take a walk every day.

cannotのnotに着目すると，notとany more thanの形をセットで使うクジラ構文を考えることができる。❷any moreが正解。not + any で noの意味になることを考えると，理解しやすいだろう。

【完成文】He cannot get up early any more than I can take a walk every day.

【 訳 例 】私が毎日は散歩できないのと同じように，彼は早起きができない。

23 比較
the + 比較級

本章では，the＋比較級の様々な意味について確認する。the＋比較級の形は，英文読解では頻繁に登場する。また，英作文でも頻繁に書く機会があり，比較的ミスが多い分野でもある。この機会に仕組みを確認し，the＋比較級の形を正しく使えるようになろう。

> 次の空所に入れるのに最も適切なものを，選択肢❶〜❹から選びなさい。
>
> 例題1 Of the two girls, Sarah is ☐ .
>
> ❶ taller ❷ the tallest ❸ the taller ❹ tallest
>
> 例題2 Mary is ☐ happier because she is rich.
>
> ❶ none but ❷ none the ❸ the less ❹ all

┃ 「the＋比較級」の意味① ―「２つ」「２人」の中で比べる

例題1

文頭にofがあるが，このof は「…の中で」という意味である。文全体の意味は「２人の女の子の中でサラのほうが背が高い」という意味になると考えられる。このように「２つのもの」や「２人の人」だけで比べて「一方が他方よりも…」ということを表す場合には，比較級にtheをつける。これは，「ただ１つ」や「ただ１人」に限定されるためである。また，the taller one と one を補うことができることから，名詞としての性質を持つようになったためだとも考えられる。❸the tallerが正解だ。

【完成文】Of the two girls, Sarah is the taller.

【 訳 例 】２人の女の子のうち，サラのほうが背が高い。

┃ 「the＋比較級」の意味② ―「その分ますます」

例題2

この問題の解説の前に，次の例文を見てほしい。

【例１】He has some faults. I like him all the more.

　　　　（彼には欠点がある。私はその分ますます彼のことが好きだ）

the moreはmuch「かなり」の比較級moreにtheをつけたもので，このtheは「その分ますます」という意味の副詞である。比較級にtheをつけることで，例えばthe more necessaryは「その分ますます必要だ」という意味になり，the harderは「その分ますます一生懸命に」という意味になる。ここで詳しく見ておきたいのが，「その分ますます」というのは，どの内容を指しているのかということだ。【例1】では，the more「その分ますます」の内容は，前文の「彼には欠点がある」という部分である。なお，allは比較級を強調するための副詞で，訳には出てこないがthe＋比較級の前に置かれることが多い。

ここでもう2つほど例文を見てほしい。訳は先ほどの【例1】と同じである。

【例2】I like him all <u>the more</u> for his faults.

【例3】I like him all <u>the more</u> because he has some faults.

【例2】と【例3】はそれぞれ，理由のforと理由のbecause節を用いて，「その分ますます」の内容を表している。これと同じように考え， 例題2 はMary is all the happier because she is rich.「メアリーはお金持ちだからその分ますます幸せだ」とすると，自然な意味の文ができあがる。

しかし，選択肢にはこのような表現がない。そこで，none the＋比較級という表現を使う。Mary is <u>none the happier</u> because she is rich.この文では，the happier because she is richの部分が「お金持ちなのでその分ますます幸せだ」という意味になることに変わりはない。ところが，none「決して…ない」という否定語が，the happier because she is rich全体を否定している。したがって，まわりくどい訳だが，「お金持ちなのでその分ますます幸せになる，ということはない」という意味になる。別の言い方をすれば，「お金持ちなのに，ちっとも幸せではない」という意味になるのである。❷none the が正解だ。

【完成文】Mary is none the happier because she is rich.

【 訳 例 】メアリーはお金持ちなのにちっとも幸せではない。

次の2つの表現は，形を見たら瞬時に意味が思い浮かぶよう，知識として頭の中に入れておいてほしい。

- **all the** 比較級 ... ＋ 理由 〜　　　「〜だから，その分ますます…」
- **none the** 比較級 ... ＋ 理由 〜　　「〜なのにちっとも…ない」

それでは，練習問題を解いてみよう。

【問題】次の空所に入れるのに最も適切なものを，選択肢❶〜❹から選びなさい。

〔　　〕, the better I like it.

❶ The more bitterly coffee tastes　　　❷ The more bitter coffee tastes

❸ The more coffee tastes bitter　　　　❹ The more coffee tastes bitterly

---

┃「the＋比較級 ... , the＋比較級 〜」は元の２文を考える

the＋比較級 ... , the＋比較級〜「…であればあるほど，その分ますます〜」という表現について学習しよう。次の例文を見てほしい。

例 The harder we work, the more tired we get.

（一生懸命働けば働くほど，その分ますます私たちは疲れる）

この構文では，the＋比較級が２回出てくる。２つ目のthe＋比較級が先ほど確認した「その分ますます〜」という意味のthe＋比較級だ。ちなみに１つ目のthe＋比較級は「…であればあるほど」という意味を持っており，続くthe＋比較級「その分ますます〜」の指す内容となっている。

ここにこの文のポイントがある。「元が２文」であるということだ。つまり上の例文は，「We work hard.」という文と「We get tired.」という２つの文が元になっている。文中の副詞hardと形容詞tiredをそれぞれ比較級harderと比較級more tiredに変え，theをつけて前に出すと，「The harder we work, the more tired we get.」という，the＋比較級 ... , the＋比較級〜の文ができあがる。なお，英作文では次のような誤りが多く見られるので，注意が必要である。

（×）The harder we work, the more we get tired.
　　　　　　　　　　　　　×

それでは，練習問題を見てみよう。空所部分に１つ目のthe＋比較級を入れる問題のようである。そこで，元の文を考える。元の文は，Coffee tastes bitter.「コーヒーが苦い」I like it well.「私はそれが好きだ」となるが，taste Cは「Cの味がする」という意味であるため，Cには副詞bitterlyではなく形容詞bitterを入れることに注意が必要である。bitterの比較級more bitterにtheをつけて前に出した❷

The more bitter coffee tastesが正解。

【完成文】 The more bitter coffee tastes, the better I like it.

【 訳 例 】 コーヒーの味が苦ければ苦いほど，私はその分ますますそれを気に入る。

Lesson23の最重要POINT

👑 the＋比較級を使うのは

(1) 2つ（2人）だけの中で比べる場合

(2)「その分ますます…」という意味で用いる場合

👑 the＋比較級 ... , the＋比較級 ～は元の2文を考える

確認問題

次の空所に入れるのに最も適切なものを，選択肢❶～❹から選びなさい。

【1】【難易度★☆☆】

Look at these two necklaces. Which is ☐ ?

❶ the more expensive than the one   ❷ more expensive of the two

❸ the more expensive of the two   ❹ the most expensive in the two

（駒澤大　改）

【2】【難易度★★☆】

She spent a month in hospital, but she is ☐ for it.

❶ none the less   ❷ all the more   ❸ none the better   ❹ no more better

（兵庫医療大　改）

【3】【難易度★★☆】

Sentimentalists tend to believe that ☐ you display, the more human you are, but the reverse can ☐ the case.

❶ the more emotion ... be   ❷ the more emotional ... be

❸ the more emotion ... do   ❹ the more emotional ... do

（慶應義塾大）

【4】【難易度★★☆】

次の日本語に合うようにカッコ内の語句を並べ替えて，正しい英文を作りなさい。

多くの人がその大学を志願すればするほど，私が合格する確率は低くなる。

The more（apply to／the university,／I will have／the less／chance／people）of passing the exam.

【1】❸ the more expensive of the two

Look at these two necklaces. Which is 　　　？

two necklaces「2つのネックレス」という表現に着目しつつ選択肢を見る。すると，2つのネックレスだけで比較して，どちらが高価であるかを尋ねる意味内容の文であることがわかる。the＋比較級を使い，「…の中で」という意味のofを用いた❸the more expensive of the twoが正解。

【完成文】Look at these two necklaces. Which is the more expensive of the two?

【訳例】これらの2つのネックレスを見てください。2つのうち，どちらがより高価ですか？

【2】❸ none the better

She spent a month in hospital, but she is 　　　 for it.

選択肢から，次の2つの表現のいずれかを用いると考えられる。

(1) all the 比較級 ... ＋理由 〜「〜だから，その分ますます…」

(2) none the 比較級 ... ＋理由 〜「〜なのにちっとも…ない」

for itのitはbutより前に書かれている，「彼女が1か月，病院にいたこと」を指している。それを前提に❶〜❹の選択肢を検討する。

❶none the lessを入れて完成する文は，She is little.「彼女は小さい」という文を元にした形（lessはlittleの比較級）で，「それにもかかわらず彼女は小さくない」という不自然な意味になってしまうため，誤り。

❷all the moreを入れて完成する文は，She is much.「彼女は多い」という文を元にした形（moreはmuchの比較級）で，「その分ますます彼女は多い」という不自然な意味になってしまうため，誤り。

❸none the betterを入れて完成する文は，She is well.「彼女は元気だ」という文を元にした形（betterはwellの比較級）で，「それにもかかわらずちっとも元気でない」という自然な意味になる。❸none the betterが正解。

❹no more betterはmoreという比較級とbetterという比較級を重ねて使っているが，このような表現はないため，誤り。

【完成文】 She spent a month in hospital, but she is none the better for it.

【 訳 例 】 彼女は1週間病院にいたが，それにもかかわらずちっとも元気になっていない。

【3】 ❶ the more emotion ... be

Sentimentalists tend to believe that ☐ you display, the more human you are, but the reverse can ☐ the case.

選択肢から，that以下で「the＋比較級 ... , the＋比較級 ～」の構文を用いると考えられる。元の2文は次のようになると考えられる。

You display much emotion.（あなたが多くの感情を示す）

※display emotional（形容詞）という形はありえない。

You are human.（あなたは人間らしい）

※ここでのhumanは「人間らしい」という意味の形容詞。

したがって，「the＋比較級 ... , the＋比較級 ～」は次のようになる。

the more emotion you display, the more human you are

（あなたが多くの感情を示せば示すほど，その分ますます人間らしくなる）

2つ目の空所は，be the case「実情である，あてはまる」という表現があり，beを入れると自然な意味になる。❶が正解。

【完成文】 Sentimentalists tend to believe that the more emotion you display, the more human you are, but the reverse can be the case.

【 訳 例 】 感傷的な人は，感情を示せば示すほどその分ますます人間らしいと考える傾向にあるが，その逆も成り立ちうる。

【4】

多くの人がその大学を志願すればするほど，私が合格する確率は低くなる。

The more（apply to／the university,／I will have／the less／chance／people）of passing the exam.

「…すればするほど，～」という日本語と，英文の冒頭のThe moreという形から，「the＋比較級 ... , the＋比較級 ～」の構文を用いると考えられる。「the＋比較級 ..., the＋比較級 ～」の文は，元の2文を考えると作りやすい。そこで，日本語に合わせて元の2文を考える。「多くの人がその大学を志願する」は，Many people apply to the university. という英文で表すことができる。また，「私が合格する可

能性が低い」は，I will have <u>little</u> chance of passing the exam. という英文で表せる。Manyを比較級moreに変えてtheをつけ，文頭に出すのがルールであるが，この文ではもともとmanyは文頭にあるので，その位置に置いたままでよい。したがって，前半部分はThe more people apply to the university, となる。後半は，littleを比較級lessに変えてtheをつけ，前に出す。ここで注意したいのは，形容詞が名詞を修飾している場合，形容詞＋名詞のカタマリごと前に出さなければならないということだ。つまりここではlittle（形容詞）がchance（名詞）を修飾しているので，the less chanceをカタマリごと前に出す。したがって，後半部分は，the less chance I will have of passing the examとなる。

【完成文】 The more <u>people apply to the university, the less chance I will have</u> of passing the exam.

【訳 例】 多くの人がその大学を志願すればするほど，私が合格する確率は低くなる。

なお，本問で多い誤りは次のような文である。気をつけてほしい。

（×） The more people apply to the university, <u>the less</u> I will have <u>chance</u> of passing the exam.

※lessとchanceが離れてしまっている誤り。

24 代名詞
one, it, thatの区別

本章で学習する代名詞は，その名の通り，前に出た名詞の代わりに用いるものである。代名詞には様々な種類があり，どのような名詞の代わりに用いるのかやどのような使い方をするのかに違いがある。名詞の性質（可算名詞か不可算名詞か），修飾できるか否か，修飾できる場合には前置修飾か後置修飾かに着目して，代名詞の種類と使い方を整理しよう。

例題 次の空所に入れるのに最も適切なものを，選択肢❶〜❹から選びなさい。
"I like cats. Do you have ☐ ?"
❶one ❷it ❸them ❹that

---

oneとit の使い分け

代名詞とは名詞の代わりに使う言葉のことだ。例題のような場面ではどの代名詞を使うべきなのかが重要になってくる。特に，例題の選択肢にあるoneとitとthatは，その違いをはっきりとさせておきたい。

ここで，便利なルールを紹介しておこう。
【ルール1】a ＋名詞 ＝ one
【ルール2】the ＋名詞 ＝ it
1つ目のルールは，「oneは不定冠詞a／anがついた名詞の代わりに用いる」というものである。不定冠詞は不特定の名詞であることを表すため，「とある1つの…」という意味の名詞の代わりに使う代名詞がoneということになる。2つ目のルールは，「itは定冠詞theがついた名詞の代わりに用いる」というものだ。定冠詞は特定の名詞であることを表すため，「その1つの…」という意味の名詞の代わりに使う代名詞がitということになる。このルールを前提に，代名詞にする前の名詞を空所に入れてみて，a／an＋名詞が入るのか，それともthe＋名詞が入るのかを判断するのが1つの解き方だ。

例題では，「私はネコが好きです」に続けて，「あなたはネコを飼っていますか」という意味になるものを選ぶ必要がある。そこで，空所にa catとthe catを入れて

みる。

【例1】Do you have a cat?

【例2】Do you have the cat?

a catは「とある（特定されていない）1匹のネコ」という意味であり，the catは「ある（特定の）1匹のネコ」という意味である。本問は特定のネコを飼っているかどうかを尋ねているわけではなく，何らかのネコ（とあるネコ）を飼っているかを聞いている場面であるため，ここでは【例1】が正しい。したがって，a catの代わりにoneを使う。❶が正解だ。なお，themはthe catsのように，特定の複数の名詞の代わりに用いる。1文目がcatsと複数形になっていることからoneは使えないと考えた人もいるかもしれないが，前に出てきた名詞が単数形であっても複数形であってもoneを使うことができるため，注意したい。

【完成文】"I like cats. Do you have one?"

【訳例】「私はネコが好きです。あなたはネコを飼っていますか?」

前出の名詞の繰り返しを避けるthatとthose

代名詞thatとthoseについては，次のようなルールを覚えておくとよい。

【ルール3】that ＝ the＋前に出た単数名詞，不可算名詞

【ルール4】those ＝ the＋前に出た複数名詞

thatやthoseは，前に出た名詞について繰り返しを避けるために用いられる。

例 The climate of Italy is milder than that of England.

　（イタリアの気候は，イングランドの気候よりも穏やかだ）

それでは，練習問題を解いてみよう。

次の空所に入れるのに最も適切なものを，選択肢❶〜❹から選びなさい。

【問題1】Could you tell the difference between rice grown in Japan and ⬚ ?

❶American one　❷American rice　❸one of America　❹the American one

（センター本試　改）

【問題2】The bread I ate tasted better than ⬚ I made myself.

❶it　　❷one　　❸the one　　❹that

可算名詞・不可算名詞と代名詞

この問題は，代名詞と名詞の種類について理解しているかを問うものである。まずは，次の表を見てほしい。

代名詞	【it（複数は them）】	【one】	【that】
修飾語の位置	前から修飾　× 後から修飾　×	前から修飾　○ 後から修飾　○	前から修飾　× 後から修飾　○
置き換えられる名詞	可算名詞　　○ 不可算名詞　○	可算名詞　　○ 不可算名詞　×	可算名詞　　○ 不可算名詞　○

表の中で押さえておくべきポイントは，青字で示した部分だ。oneは可算名詞だけで用いられる点と，thatは後置修飾できる点である。

【問題1】を見てみよう。本問は，riceを代名詞で言い換えたものを空所に入れる問題だと考えられるが，riceは不可算名詞であり，代名詞oneで受けることはできないため，❶American oneと❸one of America，❹the American oneは誤りである。❷American riceは，Americanに「アメリカ産の」という意味があることから，「アメリカ産の米」となり，「日本で育てられた米」の比較対象として自然である。❷が正解だ。

【完成文】 Could you tell the difference between rice grown in Japan and American rice?

【 訳 例 】 日本で育てられた米とアメリカ産の米の違いを教えてもらえますか。

前置修飾・後置修飾と代名詞

【問題2】の検討に移ろう。本問は，breadを代名詞で言い換えたものを空所に入れる問題だと考えられるが，breadは不可算名詞であり，代名詞oneで受けることはできないため，❷oneと❸the oneは誤りである。そこで，itとthatのどちらを入れるのが適切かを考える。itとthatはいずれも可算名詞・不可算名詞ともに用いることができる。しかし，違いがある。先ほどの表で確認したように，itは前置修飾も後置修飾もできないが，thatは後置修飾のみ可能という違いだ。正解は❹thatである。

【完成文】 The bread I ate tasted better than that I made myself.

【 訳 例 】 私は自分で作ったパンよりもおいしいパンを食べた。

Lesson24の最重要POINT

👑 a／an＋単数名詞はoneで，the＋単数名詞はitで書き換えられる

👑 代名詞oneは可算単数名詞の代わりに用いる

👑 代名詞thatはthe＋前出の可算単数名詞や不可算名詞の繰り返しを避けるため
　 に用い，後置修飾が可能

確認問題

次の空所に入れるのに最も適切なものを，選択肢❶～❹から選びなさい。

【1】【難易度★☆☆】

"You're going to buy a smartphone, aren't you? "

"Yes, I need ☐ ."

❶ ones 　　❷ one 　　❸ it 　　❹ that

【2】【難易度★☆☆】

I lost my smartphone, but I found ☐ on my way to school.

❶ ones 　　❷ one 　　❸ it 　　❹ them

【3】【難易度★☆☆】

Are the wolves in the U.S. similar to ☐ in Japan?

❶ them 　　❷ those 　　❸ that 　　❹ ones

【1】❷ one

"You're going to buy a smartphone, aren't you? "

"Yes, I need ⬚ ."

空所に代名詞にする前の名詞を入れると，次のようになる。

Yes, I need a smartphone.

したがって，a＋名詞の代わりに用いるoneを入れる。❷oneが正解。❸itと❹
thatはthe smartphoneの代わりに用いる代名詞であり，文の意味が不自然になる
ため誤り。

【完成文】 "You're going to buy a smartphone, aren't you?" "Yes, I need one."

【 訳 例 】 「スマートフォンを買うんですよね？」「はい，１つ必要です」

【2】❸ it

I lost my smartphone, but I found ⬚ on my way to school.

空所に代名詞にする前の名詞を入れると，次のようになる。

I found the[my] smartphone on my way to school.

したがって，the＋名詞の代わりに用いるitを入れる。❸itが正解。❷oneはa
smartphone「とあるスマートフォン」の代わりに用いる代名詞であり，文の意味
が不自然になるため誤り。

【完成文】 I lost my smartphone, but I found it on my way to school.

【 訳 例 】 私はスマートフォンをなくしたが，学校に行く途中にそれを見つけた。

【3】❷ those

Are the wolves in the U.S. similar to ⬚ in Japan?

空所には，前に出たwolvesの繰り返しを避けるために用いるthoseを入れる。❷
thoseが正解。❶themは前に出た複数名詞そのものを指し，本問の場合には不自
然な意味になってしまうため，誤り。❸thatは前出の名詞が単数名詞や不可算名
詞ではないため，誤り。なお，onesは前出の名詞を受ける場合もあるが，本問の
場合in Japanという前置詞句が空所を後置修飾しており，このような場合はthe
onesという形を用いるため，❹onesは誤り。

【完成文】 Are the wolves in the U.S. similar to those in Japan?

【 訳 例 】 アメリカのオオカミは日本のオオカミと同じですか。

25 代名詞

another, others, the other, the othersの区別

Track 25

本章では，前章に引き続き代名詞について学習する。代名詞の中でも，another, others, the other, the othersの使い分けは混乱しやすいところである。しかし，背後にある仕組みを理解してしまえば，正しく使えるようになる。これは本章の後半で学習するmostやalmostなどの使い分けについても同様である。まずは理解することを第一の目標にしよう。

次の空所に入れるのに最も適切なものを，選択肢❶～❹から選びなさい。

例題1 There are two reasons for our decision, and you know one of them. Now I'll tell you ☐ .

❶another　　　❷other　　　❸the other　　　❹the others

（センター本試）

例題2 Of the seven people here now, one is from China, three are from the US, and ☐ from France.

❶other　　　❷others　　　❸the other　　　❹the others

（センター本試）

the other と the others の区別

例題1

まず，tell O_1 O_2「O_1にO_2を伝える」という表現が使われているため，空所にはO_2となる名詞が入る。そこで，選択肢を見ると，❷otherだけは入らないことがわかる。otherという代名詞をそのままの形で単独で使うことはないからだ。次に，「2つの理由」という数字に着目する。2つの理由のうち1つはone of them「そのうちの1つ」という形で表されており，空所には「残りの1つ」を表す代名詞が入る。そのような意味を持つ❸the otherが正解だ。

【完成文】 There are two reasons for our decision, and you know one of them. Now I'll tell you the other.

【訳例】 私たちの決定には2つの理由があり，あなたはそのうちの1つを知っている。今度，そのうちのもう1つの理由についてあなたに伝える。

このように，otherを単独で代名詞として使うことはできない。しかし，the other
は使える。以下に考え方を整理する。

代名詞another, others, the other, the othersの区別

例えば，other books「他の本」というように，otherは1語だと形容詞として用
いる。other booksを1語の代名詞で表すと，others「他のもの」ということにな
る。このothersは「どれでもいいから別のいくつか」という意味である。
同様に，another book「他の1冊の本」というときのanotherも形容詞であるが，
another bookを1語の代名詞で表すと，another「他の1つのもの」という言い方
になる。このanotherは「どれでもいいから別のひとつ」という意味である。

- other books ＝ others
- another book ＝ another （× other book）

次に，theがついた代名詞についても確認しておこう。例えば，the other books
「他のすべての本」というとき，theは「特定の」という意味を持ち，the other
books「（特定の）他のすべての本」という意味になる。このthe other booksを代
名詞で表すとthe othersとなるが，the othersは「残り全部（残りは複数）」という
意味である。
単数の場合も同様だ。the other book「他の残り1冊の本」を代名詞で表すと，
the otherとなる。このthe otherは「残り全部（残りはひとつ）」という意味であ
る。

- the other books ＝ the others
- the other book ＝ the other

つまり，以上をまとめると，次の表のようになる。

● 《代名詞の区別：one／another／the other／some／others／the others》

one「ひとつ」	some「いくつか」
another「どれでもいいから別のひとつ」	others「どれでもいいから別のいくつか」
the other「残り全部（残りはひとつ）」	the others「残り全部（残りは複数）」

※anotherが「どれでもいいから別の１つ」となっているのは，another ＝ an ＋
otherであり，anが「任意の，どれでもいいから１つ」という意味を持つことを
考えると理解しやすいだろう。

【例題2】

「７人」という数字に着目する。７人のうち１人が中国出身で，３人がアメリカ出
身と書かれている。「残り全員がフランス出身」という意味になると考えられるた
め，空所には「残り全部」を表す代名詞を入れる。❹the othersが正解だ。

【完成文】 Of the seven people here now, one is from China, three are from the US,
and the others from France.

【 訳 例 】 今ここにいる７人のうち，１人は中国出身で，３人がアメリカ出身，残りは全員
フランス出身だ。

それでは，練習問題を解いてみよう。

次の空所に入れるのに最も適切なものを，選択肢❶〜❹から選びなさい。
【問題１】 [＿＿] of the three girls participated in the international exchange program.
❶ Every   ❷ Neither   ❸ Both   ❹ Each

（センター追試）

【問題２】 In Japan [＿＿] people go on to senior high school after finishing junior
high school.
❶ almost   ❷ almost of   ❸ most   ❹ most of

（センター追試）

品詞を意識しよう

これまで見たように，形容詞と代名詞の区別ができるようになると，一気に全体
像がつかみやすくなる。練習問題も品詞を意識しながら見ていこう。【問題１】の
空所に入る品詞は名詞である。of the three girlsのカタマリが空所を修飾し，空所
が動詞participatedの主語になっているからだ。そこで，選択肢を見ると，❷，
❸，❹はすべて形容詞のみならず代名詞としての用法があるため，形としては空

所に入れられる。しかし，❷Neitherは「（2人のうち）どちらも…ない」，❸Bothは「（2人のうち）どちらも…」という意味で，2人または2つの人や物を前提とする表現である。2人または2つ以上の人や物を表す場合に用いる❹Each「それぞれ」が正解だ。なお，❶Everyはevery child「すべての子ども」のように形容詞でのみ用い，代名詞としての用法はないため，誤りである。

【完成文】 Each of the three girls participated in the international exchange program.

【 訳 例 】 3人のどの女の子も，国際交流プログラムに参加した。

● 《形容詞と代名詞の区別がよく問題になる語》

	【形容詞】	【代名詞】
every	○	×
each	○	○
most	○	○
almost	×	×

【問題2】

本問は❶almostを選ぶ人が少なくない問題だが，これは誤りである。なぜだかわかるだろうか。almostの品詞は副詞だからだ。副詞は原則として名詞を修飾できないため，almost peopleという形にすることはできない。ここで，□ of ...の形について確認しておこう。英語の世界では「…の中の」という意味のofを用いた □ of ...という表現がよく使われる。❷almost ofと❹most ofはこれを前提とした選択肢である。しかし，□ of ...には，いくつか注意しなければならない形の上でのルールがある。次のようなルールだ。

（ルール1）　□ of ...の □ に入る語は（代）名詞でなければならない

（ルール2）　□ of ...の...の部分には冠詞や所有格などで限定された名詞がくる

（ルール3）　□ of ...の...が可算名詞の場合は複数形でなければならない

具体的な例は，次のようになる。

one of the boys（その男の子の1人）

most of the cats（そのネコのほとんど）

some of my books（私の本の中の数冊）

このような原則・ルールに基づいて考えると，形容詞mostでpeopleを修飾することになる❸が正解だとわかる。❷almost ofは，almostが副詞であることから（ルール1）に反し，theなどがなく（ルール2）にも反している。❹most ofも，theなどがなく（ルール2）に反している。

【完成文】 In Japan most people go on to senior high school after finishing junior high school.

【 訳 例 】 日本では，ほとんどの人が中学校を卒業したあと，高校に進学する。

「most ... ／ most of ...」の形のまとめ

(1) most＋名詞 ＝ almost all＋名詞「ほとんどの～」

※可算名詞の場合，名詞は複数形

例　❶most cats = ❷almost all cats（ほとんどのネコ）

(2) most of the＋名詞 ＝ almost all (of) the＋名詞 「～のほとんど」

※可算名詞の場合，名詞は複数形

例　❸most of the cats = ❹almost all of the cats

= ❺almost all the cats（ネコのうちのほとんど）

複雑に見えるかもしれないが，日本語で「ほとんど」の意味になるのは上の5つしかない。ぜひ，覚えておこう。

> **Lesson25の最重要POINT**
>
> ♛ **another**のように形容詞と代名詞の両方の用法がある語もあるが，**every**のように形容詞としてしか使えない語もある
>
> ♛ ☐ **of** ...の ☐ は(代)名詞でなければならない
>
> ♛ ☐ **of** ...の...部分には冠詞や所有格などで限定された名詞がくる
>
> ♛ ☐ **of** ...の...が可算名詞の場合は複数形でなければならない

次の空所に入れるのに最も適切なものを，選択肢❶〜❹から選びなさい。

【1】【難易度★☆☆】

To say you will go jogging every day is one thing, but to do it is _____ .

❶another   ❷one another   ❸the other   ❹ the others

（センター本試）

【2】【難易度★★☆】

I've already had one bad experience buying goods by mail order and I don't want _____ .

❶another   ❷any longer   ❸at all   ❹other

（センター本試）

【3】【難易度★★☆】

There are two people who I think are cut out for the job. As you know, one of them is Barbara. Can you guess _____ ?

❶another   ❷others   ❸the other   ❹the others

（センター追試）

【4】【難易度★★☆】

⟦ A ⟧ of the European history ⟦ B ⟧ I read helped me understand why there are so many countries in Europe.

❶A : Each   B : book   ❷A : Each   B : books

❸A : Every   B : book   ❹A : Every   B : books

（センター追試）

【5】【難易度★★☆】

I understand _____ of our students are working part-time in the evening to pay their school expenses.

❶almost   ❷each   ❸one   ❹most

（センター本試）

【1】❶ another

To say you will go jogging every day is one thing, but to do it is ☐ .

butの前後で対比の意味になるようにする。butの前は「毎日ジョギングをするということは1つのものである」という意味になるため，butの後ろ「それをすることは ☐ である」の ☐ に「別のもの」という意味の表現を入れると，butの前後で対比の意味になる。one thingに対応するanother thingを代名詞にした❶anotherが正解。なお，本問の「別のもの」は，「2つのもののなかの1つともう一方」というような特定のものを指しているわけではないため，❸the otherは誤り。A is one thing but[and] B is another.は「AとBは別物だ」という意味の決まり文句として覚えておくとよい。

【完成文】 To say you will go jogging every day is one thing, but to do it is another.

【 訳 例 】 毎日ジョギングに行くと口で言うことと，それをすることは別物だ。

【2】❶ another

I've already had one bad experience buying goods by mail order and I don't want ☐ .

空所には，wantの目的語となる代名詞が入る。one bad experienceに着目すると，andの後ろは，「また別の（もう1つの）悪い経験をしたくない」という意味になると考えられる。another bad experienceを代名詞で言い換えた❶anotherが正解。❷any longer，❸at allは副詞であるため，誤り。❹otherは単独では代名詞として使えないため，誤り。

【完成文】 I've already had one bad experience buying goods by mail order and I don't want another.

【 訳 例 】 私はすでに通信販売で商品を購入してひどい目にあっており，また同じような経験をしたくない。

【3】❸ the other

There are two people who I think are cut out for the job. As you know, one of them is Barbara. Can you guess ☐ ?

空所にはguessの目的語となる代名詞を入れる。「2人」に着目すると，oneに対応するもう1人は「残り全部」であることがわかる。theを用いた❸the otherが

正解。

【完成文】 There are two people who I think are cut out for the job. As you know, one of them is Barbara. Can you guess the other?

【訳例】 その仕事に適任だと私が考える人は２人いる。ご存知のように，１人はバーバラだ。もう１人は誰だと思う？

【4】 ❷ A：Each B：books

　　A　 of the European history 　B　 I read helped me understand why there are so many countries in Europe.

文の動詞はhelpedであり，　　of ...「…の中の　　」が主語になっていると考えられる。Bに入るのはbookかbooksという可算名詞であり，ここでは複数形のbooksを入れる。Aに入るのは(代)名詞であることから，代名詞としても使えるEachを入れる。❷A：Each B：booksが正解。

【完成文】 Each of the European history books I read helped me understand why there are so many countries in Europe.

【訳例】 私が読んだヨーロッパ史の本はどれも，ヨーロッパにあれほど多くの国がある理由を理解するのに役立った。

【5】 ❹ most

I understand 　　 of our students are working part-time in the evening to pay their school expenses.

are workingという動詞に対応する主語が，　　of ...「…の中の　　」だと考えられ，　　には(代)名詞が入る。❶almostは副詞であるため，誤り。❷eachは代名詞だが，「それぞれ」という意味で単数扱いをする。本問の動詞は複数形の主語を前提とするare workingであるため，誤り。❸oneも同様の理由で，誤り。❹mostは複数扱いの代名詞である。❹mostが正解。

【完成文】 I understand most of our students are working part-time in the evening to pay their school expenses.

【訳例】 学費を支払うため私たちの生徒のほとんどが夜にアルバイトをしていることを，私は理解している。

Track 26

本章では，名詞と冠詞について学習する。名詞は大きく可算名詞と不可算名詞に分けられ，その結果，冠詞の有無や複数形にできるか否か等が変わってくる。これらは日本語の名詞にはない発想であり，英作文などで名詞を用いる際に見落としがちな点でもある。まずは可算名詞と不可算名詞の違いについて仕組みを理解し，それぞれの使い方を丁寧に確認しよう。

次の空所に入れるのに最も適切なものを，選択肢❶〜❹から選びなさい。

例題1 This video gives me ⬚ useful information about editing videos.

❶many　　❷some　　❸an　　❹a

例題2 You've got ⬚ on your tie. Did you have fried eggs for breakfast?

❶a few eggs　　❷an egg　　❸some egg　　❹some eggs

(センター追試)

可算名詞と不可算名詞

英語の名詞の特徴に，可算名詞（数えられる名詞）と不可算名詞（数えられない名詞）というものがある。可算名詞・不可算名詞という考え方は，日本語の名詞にはない発想である。また，「数えられる」「数えられない」という言い方も，日本語の感覚とは少しずれがあるため，理解しづらい。

可算名詞と不可算名詞を分ける意味

可算名詞と不可算名詞をわざわざ分ける意味はどこにあるのだろうか。文法上，可算名詞の単数形の場合，原則として冠詞などをつけなければならない。しかし，何が可算名詞で何が不可算名詞かを理解していないと文法的に誤った文を書いたり，英文を読み間違えたりする。また，可算名詞と不可算名詞で，それにつける形容詞なども異なり，主語として用いられた場合には，動詞の形にも違いが出る。ここに，可算名詞と不可算名詞を区別する意味があるのだ。具体的には，可算名詞なのか不可算名詞なのかで主に次のような違いがある。

	【可算名詞】	【不可算名詞】
a／an をつけられるか	○	×
複数形にできるか	○	×
the をつけられるか	○	○
some「いくつかの，いくらかの」をつけられるか	○	○
a lot of「たくさんの」をつけられるか	○	○
many「多くの」をつけられるか	○	×
much「多くの」をつけられるか	×	○
a few「少しの」／few「ほとんど…ない」をつけられるか	○	×
a little「少しの」／little「ほとんど…ない」をつけられるか	×	○

例題1

information「情報」は不可算名詞である（可算名詞と不可算名詞の区別の仕方については後述）。したがって，❶のmanyや❸，❹のa／anをつけることはできない。❷someが正解だ。

【完成文】This video gives me some useful information about editing videos.

【訳例】この動画は動画編集について（いくらかの）役に立つ情報を与えてくれる。

可算名詞と不可算名詞を区別する基準

可算名詞と不可算名詞を区別することは重要である。それではどのようにして可算名詞と不可算名詞を区別することができるのだろうか。

例題2

この問題は，可算名詞と不可算名詞の区別についての理解を問うものである。eggという名詞は可算名詞だろうか，それとも不可算名詞だろうか。答えは，両方である。つまり，eggには可算名詞と不可算名詞，両方の用法があるのだ。eggが可算名詞として使われるのは，卵まるまる１個を表すときである。スーパーで売られているパック入りの卵は可算名詞としてのeggである。一方で，殻を割り，箸でといた液状の卵は不可算名詞としてのeggである。

本問では,「ネクタイに卵がついている」と言っているのだから,殻の割られていない卵がまるまる1個ないしは複数個ネクタイについているという状況は考えにくいため,不可算名詞のeggだということがわかる。不可算名詞だということは❶のa fewや❷のanをつけることはできないし,❹のように複数形にすることもできない。❸some eggが正解だ。

【完成文】 You've got some egg on your tie. Did you have fried eggs for breakfast?

【 訳 例 】 ネクタイに卵がついてるよ。朝食に卵焼きでも食べたの?

　例題2 で見たように,同じ単語でも可算名詞と不可算名詞両方の用法があるものもあれば,可算名詞か不可算名詞のどちらかでしか使われない名詞もある。代表的な不可算名詞は次のように3つに分類できる。

● 不可算名詞3つの分類

【名詞の種類】	【名詞の例】
(1) 物質名詞	連続体で,一定の形状を持たない物質を表す名詞 ▶ butter「バター」 ▶ milk「牛乳」 ▶ paper「紙」 ※「新聞,論文」の意味の paper は可算　▶ rice「米」 ▶ sugar「砂糖」 ▶ water「水」 ▶ wheat「小麦」　　　　etc.
(2) 抽象名詞	抽象的な概念を表す名詞 ▶ happiness「幸福」 ▶ love「愛」 ▶ peace「平和」　　etc.
(3) 固有名詞	特定の人・物・場所などの名称を表す名詞 ▶ New York「ニューヨーク」　　　　　　　　　　　　　　etc.

※これ以外にも,集合名詞(様々な物や人が集まった「集合体」を表す名詞)の一部(例えばmachinery「機械類」)も物質名詞と同じ扱いを受け,不可算名詞として扱われる。

以下に,可算名詞と混同しやすい注意すべき不可算名詞を挙げた。参考にしてほしい。

注意すべき 不可算名詞の例	▶ advice「忠告」 ▶ baggage／luggage「荷物」 ▶ behavior「ふるまい」 ▶ clothing「衣服」 ▶ damage「損害」 ▶ equipment「設備」 ▶ evidence「証拠」 ▶ fun「楽しみ」 ▶ furniture「家具」 ▶ homework「宿題」 ▶ information「情報」 ▶ luck「運」 ▶ machinery「機械類」 ※ machine は可算名詞 ▶ mail「郵便物」 ▶ money「金」 ▶ news「知らせ」

> ▶ poetry「詩」 ※ poem は可算名詞　▶ progress「進歩」
> ▶ room「余地，スペース」　▶ space「余地，スペース」
> ▶ stationery「文房具」　▶ scenery「風景」 ※ scene は可算名詞
> ▶ traffic「交通（量）」　▶ wealth「富」　▶ weather「天候」
> ▶ work「仕事」 ※「作品」という意味の work は可算名詞　　　etc.

上で挙げた不可算名詞はほんの一例に過ぎない。また，名詞の多くに可算名詞・不可算名詞の両方の使い方がある。

【例1】 He had a lot of <u>work</u> to do yesterday.
　　　　（昨日彼はやるべき<u>仕事</u>がたくさんあった）

【例2】 He created a lot of <u>works</u> of art when young.
　　　　（若い頃，彼はたくさんの芸術<u>作品</u>を作った）

可算名詞と不可算名詞の区別については「可算名詞が具体的なもので，不可算名詞が抽象的なもの」という一定の傾向はあるものの，結局のところは知識として覚える必要がある。日頃勉強をしていて可算名詞なのか不可算名詞なのかがわからなくなったら，そのつど辞書を引いて確認するのがベストである。とはいえ，試験中にある名詞が可算名詞なのか不可算名詞なのかがわからなくなったような場合，区別する一定の目安はあるので確認しておこう。不可算名詞はその多くが物質名詞（およびその扱いを受ける集合名詞）や抽象名詞であることから，次のような大まかな基準を立てることができる。

「一定の形状を持たないもの，連続体であるもの，抽象的なもの」は不可算名詞として扱われる」

例えば，先ほどの表からいくつか取り出して検討すると，furniture「家具」は，テーブルや食器棚，椅子など様々なものを含むが，これといった一定の形状を持たない。また，love「愛」は抽象的である。さらに，water「水」も一定の形状を持たず，連続体である。

このように，可算名詞と不可算名詞の区別についてはある程度大まかな基準を立てることが可能である。ある名詞が可算名詞か不可算名詞かについては，この基準を参考に考えると覚えやすい。もちろん，asparagus「アスパラガス」のように，なぜ不可算名詞なのかがわかりにくいものもあるが，そのような単語はそのつど，そういうものとして覚えていこう。

不可算名詞を"数える"方法

逆説的だが，不可算名詞は数えることができる。例えばadvice「助言」という名詞は，本来明確な形を持たず，境界線もあいまいな不可算名詞として扱われている。しかし，日本語でもそうだが，「助言」はいくつかの部分に分けることができる場合もある。例えば，「健康に暮らすための助言」として，「よく寝る」「運動をする」というように２つの内容を含んでいる場合もあり，それを２つの助言と数えるのは自然であろう。このように，不可算名詞の一部を一つのカタマリととらえることができる場合，１つ，２つ…と数えることがある。その際に一般的に用いられるのが a piece of advice「１つの助言」という表現だ。２つの場合は，two pieces of advice「２つの助言」である。

このほかにも，不可算名詞の性質に応じ，数えるための様々な表現がある。
例
▶ a loaf of bread「ひとかたまりのパン」
▶ a glass of water「コップ一杯の水」
▶ a cup of coffee「一杯のコーヒー」
▶ a cake[bar] of soap「１つの石けん」
▶ a lump[small amount] of coal「１つの（少量の）石炭」

Lesson26の最重要POINT

♛ 可算名詞か不可算名詞かで，複数形にできるかどうか，a／anをつけられるかどうかなどに違いが生じる

♛ 不可算名詞は大きく，物質名詞，抽象名詞，固有名詞に分類できる

♛ 不可算名詞の判断基準は，「明確な形や境界線を持たないもの，単一体ではなく連続体であるもの」である

♛ 不可算名詞を数える際は，**a piece of** や **two pieces of**などの表現を用いる

確認問題

次の空所に入れるのに最も適切なものを，選択肢❶〜❹から選びなさい。
【１】【難易度★☆☆】

A lot of old ☐ was repaired in our laboratory last Monday.

❶ machine ❷ machines ❸ machinery ❹ machineries

（名古屋工業大）

【2】【難易度★★☆】

There is ☐ for improvement so far.

❶ much room ❷ many rooms ❸ a room ❹ few rooms

【3】【難易度★★☆】

It is not always easy to write a news article that has ☐ information in ☐ of space.

❶ many ... a small amount ❷ many ... a small number

❸ much ... a small amount ❹ much ... a small number

（慶應義塾大　改）

【4】【難易度★★☆】

☐ knowledge of the poet's life and thought ☐ helpful for understanding his poems.

❶ A few ... is ❷ A few ... are ❸ Some ... is ❹ Some ... are

（慶應義塾大）

誤りの箇所を選びなさい。誤りがない場合は❺を選びなさい。

【5】【難易度★★☆】

My cousin was given a special award ❶in honor of her service ❷as volunteer during the long cleanup ❸that followed the devastating and deadly flood ❹of last year.

（早稲田大）

【6】【難易度★★★】

❶In that the weather is very changeable these days, it might not be ❷such good idea to hold the class picnic on the ❸coming weekend or even the following ❹one.

（早稲田大）

確認問題：解答と解説

【1】❸ machinery

A lot of old ☐ was repaired in our laboratory last Monday.

動詞のwasに着目すると，主語は可算名詞の単数形か，不可算名詞である。文頭

にA lot of「たくさんの」があることから，可算名詞の場合は複数形にしなければ
ならないため，可算名詞は入らない。そこで，不可算名詞のmachinery「機械類」
を入れる。❸machineryが正解。

【完成文】 A lot of old machinery was repaired in our laboratory last Monday.

【訳例】 先週の月曜日，たくさんの古い機械類が私たちの研究室で修理された。

【2】❶ much room

There is ⬚ for improvement so far.

不可算名詞のroom「余地，スペース」を入れると自然な意味になる。そこで，不
可算名詞につけられるmuchがついたものを選ぶ。❶much roomが正解。

【完成文】 There is much room for improvement so far.

【訳例】 これまでのところ，多くの改善の余地がある。

【3】❸ much ... a small amount

It is not always easy to write a news article that has ⬚ information in ⬚ of
space.

informationは不可算名詞なので，1つ目の空所にはmuchを入れる。また，space
は不可算名詞であり，2つ目の空所にはa small amountを入れる。❸much ... a
small amountが正解。なお，a small number of AのAには可算名詞の複数形がく
る。

【完成文】 It is not always easy to write a news article that has much information in
a small amount of space.

【訳例】 少しのスペースで多くの情報を含むニュース記事を書くのは，必ずしも容易では
ない。

【4】❸ Some ... is

⬚ knowledge of the poet's life and thought ⬚ helpful for understanding his
poems.

knowledgeは不可算名詞であるため，可算名詞にしか使えないA fewではなく，可
算・不可算を問わず使えるSomeを1つ目の空所に入れる。選択肢から2つ目の空
所には動詞を入れることがわかるが，本問の主語はSome knowledge of the poet's
life and thought「その詩人の人生と思想についてのいくらかの知識」であり，核
になる部分はknowledgeという不可算名詞である。不可算名詞が主語の場合，そ

の量が多かろうが少なかろうが動詞は単数の可算名詞が主語のときと同様になる。よって，2つ目の空所にはisを入れる。❸ Some ... is が正解。

【完成文】 Some knowledge of the poet's life and thought is helpful for understanding his poems.

【訳例】 その詩人の人生と思想についてのいくらかの知識は，彼の詩を理解するのに役立つ。

【5】

My cousin was given a special award ❶in honor of her service ❷as volunteer during the long cleanup ❸that followed the devastating and deadly flood ❹of last year.

この文でのvolunteerは「ボランティアの人」を表し，可算名詞の単数形である。したがって，原則として冠詞なしに使うことはできず，ここではaをつける必要がある。❷が正解。

【完成文】 My cousin was given a special award in honor of her service <u>as a volunteer</u> during the long cleanup that followed the devastating and deadly flood of last year.

【訳例】 私のいとこは，昨年の壊滅的で命を奪うような洪水の後に行われた，長期にわたる清掃活動におけるボランティアとしての奉仕活動を称えられ，特別な賞を受けた。

【6】

❶In that the weather is very changeable these days, it might not be ❷such good idea to hold the class picnic on the ❸coming weekend or even the following ❹one.

ここでのidea「考え」は可算名詞の単数形である。したがって，原則として冠詞なしに使うことはできず，ここではaをつける必要がある。❷が正解。なお，文頭のin thatはin that SV「SがVするという点で（SがVするので）」という形で用いる接続詞であると考えられる。

【完成文】 In that the weather is very changeable these days, it might not be <u>such a good idea</u> to hold the class picnic on the coming weekend or even the following one.

【訳例】 最近は天候が変わりやすいので，次の週末かさらにその次の週末でさえクラスのピクニックを開催するのはそれほど良い考えではないかもしれない。

本章では，接続詞と前置詞について学習する。接続詞と前置詞はそれぞれカタマリを作り，カタマリ自体のはたらきも似ている。また，同じような意味を持つ接続詞と前置詞があるため，混同してしまいがちである。しかし，形に着目して整理することで，正しい使い分けができるようになる。本章の学習を通して，接続詞と前置詞を正確に使い分けられるようになろう。

例題　次の空所に入れるのに最も適切なものを，選択肢❶～❹から選びなさい。

　　　　　 Tokyo has a relatively small land area, it has a huge population.

❶Although　　　❷Despite　　　❸But　　　❹Yet

（センター本試）

接続詞は大きく分けると何種類あるのか

接続詞は大きく分けると何種類あるのだろうか。答えは2種類である。その2種類とは，等位接続詞と従属（従位）接続詞だ。それぞれ，次のようなはたらきをする。

(1) 等位接続詞…つなぐはたらき
(2) 従属接続詞…SVを含むカタマリ（節）を作るはたらき

等位接続詞の代表例はandである。cats and dogs「ネコとイヌ」のように単語と単語をつないだり，I'm a student and my brother works for a company.「私は学生で，兄は会社で働いている」のように文と文をつないだりする。このように，文法上対等なはたらきをしているものをつなぐのが等位接続詞だ。

一方，従属接続詞の代表例はifである。次の例を見てほしい。

If it is sunny tomorrow , I'll go out.（明日晴れれば，外出する）

I'll go out if it is sunny tomorrow .（明日晴れれば，外出する）

2文ともifの後ろにit is sunny tomorrowというSV …が続き，カタマリを作っている。このカタマリは副詞節なので，文のどこに置くこともできる。if it is sunny tomorrowが文頭にあるときと文末にあるときで，訳はほぼ変わらない。このように，接続詞＋SVというカタマリを作るのが従属接続詞だ。

なぜ接続詞と前置詞の区別が重要なのか

本章のタイトルにもあるように，接続詞と前置詞の区別は重要だ。その理由は，接続詞と前置詞では後ろにくるものの形が違うからである。

例題 を見てみよう。ざっくりとした意味を考えると，「東京は比較的小さな土地だが，非常に多くの人口を抱えている」という意味になりそうである。しかし，「…だが」という日本語の意味から考えて，❷Despiteを入れると誤りだ。despite「…だが，…にもかかわらず」は前置詞であり，前置詞は後ろに名詞（句）のみを置いてカタマリを作るからである。別の言い方をすると，前置詞の後ろにSV…を置いてカタマリを作ることはできないのである。

例 Despite the heavy rain, they played soccer outside.
　　（ひどい雨にもかかわらず，彼らは外でサッカーをした）

そこで，もう一度 例題 の英文全体の構造を確認する。「　　 S V … , S V 〜」という形から，空所には従属接続詞を入れればよいことがわかるため，❶Although「…だが，…にもかかわらず」という従属接続詞を入れる。❸But，❹Yetは等位接続詞であり，従属接続詞のように従属節を作ることができないため誤りだ。このように，意味からだけでなく形から考えなければならないところはミスが起きやすい。英文法は意味からだけではなく形からも判断するという大原則を再確認しておいてほしい。

【完成文】Although Tokyo has a relatively small land area, it has a huge population.
【 訳 例 】東京は比較的小さな土地だが，非常に多くの人口を抱えている。

次の表では，よく区別が問題となる従属接続詞と前置詞を整理している。ざっと目を通して，知識の整理をしておこう。

● 《従属接続詞 vs 前置詞》

【意味】	【従属接続詞】	【前置詞】
…までに	**by the time SV** 例 by the time he comes （彼が来るまでに）	**by 名詞** 例 by 6 o'clock （6時までに）
…間に	**while SV** 例 while she was at school （彼女が学校にいる間に）	**during 名詞** 例 during the summer vacation （夏休みの間に）
…ので	**because SV** 例 because it is raining （雨が降っているので）	**because of 名詞** 例 because of the rain （雨が理由で）
…にもかかわらず	**though ／ although SV** 例 though he is young （彼は若いにもかかわらず）	**despite ／ in spite of 名詞** 例 despite being young （若いにもかかわらず）

それでは，練習問題を解いてみよう。

【問題】次の空所に入れるのに最も適切なものを，選択肢❶～❹から選びなさい。

⬚ staying in hospital, she read through several books.

❶ While　　❷ During　　❸ Because　　❹ Among

従属接続詞の後ろがSV…ではないこともある？

さっそく答えを確認していこう。全体の構造は，「⬚ *doing* …, SV～」となっている。つまり，空所の後ろに*doing*のカタマリを作ることが求められている。そこで*doing*のカタマリを動名詞句だと考え，前置詞＋動名詞句の形にしようと❷の前置詞Duringを選ぶ人が多い。しかし，これは誤りだ。確かにduringは前置詞であるが，その直後に動名詞句を続けることはできないのが決まりだからである。実は，❶の従属接続詞Whileが正解だ。

【完成文】While（she was）staying in hospital, she read through several books.

【訳例】病院にいる間に，彼女は本を数冊読んだ。

しかし，ここで疑問が生じるかもしれない。従属接続詞の後ろにはＳＶ...がくるはずなのに，きていないではないかと。そう，従属接続詞の後ろにはＳＶ...の形がこないこともあるのだ。ただ，安心してほしい。一部の限られた接続詞の場合だけである。その限られた場合とは，時・条件・譲歩などの接続詞だ。具体的には次の表および例文を見てほしいが，時・条件・譲歩などの接続詞の場合，カタマリ内の主語が主節の主語と一致する場合に，カタマリ内の主語とbe動詞を省略するということがよく起こる。

● 《Ｓ＋be動詞を省略することがある従属接続詞》

【意味】	【従属接続詞】
時	when「…とき」／ while「…間に」
条件	if「…ならば」／ once「いったん…すると」
譲歩	if「たとえ…としても」／ though「…だけれども」／ although「…だけれども」

例 When (she was) young, she would often go fishing in the river.

　（彼女は若い頃，よく川に釣りに出かけた）

例 I would answer yes if (I were) asked.

　（尋ねられれば，イエスと答えるだろう）

Lesson27の最重要POINT

♛ 接続詞には，等位接続詞（つなぐはたらきをする）と従属接続詞（ＳＶのカタマリを作るはたらきをする）の２種類がある

♛ 従属接続詞の後ろにはＳＶ...がくるが，前置詞の後ろには名詞（句）がくる

♛ 時・条件・譲歩などの意味の従属接続詞の後ろは，Ｓ＋be動詞が省略されることもある

次の空所に入れるのに最も適切なものを，選択肢❶〜❹から選びなさい。

【1】【難易度★☆☆】

The train will have left ⬚ he arrives.

❶ by the time   ❷ by   ❸ till   ❹ until

【2】【難易度★☆☆】

⬚ he was in Kyoto, he often went to Toji Temple.

❶ While   ❷ During   ❸ For   ❹ Although

【3】【難易度★★★】

If ⬚ kept to oneself, a secret will cease to be one.

❶ it   ❷ not   ❸ only   ❹ you

【4】【難易度★☆☆】

⬚ the fact that I got up early, I still missed the bus.

❶ Despite   ❷ Even though   ❸ In spite   ❹ While

（立命館大）

誤りの箇所を選びなさい。誤りの箇所がない場合は❺を選びなさい。

【5】【難易度★★☆】

For the ❶life of me, I can't ❷figure out how Jim was able to get such an ❸unbelievable score on the math test ❹despite he studied less than anyone in our class.

（早稲田大）

【6】【難易度★★★】

Despite the growth of the economy, or perhaps ❶in part because of it, and because ❷for the vast rural exodus owing to both ❸population growth and increasing agricultural productivity, workers ❹crowded into urban slums.

（早稲田大）

【1】 ❶ by the time

The train will have left ⬚ he arrives.

空所の後ろがＳＶ...の形であるため，前置詞として用いる❷byは入らない。一方，❶by the time，❸till，❹untilは従属接続詞として使うことができるため，形としてはいずれも空所に入りそうである。そこで，意味から絞り込む。by the time SVは「ＳがＶするまでに」（期限を表す），until／till SVは「ＳがＶするまで」（期間を表す）という意味だ。本問では「彼が到着するまでに電車は出発しているだろう」とすると自然な意味になる。❶by the timeが正解。

【完成文】The train will have left by the time he arrives.

【訳例】彼が到着するまでに電車は出発しているだろう。

【2】 ❶ While

⬚ he was in Kyoto, he often went to Toji Temple.

全体の構造を見る。「⬚ ＳＶ ... , ＳＶ〜」という形であるため，空所には従属接続詞が入ることがわかる。❶While「…している間に」と❹Although「…にもかかわらず」はともに従属接続詞で，形のうえでは空所に入れることができる。そこで，意味から正解を絞り込む。本問では「京都にいる間に彼は東寺によく行った」とすると自然な意味になる。❶Whileが正解。❷Duringと❸Forは前置詞であり，後ろにＳＶを置いてカタマリを作ることはできないため，誤り。なお，❸Forには「というのも…だからだ」という意味の接続詞の用法もあるが，等位接続詞であり，カタマリを作れないため，誤り。

【完成文】While he was in Kyoto, he often went to Toji Temple.

【訳例】京都にいる間に彼は東寺によく行った。

《参考》

従属接続詞（asやbecauseなど）と違い，等位接続詞（forなど）は「等位接続詞ＳＶ ... , ＳＶ〜」という形を作れない。

（〇）従属接続詞 ＳＶ ... , ＳＶ〜

（×）等位接続詞 ＳＶ ... , ＳＶ〜

（〇）As it is raining, I can't go out. （雨が降っているので，外出できない）

（×）For it is raining, I can't go out.

forを使って同じ意味の文を作るときは，次のようになる。

（○）I can't go out, for it is raining.

（○）I can't go out. For it is raining.

  （外出できない。というのも，雨が降っているからだ）

【3】**❷ not**

If ☐ kept to oneself, a secret will cease to be one.

If ... *oneself* というif節中のkept to oneselfという形に着目する。これは，keep O to oneself「Oを自分だけのものにしておく，Oを秘密にする」という表現の受動態O be kept to oneselfの一部である。そこで，条件の意味を持つ if に続くS＋be動詞が省略されたと考える。省略される前の文は，If <u>it is</u> not kept to oneself, a secret will cease to be one.「秘密は自分だけのものにしておかないと，秘密ではなくなる」であったと考えられる。**❷** notが正解。ちなみに，文末のoneは a secretのことである。

【完成文】If not kept to oneself, a secret will cease to be one.

【訳例】秘密は自分だけのものにしておかないと，秘密ではなくなる。

【4】**❶ Despite**

☐ the fact that I got up early, I still missed the bus.

空所の後ろにthe fact that I got up earlyという名詞（句）があることに着目し，前置詞のDespiteを空所に入れる。**❶** Despiteが正解。**❸** In spiteはIn spite of A「Aにもかかわらず」の形で用いれば正しい。**❷** Even though，**❹** Whileはともに従属接続詞であり，ＳＶの形を後続させるため，誤り。

【完成文】Despite the fact that I got up early, I still missed the bus.

【訳例】私は早起きをしたという事実にもかかわらず，それでもバスに乗り遅れた。

【5】

For the **❶**<u>life of me</u>, I can't **❷**<u>figure out</u> how Jim was able to get such an **❸**<u>unbelievable</u> score on the math test **❹**<u>despite</u> he studied less than anyone in our class.

❹ despiteは前置詞であるため，後ろには名詞句を置いてカタマリを作る。しかし，本問ではＳＶ...が続いているため，これが誤り。despiteではなく従属接続詞のalthough／thoughを使うべき場面である。なお，for the life of meは否定文で用いて「とうてい（…ない）」という強い否定の意味を表す。

208

【完成文】 For the life of me, I can't figure out how Jim was able to get such an unbelievable score on the math test though he studied less than anyone in our class.

【訳例】 クラスの誰よりも勉強していないのにどうしてジムが数学のテストであんなにすばらしい点数をとることができたのか，私には到底わからない。

【6】

Despite the growth of the economy, or perhaps ❶in part because of it, and because ❷for the vast rural exodus owing to both ❸population growth and increasing agricultural productivity, workers ❹crowded into urban slums.

❷の直前にあるbecauseに着目する。becauseは従属接続詞であり，後ろにはSVの形が続くはずだ。しかし，becauseの後ろにあるのは，for ... exodusという前置詞句と，owing to ... productivityという前置詞句だけである。そこで，❷forをofに変えてbecause ofという前置詞を作る。because of...exodusという前置詞句を作ることができ，正しい英文が成立する。

【完成文】 Despite the growth of the economy, or perhaps in part because of it, and because of the vast rural exodus owing to both population growth and increasing agricultural productivity, workers crowded into urban slums.

【訳例】 経済成長にもかかわらず，いやひょっとしたら一部には経済成長が原因で，さらに人口増加と農業生産性の向上に起因する地方からの大規模な移住が原因で，労働者が都市のスラムへとなだれこんだ。

本章では，同格について学習する。同格とは名詞と名詞を並べて，一方の名詞でもう一方の名詞の説明をする形である。英文読解においては文構造を把握する際に同格の構造に気づけるかが一つの大きなポイントとなる。本章で様々な同格の例に触れて構造を理解することで，英文読解の力も上がるはずだ。

例題 次の空所に入れるのに最も適切なものを，選択肢❶～❹から選びなさい。

The English teacher said that those words are the ones for ☐ students to keep in mind.

❶we　❷us　❸each　❹every

同格とは

例題 は同格に関する問題である。ある名詞とある名詞が同格関係にある場合，2つ並んだ名詞の一方が他方の名詞を説明している。次の例を見てほしい。

例 This is Leo, a four-year-old cat .（これが4歳のネコ，レオだ）

名詞Leoを名詞a four-year-old catで説明していることがわかるだろう。次のような例もある。

例 He used the word "computer."（彼は「コンピューター」という言葉を使った）

名詞 the wordを名詞computerで説明していることがわかるだろう。それでは，**例題** に戻ろう。まず，❸eachと❹everyは誤りである。これらは形容詞として名詞を修飾する場合，each studentやevery studentのように単数名詞を修飾する形で用いられるからだ。そこで ☐ とstudentsの間に同格の関係があると考える。代名詞と名詞の間にも同格関係を作ることができる。前置詞の後ろにはus を置くのが適切だ。正解は❷usである。なお，❶weは前置詞の後ろに置くことができないため誤りとなる。

【完成文】 The English teacher said that those words are the ones for us students to keep in mind.

【訳例】 英語教師は，それらの単語は私たち学生が頭に入れておくべきものだと言った。
このように，名詞と名詞が並んで一方の名詞が他方の名詞を説明している場面を
同格という。

続いて，練習問題を解いてみよう。

【問題1】次の空所に入れるのに最も適切なものを，選択肢❶～❹から選びなさい。
There is no evidence ____ getting up early is good for our health.
❶that　　❷which　　❸what　　❹whose

同格のthatとは

この問題も同格の問題である。空所の後ろにはgetting up earlyをSとする完全な文
があり，空所に接続詞thatを入れることで，that getting up early is good for our
healthという名詞のカタマリを作ることができる。evidenceという名詞の後ろに，
that getting up early is good for our healthという名詞のカタマリを置くことで
evidenceの内容を説明しているのである。このような使い方をするthatのことを
同格のthatと呼ぶこともある。❶thatが正解だ。

【完成文】There is no evidence that getting up early is good for our health.

【訳例】早起きが健康にいいという証拠はない。

同格のthatの使い方を誤る人は多い。よくあるミスは，同格のthatを使えない場
面で使ってしまうというものだ。例えば，「…という習慣」「…という経験」「…と
いう思い出」などの日本語を，同格のthatで表したくならないだろうか。しかし，
habit「習慣」，experience「経験」，memory「思い出」はいずれも同格のthat節を
用いることができない名詞なのである。同格のthat節で説明できる名詞は相当限
られているのだ。同格のthat節を英作文などで使う前に，確実に使えるかどうか
確認するようにしよう。ちなみに，これらの名詞の内容を説明したい場合には前
置詞ofを使うことがある。

例 He has the habit of reading before he goes to bed.
　　（彼は就寝前に本を読む習慣がある）

例 I had the experience of a book falling on my head.
　　（私は本が頭の上に落ちてくるという経験をした）

例 He has a vivid memory of going to the beach every weekend as a child.
　（彼は子供の頃毎週浜辺へ出かけた鮮明な思い出がある）

ここで，同格のthatについてまとめておこう。同格のthatを使える名詞は知識であり，覚えるしかないものだが，ある程度類型化できる。人の認識を表す抽象的な名詞や，事実を表す抽象的な名詞は，後ろに同格のthat節を置くことができるので，確認しておいてほしい。

【同格の **that**】
名詞＋ that Ｓ Ｖ ...（完全な文）「…という名詞」

【同格の **that** を使える名詞の例】
（１）人の認識を表す抽象的な名詞
belief「信念」／ feeling「感情」／ assumption「推測」／ discovery「発見」etc.
（２）事実を表す抽象的な名詞
fact「事実」／ truth「真実」／ evidence「証拠」／ news「知らせ」／ rumor「噂」etc.

（１）は人の認識を表す抽象的な名詞であるが，belief「信念」，feeling「感情」，assumption「推測」，discovery「発見」はそれぞれ，believe「信じる」，feel「感じる」，assume「推測する」，discover「発見する」という動詞の名詞形である。これらの動詞に共通するのは，目的語にthat節をとるということだ。このように，目的語にthat節をとる動詞の名詞形は，同格のthat節をとることが多い。このことを知っておくだけで，暗記の負担が減るだろう（同格のthatを使えるその他の名詞の例は，別冊付録p.52参照）。なお，the question whether Ｓ Ｖ「ＳがＶするかどうかという問題」のように，名詞節のwhether節を用いた同格の表現もあることを知っておきたい。

例 The question whether we should carry out the plan is still being discussed.
　（私たちがその計画を実行すべきかどうかという問題は，いまだに議論されている）

それではもう１問，練習問題を解いてみよう。

【問題２】誤りを含む箇所を選びなさい。誤りがない場合は❺を選びなさい。
❶A rumor is now ❷spreading among the workers ❸which many of them will be
❹dismissed next month.

名詞と同格のthat節が離れる場合

早速, 【問題】の検討に入ろう。❸whichの後ろは不完全な文でなければならないが（『17. 関係詞－関係代名詞と関係副詞の区別』p.134～参照）, 本問では完全な文になっている。❸が正解だ。whichを同格のthatに変え, 文頭のA rumor「噂」を説明するようにすればよい。

【完成文】 A rumor is now spreading among the workers that many of them will be dismissed next month.

【 訳 例 】 労働者の間で, その多くが来月解雇されるという噂が広まっている。

このように, 名詞と同格のthat節が離れる場合もあることを頭に入れておこう。

Lesson28の最重要POINT

♛ 名詞と名詞が並んで一方の名詞が他方の名詞を説明している場面を同格という
♛ 同格は, 名詞とthat節や, 名詞とwhether節の間にも見られる
♛ 同格の thatで用いられる名詞は限られている

確認問題

次の空所に入れるのに最も適切なものを, 選択肢❶～❹から選びなさい。

【1】【難易度★★☆】

[____] read two short stories last week.

❶Almost of us　　❷Most all of us　　❸Most us　　❹We each

（青山学院大　改）

【2】【難易度★★☆】

Japan's highest mountain, [____], can be seen from here.

❶Mt. Fuji　　❷it is Mt. Fuji　　❸at Mt. Fuji　　❹Mt. Fuji being

【3】【難易度★★☆】

The fact [____] she is kind is well known.

❶which　　❷that　　❸what　　❹how

【1】 ❹ We each

[＿＿] read two short stories last week.

❶Almost of usは，almostが副詞でありalmost of usという表現はないため，誤り（『25. 代名詞 − another, others, the other, the othersの区別』p.186〜 参照）。 ❷ Most all of usも，そのような表現はないため，誤り。❸Most usは，most of us「私たちのうちほとんど」という表現はあるもののmost usという表現はないため，誤り。❹We eachは，Weという主格の代名詞とeachという代名詞を並べた同格の表現として使えるため，正しい形。❹We eachが正解。

【完成文】We each read two short stories last week.

【 訳 例 】私たちそれぞれが，先週２冊の本を読んだ。

【2】 ❶ Mt. Fuji

Japan's highest mountain, [＿＿], can be seen from here.

文のＳはThe Japan's highest mountainであり，Ｖはcan be seenであることを見抜く。空所には名詞を入れて，直前の名詞Japan's highest mountainを説明する同格の表現にすればよい。❶Mr. Fujiが正解。

【完成文】Japan's highest mountain, Mt. Fuji, can be seen from here.

【 訳 例 】日本の最高峰，富士山がここから見える。

【3】 ❷ that

The fact [＿＿] she is kind is well known.

文全体のＶが２つ目の is であることを見抜く。she is kindは完全な文であるため，空所には同格のthatを入れて，直前の名詞 The factの説明をするようにすればよい。❷that が正解。

【完成文】 The fact that she is kind is well known.

【 訳 例 】 彼女が親切だという事実はよく知られている。

29 疑問文
間接疑問・付加疑問・否定疑問

本章では，疑問文について学習する。疑問文においては語順が重要である。特に，疑問文を別の文に組み込んだ間接疑問は元の疑問文と語順が変わることがほとんどであるため，注意が必要だ。複雑に思える疑問文であるが，応答文を想定し，仕組みを確認することで理解がしやすくなる。なぜそのような語順になるのか，仕組みを考えながら1つ1つのポイントを押さえていってほしい。

例題　次の日本語に合うようにカッコ内の語句を並べ替えて，正しい英文を作りなさい。なお，文頭に来るべきものも小文字にしてある。
英語をマスターする一番良い方法は何だと思いますか。
(what ／ is ／ master ／ to ／ do ／ the best ／ you ／ way ／ think) English?

複雑な疑問文は応答文から考える

例題は，「英語をマスターする一番良い方法は何だと思いますか」という疑問文を英語にする問題である。そこで，この疑問文に対する応答を考えてみてほしい。例えば，「音読が，英語をマスターする一番良い方法だと私は思います」のように答えることになるだろう。もちろん，「音読」の部分は各自が考えるベストな学習法を入れればよい。仮にreading aloud「音読」という表現を用いて英語に直すと，応答は次のようになる。

I think (that) <u>reading aloud</u> is the best way to master English.

実際の会話ではもう少し短く応答することが多いが，最も丁寧に答えるとこのようになるはずだ。これを疑問文にする。応答文のなかのreading aloudの部分（名詞）がわからないために疑問文を作る場面なのであるから，まずは疑問詞whatを使い，文頭に置く。次に，I thinkというSVの部分を疑問文の語順に変える。一般動詞の疑問文はdo[does] SV ...?の語順になるため，do you think ...?とする。手順は以上だ。なお，Do you think what ... ?の形は誤りである。

【応答文】　I think　(that) reading aloud is the best way to master English.
【疑問文】　What do you think is the best way to master English?

【完成文】 What do you think is the best way to master English?

【訳 例】 英語をマスターする一番良い方法は何だと思いますか？

それでは，練習問題を解いてみよう。

【問題1】カッコ内の語を並べ替えて，正しい英文を作りなさい。

We're thinking about going on a picnic tomorrow. I'd really like to know（be ／ like ／ the ／ weather ／ what ／ will）.

（センター追試）

間接疑問の語順

本間では，S is like A「SはAのようだ」という応答文を前提とする疑問文が問題となっている。疑問文を考える手順は次の通りだ。まず，likeが前置詞であることからAの部分には名詞がくるため，Aがわからないときは疑問詞whatを文頭に置く。次に，S isの部分を疑問文の語順にする。be動詞の疑問文はSとbe動詞を入れ替えるだけだ。つまり，次のようになる。

【応答文】 S is like A.（SはAのようだ）

【疑問文】 What is S like ?（Sはどのようなものですか？）

「これで完成だ」と言いたいところであるが，本間ではもうひと手間必要だ。つまり，疑問詞whatを文頭に置く疑問文ではなく，I'd really like to know ...という文の中に，whatを用いた疑問詞節を組み込んだ形にしなければならないのである。このように，別の文に疑問文を組み込んだものを間接疑問という。間接疑問は，いわゆる疑問文の語順ではなく，疑問詞節内が平叙文の語順（SVの語順）になる点が特徴である。したがって，【疑問詞節】【完成文】は次のようになる。

【疑問詞節】what S is like （Sはどのようなものか）

【完成文】 We're thinking about going on a picnic tomorrow. I'd really like to know what the weather will be like.

【訳 例】 私たちは明日，ピクニックに行こうと考えている。天気がどうなるか，本当に知りたい。

ここでもう1問，練習問題を解いてみよう。

【問題２】カッコ内の語句を並べ替えて，正しい英文を作りなさい。

Since my secretary didn't take the name of the visitor, I couldn't（see ／ be sure ／ me ／ who ／ had come to）.

（センター本試）

これも間接疑問に関わる問題である。cannot be sure who ...で「誰が…か確信が持てない」という意味になるため，I couldn't be sure ...に続けて疑問詞を用いた間接疑問を置くことが考えられる。肝心の語順であるが，疑問詞をＳにする疑問文は，もともとＳＶの語順になっているため，間接疑問になっても語順が変わらない。次の例で，疑問詞の後ろの語順が変わっていないことを確認してほしい。

【疑問文】 Who came here ?（誰がここに来たの？）　※WhoがＳ

【間接疑問】I don't know who came here .（誰がここに来たのかわからない）

本問でも同様に，who had come to see meをそのままbe sureに続ければよい。
　　　　　　　 Ｓ　　Ｖ

【完成文】 Since my secretary didn't take the name of the visitor, I couldn't be sure who had come to see me.

【 訳 例 】 秘書が訪問者の名前を控えていなかったので，誰が私を訪ねてきたのかわからなかった。

最後にもう１問，練習問題を解いておこう。

【問題３】次の２文がほぼ同じ意味になるように，空所に適語を入れなさい。

"You didn't forget about going to see the movie with me tomorrow, did you?"

" ___ , but I can't go because I have a lot of homework to do."

❶Yes, I didn't　　❷No, I didn't　　❸Yes, I'm afraid not　　❹No, I did

本問は，疑問文とそれに対する応答が問題となる。例えば，次の例文を見てほしい。動物園で，ネコのようにも他の動物のようにも見える珍しい動物を見かけたとき，飼育員さんに尋ねた疑問だと思って考えてみてほしい。

【例１】Is this a cat?（これはネコですか？）

【例２】Isn't this a cat?（これはネコではないですか？）

【例３】This is a cat, isn't it?（これはネコですよね？）

【例４】This isn't a cat, is it?（これはネコではないですよね？）

このように，疑問文には様々な形が考えられる。しかし，英語の場合，答え方は
いたってシンプルだ。

もしその動物がネコなら，Yes, it is.

もしその動物がネコでないなら，No, it isn't.

ただ，これだけである。

つまり，ポイントは次の通りだ。

(1) 実際はどうかを考え，そうなら**Yes**，そうでないなら**No**

　　(例では，ネコかどうか)

(2) **Yes**には肯定文が続き，**No**には否定文が続く

　　(**Yes, it isn't.** や **No, it is.**にはならない)

(3) 日本語の「はい」「いいえ」で考えない

　　(日本語で考えると，「いいえ，ネコです」のような表現があり，混乱しやすい)

練習問題では否定文の付加疑問という複雑な形が使われているが，シンプルに実
際にforgetしたかどうかを考ええればよい。空所の後ろで「でも，宿題がいっぱ
いあってさ」と言っていることから，「forgetはしていない」が，宿題がいっぱい
あるため行けないという意味だと考えられる。応答の文はNo, I didn't.（忘れてい
ないよ）となるため，❷が正解だ。

【完成文】

"You didn't forget about going to see the movie with me tomorrow, did you?"

"No, I didn't, but I can't go because I have a lot of homework to do."

【訳 例】

「明日一緒に映画行くこと忘れてないよね？」

「うん，忘れてないよ。でも，宿題がいっぱいあって行けないんだ」

Lesson29の最重要POINT

♛ 疑問文は応答文とセットで考える

♛ 間接疑問は平叙文の語順

♛ 否定疑問など複雑な疑問文は「実際にはどうか」を考えて答える

カッコ内の語句を並べ替えて，正しい英文を作りなさい。

【1】【難易度★★☆】

Joseph：Do you（a ／ know ／ like ／ papaya ／ tastes ／ what）?

Michael：Well, it's difficult to explain. I think you'll have to try one to find out.

（センター追試）

【2】【難易度★★☆】

To know how much time is needed to get to Medra University, you could ask：（do ／ how long ／ it ／ think ／ you ／ will）take from here to Medra University?

（センター追試）

次の空所に入れるのに最も適切なものを，選択肢❶〜❹から選びなさい。

【3】【難易度★★☆】

_____ last weekend?

❶Do you think where did he go　　❷Do you think where he went

❸Where do you think did he go　　❹Where do you think he went

【4】【難易度★★☆】

_____ the biggest challenge in high school education today?

❶Do you think that　　❷Do you think what it is

❸What do you think is　　❹What do you think it is

（立命館大）

【5】【難易度★★☆】

"I'm really hungry."

"Well, didn't you have lunch?"

" _____ , because I had a lot of work to do from morning till 5 p.m."

❶Yes, I did　　❷No, I didn't　　❸Yes, I didn't　　❹No, I did

【1】

Joseph：Do you（a ／ know ／ like ／ papaya ／ tastes ／ what）？

Michael：Well, it's difficult to explain. I think you'll have to try one to find out.

選択肢から，what節を含む間接疑問の形だと考えられる。what S tastes likeで「Sがどのような味がするか」という意味の疑問詞節である。なお，oneはa papayaの意味。

【完成文】

Joseph：Do you know what a papaya tastes like?

Michael：Well, it's difficult to explain. I think you'll have to try one to find out.

【訳例】

ジョゼフ：「パパイヤってどんな味か知ってる？」

マイケル：「うーん，説明しにくいな。食べてみないとわからないと思うよ」

【2】

To know how much time is needed to get to Medra University, you could ask：（do ／ how long ／ it ／ think ／ you ／ will）take from here to Medra University?

選択肢から，「メドラ大学まで行くのにどれくらいの時間がかかると思いますか？」という内容の疑問文を作ると考えられる。応答文は例えば，I think it will take 20 minutes from here to Medra University.のようになる。20 minutesの部分をhow longという疑問詞に置き換えて文頭に出し，I thinkを疑問文の語順に変えれば，次の完成文が得られる。

【完成文】 To know how much time is needed to get to Medra University, you could ask：How long do you think it will take from here to Medra University?

【訳例】 メドラ大学までの所要時間を知りたいなら，次のように尋ねるとよい。「メドラ大学までどれくらいの時間がかかると思いますか？」

【3】 ❹ Where do you think he went

◻ last weekend?

選択肢から，「先週末，彼はどこに行ったと思いますか？」という内容の疑問文だと考えられる。応答文は例えば，I think he went to the museum.のようになる。したがって，to the museumの部分を疑問詞whereに置き換えて文頭に出し，I thinkを疑問文の語順にして続ける。❹Where do you think he wentが正解。

【完成文】Where do you think he went last weekend?

【訳 例】先週末，彼はどこに行ったと思いますか？

【4】❸ What do you think is

⬚ the biggest challenge in high school education today?

選択肢から，「今日の高校教育における最も大きな課題は何だと思いますか？」という内容の疑問文だと考えられる。応答文は例えば，I think the biggest challenge ... today is Aのようになる。したがって，Aの部分を疑問詞whatに置き換えて文頭に出し，I thinkを疑問文の語順にして続ける。❸What do you think isが正解。

【完成文】What do you think is the biggest challenge in high school education today?

【訳 例】今日の高校教育における最も大きな課題は何だと思いますか？

【5】❷ No, I didn't

"I'm really hungry."

"Well, didn't you have lunch?"

" ⬚ , because I had a lot of work to do from morning till 5 p.m."

「昼食を食べなかったの？」という疑問文に対する応答を考える。実際にhaveしたかしなかったかを考えればよい。空所の後ろで「朝から午後5時までやるべき仕事がたくさんあった」と言っていることから，haveしなかったと考えられる。❷No, I didn'tが正解。

【完成文】

"I'm really hungry."

"Well, didn't you have lunch?"

"No, I didn't, because I had a lot of work to do from morning till 5 p.m."

【訳 例】

「本当にお腹がすいたよ」

「え，昼食食べなかったの？」

「そうなんだよ。朝から夕方の5時までやらなきゃいけない仕事がたくさんあってさ」

30 強調
強調構文

Track 30

本章では，強調について学習する。英語において強調をする方法はいろいろあるが，中でも英文読解において目にする機会の多い強調構文を中心にその仕組みを学習する。強調構文の仕組みを理解したら，次は疑問詞を用いた強調構文の疑問文について学習する。前章で学んだ疑問文について復習しながら読み進めてほしい。

> **例題** 次の空所に入れるのに最も適切なものを，選択肢❶〜❹から選びなさい。
>
> It was ⬚ trying to avoid running into.
>
> ❶John that he was　❷John that was　❸for John that was　❹for John be
>
> （関西学院大）

強調構文の基本的な仕組み

例題 は，選択肢からIt is ... that 〜の構文であると考えられる。そこで強調構文について，おさらいをしておこう。強調構文という文を作る際，元になる文が必ず存在する。例えば，次のような文だ。

【例1】元になる文
John saw a white cat on the street yesterday.（ジョンは昨日，通りで白猫を見た）

【例1】の中で，強調したい語句を選び出して強調するのが，強調構文である。強調できる語句の品詞は，名詞か副詞であることに注意が必要だ。そして，強調の際はIt is［was］とthat［who／which］の間に強調したいものを入れる。【例1】の文を使って確認しよう。

【例2】名詞Johnを強調
It was John that［who］ ~~John~~ saw a white cat on the street yesterday.

（昨日通りで白猫を見たのは，（他ではなく）ジョンだ）

【例3】 名詞a white catを強調

It was a white cat that[which] John saw ~~a white cat~~ on the street yesterday.

（ジョンが昨日通りで見たのは（他ではなく）白猫だ）

【例4】 副詞句on the streetを強調

It was on the street that John saw a white cat ~~on the street~~ yesterday.

（ジョンが昨日白猫を見たのは（他ではなく）通りでだ）

【例5】 副詞yesterdayを強調

It was yesterday that John saw a white cat on the street ~~yesterday~~.

（ジョンが通りで白猫を見たのは（他ではなく）昨日だ）

このように，【例1】の文を前提として強調したい部分を文の前方に出すため，thatの後ろは強調したいものが欠けた形の文になる。

example に戻ろう。強調構文にする前の，元の文を考える。example は文末がrunning intoで終わっており，intoの目的語が欠けた形になっている。その理由は，目的語の位置にあった名詞を，強調するために移動させたからだと考えられる。そうであったならば，元の文は次のようなものであったはずである。

S was trying to avoid running into John.

（Sはジョンにばったり出会うのを避けようとしていた）

元の文のJohnを強調した形の❶John that he wasが正解だ。

【完成文】 It was John that he was trying to avoid running into.

【訳 例】 彼がばったり出会うのを避けようとしていたのは，ジョンだ。

それでは，練習問題を解いてみよう。

【問題】次の空所に入れるのに最も適切なものを，選択肢❶〜❹から選びなさい。

◻︎ that made his father decide to quit smoking?

❶What it was　　❷What was it　　❸Why it was　　❹Why was it

223

疑問詞を用いた強調構文の疑問文

選択肢から，問題文のざっくりとした意味は「何が彼の父親にタバコをやめる決心をさせたのですか」や「なぜ彼の父親はタバコをやめる決心をしたのですか」という意味になりそうである。また，it was やthatに着目すると，強調構文が使われていることがわかる。ここで重要な発想がある。「疑問文は，応答文を考える」ということだ。疑問文には，それに対する応答文があり，応答文から考えると疑問文の形が見えてくることが多いからだ。

本問では，次のような応答文が考えられる。

It was his doctor's advice that made his father decide to quit smoking.
            S   V   O   V（原形）

（彼の父にタバコをやめる決心をさせたのは，医師の助言だ）

使役動詞 made が that の直後にあるため，madeの主語を強調した強調構文を考えることができる。his doctor's adviceという名詞部分が何かわからなくて尋ねたいとき，どのような疑問詞を使うだろうか。そう，名詞がわからないときは，whatを使うのだった。したがって，What was it that made his father decide to quit smoking? という疑問文ができる。❷が正解だ。疑問文であるため，It wasの部分がwas itと語順がひっくり返っていることに注意しよう。

【完成文】 What was it that made his father decide to quit smoking?
【訳例】 彼の父にタバコをやめる決心をさせたのはいったい何だろうか。

なお，Why was it...?という形もある。例えば，次のような応答文を考えてみてほしい。
His father decided to quit smoking because his doctor gave him some advice.
（彼の父がタバコをやめる決心をしたのは，医師が助言をしたからだ）

この文の副詞節because以下を強調する強調構文は次のようになる。

It was because his doctor gave him some advice that his father decided to quit smoking.
（彼の父がタバコをやめる決心をしたのは，医師が助言をしたからだ）

次に，because節の部分がわからず，疑問文を作りたいときはwhyという疑問詞を使うため，次のような疑問文が得られる。

Why <u>was it</u> <u>that</u> his father decided to quit smoking?
（彼の父がタバコをやめる決心をしたのはいったいなぜですか？）

　このほかにも Who is it that ...?「…なのはいったい誰ですか？」や When is it that ...?「…なのはいったいいつですか」や Where is it that ...?「…なのはいったいどこですか」などの形もある。頭の片隅に置いておきたい。

👑 強調構文は **It is A that...** の形で，Aには名詞（句）や副詞（句）を置く
👑 疑問詞を用いた強調構文の疑問文は，応答文から仕組みを理解する

確認問題

次の空所に入れるのに最も適切なものを，選択肢❶〜❹から選びなさい。

【1】【難易度★★☆】

What was it ☐ you said you would give me?

❶that　　　　❷when　　　　❸whether　　　　❹what

（成城大　改）

【2】【難易度★☆☆】

It is not until you lose your health ☐ you realize how valuable staying fit is.

❶that　　　❷what　　　❸when　　　❹before

【3】【難易度★★☆】

☐ that told you such a story?

❶Who could　　❷Who should be　　❸Who was it　　❹Who would it

（立命館大）

カッコ内の語を並べ替えて，正しい英文を作りなさい。

【4】【難易度★★☆】

You're not making any sense —（is ／ it ／ that ／ what ／ you）want?

（東京大）

【5】【難易度★★☆】

I don't know（was ／ that ／ returned ／ when ／ home ／ he ／ it）last night.

30
強調

強調構文

【1】 ❶ that

What was it ◻◻◻ you said you would give me?

文頭は，強調構文の疑問詞を使った疑問文の形をしている。そこで，疑問文に対する応答文を考えると次のようになる。 なお，a movie ticket「映画のチケット」はあくまで例である。

It was a movie ticket that you said you would give me φ.

強調されている部分が名詞であるため，疑問詞whatを用いた次のような疑問文にする。 ❶thatが正解。

【完成文】 What was it that you said you would give me?

【 訳 例 】 あなたが私にくれるって言ってたものって，いったい何でしたっけ？

【2】 ❶ that

It is not until you lose your health ◻◻◻ you realize how valuable staying fit is.

It is not until ... that ~は「…して初めて~」という慣用表現。❶thatが正解。なお，この慣用表現は強調構文で，元の文は次のような文である。

You don't realize how valuable staying fit is until you lose your health.

（健康を損ねるまで，健康であることがいかに重要かわからない）

この文のuntil節を強調し，don'tのnotを文の頭の方に移動させたのが，本問の【完成文】である。なお，notが否定しているのはあくまでrealizeであることに注意。

【完成文】 It is not until you lose your health that you realize how valuable staying fit is.

【 訳 例 】 健康を損ねて初めて，健康であることがいかにありがたいかがわかる。

【3】 ❸ Who was it

◻◻◻ that told you such a story?

空所の直後にあるthatに着目すると，強調構文の疑問詞を使った疑問文の形ではないかと考えられる。そこで，疑問文に対する応答文を考えると次のようになる。なお，Mary「メアリー」はあくまで例である。

It was Mary that φ told you such a story.

強調されている部分が人を表す名詞であるため，疑問詞whoを用いた次のような疑問文にする。 ❸Who was itが正解。

【完成文】 Who was it that told you such a story?
【 訳 例 】 そのような話をあなたにしたのはいったい誰ですか？

【4】

You're not making any sense — (is ／ it ／ that ／ what ／ you) want?

カッコ内の語句を一通り見る。what, is, itあたりから，強調構文の疑問詞を用いた疑問文を作ることが考えられる。そこで，疑問文に対する応答文を考えると次のようになる。 なお，sympathy「思いやり」はあくまで例である。

$\boxed{\text{It is}}$ sympathy $\boxed{\text{that}}$ I want ϕ .

強調されている部分が名詞であるため，疑問詞whatを用いた次のような疑問文にする。

【完成文】 You're not making any sense — what is it that you want?
【 訳 例 】 あなたは筋が通っていません。あなたが欲しいのはいったい何ですか？

【5】

I don't know (was ／ that ／ returned ／ when ／ home ／ he ／ it) last night.

カッコ内の語句を一通り見る。what, was, it あたりから，強調構文の疑問詞を用いた疑問文を作ることが考えられる。

そこで，疑問文に対する応答文を考えると次のようになる。なお，at 3:00 a.m.「午前３時」はあくまで例である。

$\boxed{\text{It was}}$ at 3:00 a.m. $\boxed{\text{that}}$ he returned home last night.

強調されている部分が時を表す副詞句であるため，疑問詞whenを用いた疑問文になる。本問で注意が必要なのは，カッコ内の語句を間接疑問の形（I don't knowに続く形）にしなければならないため，疑問詞節内の語順がＳ Ｖ ...という語順になる（when was it...ではなくwhen it was...になる）ということである。以上のことに気をつけてカッコ内の語句を並べ替えると，次のような文が得られる。

【完成文】 I don't know when it was that he returned home last night.
【 訳 例 】 昨晩彼がいったい何時に帰宅したのか，私にはわからない。

本章では，倒置について学習する。倒置は様々な場合に生じるが，まずはどのような場合にどのような倒置が生じるのかを整理してほしい。特に文頭に文否定の副詞（句・節）を置く場合の倒置は，英文読解でも構文の取り違えが起きやすい。例文を見ながら，正しい形を身につけたい。

例題 カッコ内の語を並べ替えて，正しい英文を作りなさい。

Only after the mysterious disappearance of the dinosaurs about 65 million years ago（able／ancestors／come／our／out／to／were）into the daylight in any significant numbers.

(東京大)

この問題のポイントは，文頭にonly があることから，主節部分の語順を倒置の語順にできたかどうかである。文頭にonly がある時の倒置の語順は，疑問文と同じ形になる。すなわち，次のような文が完成する。

【完成文】 Only after the mysterious disappearance of the dinosaurs about 65 million years ago were our ancestors able to come out into the daylight in any significant numbers.

【訳例】 およそ6,500万年前に起こった，謎に包まれた恐竜の絶滅の後ようやく，私たちの祖先は大勢で白日の下に出てくることができた。

この問題は，文頭の Only に気づかなければ，our ancestors were able to come out into the daylight in any significant numbersという文を作って満足してしまうような問題である。

否定語を文頭に置く倒置文

例題 では，Only「…しかない」という否定語が文頭にあることにより，Only after ... agoに続く主節部分に倒置が生じている。これは必ず起こる倒置のルールである。このルールを確認しておこう。

【倒置のルール】

文否定の副詞（句・節）が文頭にあるときは，主節を倒置の形（疑問文と同じ形）にする。

例 I have never been to Thailand.（私はタイに行ったことがありません）

　→Never have I been to Thailand .
　　　↑　　　　↑
　否定の副詞　　倒置（疑問文と同じ形）

これは基本の形である。しかし，文頭の否定と言っても様々だ。次の練習問題を解いてみよう。

【問題1】カッコ内の語を並べ替えて，正しい英文を作りなさい。

Look at the sign. It says, 'At no (be ／ door ／ left ／ must ／ this ／ time ／ unlocked) . ' I wonder what's inside.

（東京大）

まずat no time「どんな時も…ない（決して…ない）」という表現が文頭にくると考えられる。これは文全体を否定する意味を持っており，主節を倒置文にする必要がある。倒置文にする文の元の形は，leave O C「OをCのままにしておく」の受動文O be left C「OはCのままにされる」を用いて，this door must be left unlockedとなるため，この文の倒置文は疑問文の語順でmust this door be left unlockedとなる。

【完成文】 Look at the sign. It says, 'At no time must this door be left unlocked.' I wonder what's inside.

【 訳 例 】 あの標識を見て。「決してこのドアのカギを開けてはいけません」って書いてあるよ。中に何が入っているのかな。

ここでもう1問，練習問題を解いておこう。

【問題2】次の空所に入れるのに最も適切なものを，選択肢❶〜❷から選びなさい。

In no time ____ to ride a bicycle.

❶did she learn　　　❷she learned

答えは❷だ。In no timeという「否定らしい」見た目に惑わされて❶を選んではいけない。本問のnoは，timeを否定しており，文や文の動詞を否定するはたらきをしていないことに注意が必要である。

【完成文】 In no time she learned to ride a bicycle.

【 訳 例 】 まもなく，彼女は自転車を乗れるようになった。

文否定と語否定

【問題２】のような否定は，語を否定しているため，語否定と呼ばれる。このような場合には倒置は起こらない。語否定の例は次のような場合にも見られる。

例 No shoes is allowed. (靴をはかなくても大丈夫です)

この文のNoはshoesを否定しており，No shoesで「靴をはいていないこと」という意味になっている。一方，次のような例では，noは形の上では語を否定しているように見えて，実は文を否定しており，文否定と呼ばれる。訳で「来なかった」となっていることを確認してほしい。

例 No one came to the park on time. (誰も時間通りに公園に来なかった)

なお，この文は文頭に来ているno oneが名詞であるため，文否定の副詞句が文頭に来た時に倒置が起こる場面とは異なり，倒置は起こらないことに注意が必要だ。

任意的な倒置の例

先ほど見た倒置は，必ず倒置形にするケースであったが，そうでない倒置も存在する。その代表例が，場所句倒置といわれるものだ。場所句倒置とは簡単に言うと，場所を表す前置詞句が文頭にある場合，その後ろのＳＶをひっくり返した倒置の形にすることである。次の例文を見てほしい。

例 Under the sea lay a large amount of treasure.
　　　　　　　　V　　　　　　S

（海の中に眠っていたのは大量の財宝だった）

lie「ある」の過去形layを用いたこの文では，ＳとＶの語順がひっくり返る倒置の形になっていることを確認してほしい。しかも，上で見た倒置とは違い did a large amount of treasure lieと疑問文と同じ語順にするのではなく，ただSとVの順番を入れ替えただけになっているところが特徴である。これは「してもしなくてもよい」倒置であり，A large amount of treasure lay under the sea.と書いても，文法的に誤りというわけではない。

しかし，文脈によっては海の中に眠っているのが何なのかを主語として文の初めのほうに置くよりも，文の最後のほうに置いたほうが自然な流れとなるし，読み手をひきつけることができる。また，主語が長い場合は文の後ろに回したほうが，文全体のバランスが良くなる。このような理由から，しばしば場所句倒置が行われる。

Lesson31の最重要POINT

- 文否定の副詞（句・節）を文頭に置くとき，続く節は疑問文と同じ語順の倒置の形にする
- 場所を表す副詞句を文頭に置いて，情報の流れを自然にするため，SとVを入れ替える倒置の形にすることがある

確認問題

【1】【難易度★☆☆】

誤りを含む箇所を選びなさい。誤りがない場合は❺を選びなさい。

❶Scarcely I had entered the room when several students ❷rushed over to me and told me the startling and worrying news about ❸my best friend's car accident, in which he injured ❹both of his arms and legs.

（早稲田大）

次の空所に入れるのに最も適切なものを，選択肢❶〜❹から選びなさい。

【2】【難易度★★☆】

Only when hungry _____ human beings.

❶bears will most attack　　❷will most bears attack

❸most bears will attack　　❹will attack most bears

【3】【難易度★☆☆】

Never 　　　 heard such a sad story.

❶in my life have I 　❷in my life I have 　❸I in my life have 　❹I have in my life

（東邦大　改）

【4】【難易度★★☆】

次の日本語に合うようにカッコ内の語句を並べ替えて，正しい英文を作りなさい。

今朝になって初めて私は彼女がどのような状況にいるのかを知った。

Not (situation ／ I ／ this morning ／ what ／ until ／ realize ／ did) she was in.

確認問題：解答と解説

【1】

❶<u>Scarcely I had</u> entered the room when several students ❷<u>rushed</u> over to me and told me the startling and worrying news about ❸<u>my</u> best friend's car accident, in which he injured ❹<u>both of</u> his arms and legs.

文頭のScarcelyは「ほとんど…ない」という意味の文否定の副詞である。したがって，主節は疑問文の語順の倒置形にする。❶が正解。なお，scarcely ... when 〜は「…するとすぐに〜」という意味の慣用表現。

【完成文】 <u>Scarcely had I</u> entered the room when several students rushed over to me and told me the startling and worrying news about my best friend's car accident, in which he injured both of his arms and legs.

【 訳 例 】 私が部屋に入るとすぐに数人の学生が駆け寄ってきて，私の親友が腕と脚を負傷した自動車事故について，驚くとともに心配になるような知らせを伝えてくれた。

【倒置が起きない場合の語順】 I had <u>scarcely</u> entered the room when several students rushed over to me and told me the startling and worrying news about my best friend's car accident, in which he injured both of his arms and legs.

【2】 ❷ will most bears attack

Only when hungry ☐ human beings.

文頭の Only とそれに続く when 節の後ろに来る主節は，文頭に Only があることにより，疑問文の語順の倒置形にする必要がある。❷will most bears attack が正解。なお，ここでの will は「習性」の意味を表すと考えることができる。

【完成文】 Only when hungry will most bears attack human beings.

【訳例】 お腹を空かせて初めて，ほとんどのクマは人を襲う。

【倒置が起きない場合の語順】Most bears will attack human beings <u>only</u> when hungry.

【3】 ❶ in my life have I

Never ☐ heard such a sad story.

文頭の Never は「決して…ない」という意味の文否定の副詞である。したがって，主節は疑問文の語順の倒置形にする。❶in my life have I が正解。

【完成文】 Never in my life have I heard such a sad story.

【訳例】 人生で一度もこれほど悲しい話を聞いたことがない。

【倒置が起きない場合の語順】I have <u>never</u> in my life heard such a sad story.

【4】

今朝になって初めて私は彼女がどのような状況にいるのかを知った。

Not (situation / I / this morning / what / until / realize / did) she was in.

Not until ... ～で，「…して初めて～」という意味の表現である。文頭に文否定の Not があることから，主節は疑問文の語順の倒置形にする。すなわち，次のような文が完成する。

【完成文】 Not <u>until this morning did I realize what situation</u> she was in.

【訳例】 今朝になって初めて，私は彼女がどのような状況にいるのかを知った。

【倒置が起きない場合の語順】I didn<u>'</u>t realize what situation she was in until this morning.

Track 32

本章では，ＳＶの把握について学習する。ＳＶの把握は，文構造をつかむうえで最も重要である。とはいえ，様々な原因でＳＶがつかみにくいこともある。本章の様々な例文を見ながらＳＶの把握の練習をしよう。英文読解に直結するところなので，仕組を確実に理解しながら取り組んでほしい。

誤りを含む箇所を選びなさい。誤りがない場合は❺を選びなさい。

例題 1

❶The number of people ❷fail to recognize ❸that quality is ❹much more important than quantity.

（東北医科薬科大）

例題 2

The university will ❶give you ❷every opportunity ❸learn the knowledge and skills you need ❹to be a good doctor.

（杏林大　改）

ＳＶをとりながら読む

英文を読むときは，ＳＶをとりながら読んでいく。これは，例題のような文法問題を解くときも同様だ。　例題 1 の主語はthe number of people「人々の数」であり，動詞はfail（to recognize）である。the number of peopleは，3人称単数のthe number「数」に重点を置いた表現で，現在形の場合は動詞には3単現の s をつける必要がある。形から判断すると，❷が正解になりそうだ。しかし，英文は「形」だけでなく「意味」も常に考えなければならない。もし，The number of people fails to recognize ...とすると，「人々の数が認識していない」という意味になり，不自然である。そこで，A number of people fail to recognize ...「多くの人が認識していない」とする。これで，自然な意味の文になる。❶が正解だ。

【完成文】A number of people fail to recognize that quality is much more important than quantity.

【訳例】多くの人が量より質のほうがずっと重要だということを認識していない。

234

1つの節にVは1つ

例題2 でもSとVを追っていこう。動詞が2つ（giveとlearn）あることに気づくだろう。しかし，1つの節にVは1つしか使えない。そこで，動詞learnを準動詞to learnに変えて，to learnがopportunityを修飾するようにする。❸が正解だ。

【完成文】 The university will give you every opportunity to learn the knowledge and skills you need to be a good doctor.

【 訳 例 】 その大学は良い医師になるために必要な知識と技術を学ぶあらゆる機会を提供する。

「1つの節にV（述語動詞）は1つ」というルールは非常に重要だ。もちろん等位接続詞でつなげば理論上は1つの節に無限のVを入れることができるが，そうでもしない限り，1つの節にVは1つである。

それでは，練習問題を解いてみよう。

【問題】次の空所に入れるのに最も適切なものを，選択肢❶〜❹から選びなさい。

⬜⬜⬜ in the world of literature, that author was finally recognized as a major novelist long after he had died.

❶ If it happens   ❷ When it happens

❸ So frequently it happens   ❹ As sometimes happens

（早稲田大　改）

まず，❸は誤りである。なぜだかわかるだろうか。仮に空所に❸を入れてSVを追ってみよう。

〈So frequently〉 it happens..., that author was...recognized... 〈long after he had died〉.
            S   V   S   V   S   V

このように，節が3つ含まれていることがわかるはずだ。節内のVは1つなので，「1つの節にV（述語動詞）は1つ」というルールは守られている。しかし，1つ目の節と2つ目の節は，接続詞なしにカンマだけでつながれている。節と節は，カンマだけでつなぐことは原則としてできない。したがって，❸は誤りだと判断できる。

235

❶と❷はIfとWhenという従属接続詞があるため，1つ目の節と2つ目の節をつなぐことができる。しかし，意味が不自然だ。❶If it happens「もしそれが起こったら」も❷When it happens「それが起こったとき」も，ともにit「それ」が指しているものが不明確で，意味が不自然になってしまう。

最後に残った正解の❹を検討する。As sometimes happens「時に起こることだが，時に起こるように」という，関係代名詞のas を用いた表現だ。このas は本来，接続詞のas だと考えられるが，as の後ろに名詞が欠けた文がくることから，関係代名詞に分類される。「疑似関係代名詞」（つまり，関係代名詞もどき）という仰々しい名前が付けられることもあるが，as の後ろに名詞が欠けた文がくる用法がある，というように押さえておけば十分である。

【完成文】 As sometimes happens in the world of literature, that author was finally
　　　　　 recognized as a major novelist long after he had died.
【 訳 例 】 時に起こることだが，その小説家は亡くなってだいぶ経ってから，偉大な小説家
　　　　　 だと認められた。

疑似関係代名詞as は，はたらきが重要で，次のような使い方をする。
例 As is usual, she got up at 6 in the morning.
　（いつものことだが（いつものように），彼女は朝6時に起きた）
As is usual「いつものことだが（いつものように）」は副詞節であり，文頭・文中・文末のどこに置くこともでき，主節の内容を補足説明するはたらきをする。このようなas は慣用表現的に使われるものもある。以下にいくつか例を挙げておく。ざっと見ておいてほしい。

●《主節の補足説明をする関係代名詞as》

▶ as is evident from A 「A から明らかなように」

▶ as is often the case with A 「A にはよくあることだが」

▶ as is usual 「いつものように，いつものことだが」

▶ as often happens 「よくあることだが」

♛ 英文を読むときは，まずＳＶを把握することが重要

♛ １つの節にＶ（述語動詞）は１つ

♛ as＋不完全な文で，主節の補足説明をする用法がある

確認問題

次の空所に入れるのに最も適切なものを，選択肢❶〜❹から選びなさい。

【1】【難易度★☆☆】

The most basic foodstuff, common to every newborn baby and a complete food in itself, ☐ milk.

❶ is　　　　❷ as　　　　❸ with　　　　❹ from

（日本大　改）

【2】【難易度★★☆】

Everything he talked about regarding theoretical models ☐ interest to today's audience.

❶ are of no　　　❷ are no　　　❸ is of no　　　❹ is no

（慶應義塾大）

【3】【難易度★★☆】

Among the audience ☐ the president and her daughter.

❶ being　　　❷ having been　　　❸ was　　　❹ were

（立命館大　改）

【4】【難易度★★☆】

My bicycle is completely broken, but the shop ☐ new bicycles is closed today.

❶ is selling　　　❷ selling　　　❸ sells　　　❹ sold

（立命館大）

誤りを含む箇所を選びなさい。誤りがない場合は❺を選びなさい。

【5】【難易度★★★】

❶It was ❷customary in that country, the couple ❸decided to get married only after having received the ❹permission of both of their entire families.

（早稲田大）

【6】【難易度★★★】

How ❶can be that he speaks such flawless English ❷<u>without</u> actually ❸<u>having lived</u> in an English-speaking country ❹<u>before</u>?

(早稲田大)

【7】【難易度★★★】

文法上，取り除かなければならない語が一語ある。該当する語を答えよ。

Discovery makes it possible for scientists to account for a wider range of natural phenomena or to account with greater precision for some of those were previously unknown.

(東京大)

【8】【難易度★☆☆】

カッコ内の語句を並べ替えて，正しい英文を作りなさい。

Alan gave up his job as (found ／ he ／ impossible ／ it ／ to work) with his boss.

(センター追試)

確認問題：解答と解説

【1】 ❶ is

The most basic foodstuff, common to every newborn baby and a complete food in itself, ⬚ milk.

ＳＶを追いながら英文を読み進めていく。

The most basic foodstuff, common to every newborn baby │and│ a complete food in itself, ⬚ milk.
名詞　　　　　　　　　　形容詞句　　　　　　　　　　　名詞句　　　　　　　名詞

名詞 The most basic foodstuffが主語だと予測し，読み進めると，common to ... babyという形容詞句があり，さらに and をはさんで a complete food in itselfという名詞句がある。andはthe most basic foodstuff ... babyと a complete food in itself を結んでいると考えられる。しかし，Ｖはないまま，名詞milkで文が終わっている。したがって，空所にはＶを入れる必要がある。❶is が正解。なお，本問では空所の前までがＣ，空所がＶ，milkがＳの倒置の形が使われていると考えられる。

【完成文】 The most basic foodstuff, common to every newborn baby and a complete food in itself, is milk.

【訳例】 すべての新生児に共通の最も基本的な食べ物であり，それ自体で完全食なのは，ミルクだ。

【2】 ❸ is of no

Everything he talked about regarding theoretical models ⬚ interest to today's audience.

he talked about regarding theoretical modelsは，aboutの目的語が欠けていることから，関係代名詞節のthat［which］が省略された形でEverythingを修飾していると考えられる。よってＳの核になる部分はEverythingであり，everythingは単数扱いなので，be動詞はisを用いる。❸is of noを空所に入れると，of no interest to A「Aにとって面白くない」という意味の表現を作ることができる。

【完成文】 Everything he talked about regarding theoretical models is of no interest to today's audience.

【 訳 例 】 彼がその理論モデルについて話したすべてのことが，今日の聴衆にとって興味を引くものというわけではない。

【3】 ❹ were

Among the audience ⬚ the president and her daughter.

文頭のAmong the audienceは前置詞句であり，副詞句であるため文のＳではない。したがって，空所にはＶが入り，the president and her daughterがＳになると考えられる。このＳは複数なので，❹wereが正解。

【完成文】 Among the audience were the president and her daughter.

【 訳 例 】 聴衆のなかにいたのは大統領とその娘だ。

【4】 ❷ selling

My bicycle is completely broken, but the shop ⬚ new bicycles is closed today.

but以降のＶはisであり，これに対応するＳはthe shopであると考えられる。よって，空所にsellingを入れ，selling new bicyclesという現在分詞句がthe shopを修飾する形にすればよい。❷が正解。

【完成文】 My bicycle is completely broken, but the shop selling new bicycles is closed today.

【 訳 例 】 私の自転車は完全に壊れているが，新しい自転車を売っている店が今日は閉まっている。

【5】

①It was ②customary in that country, the couple ③decided to get married only after having received the ④permission of both of their entire families.

まずＳＶを追っていく。すると，文全体の構造がＳＶ…, ＳＶ…の形になっていることが見えてくる。ＳＶとＳＶを接続詞なしでつなぐことは原則としてできない。そこで，❶ItをAsに変えAs was customaryという関係代名詞 as を用いた形にすればよい。

【完成文】 As was customary in that country, the couple decided to get married only after having received the permission of both of their entire families.

【訳例】 その国では慣習だったのだが，２人は両家全員の許可を得てから結婚することに決めた。

【6】

How ①can be that he speaks such flawless English ②without actually ③having lived in an English-speaking country ④before?

疑問文であるため，Howの後ろは疑問文の語順になるはずだ。助動詞canを使った疑問文は "Can you swim?" のように can SV〜？の語順になるが，この問題ではそもそもＳが見当たらない。そこで主語のitを補い，❶can beをcan it beに変えるということが考えられる。主語にitを補ったのは，How can it be that ... ?「…なのはいったいどうしてだろうか」という表現を作るためである。

【完成文】 How can it be that he speaks such flawless English without actually having lived in an English-speaking country before?

【訳例】 これまで英語を話す国に実際に住んだことがないのに，いったいどうして彼はあれほど間違いのない英語を話せるのだろうか。

【7】

Discovery makes it possible for scientists to account for a wider range of natural phenomena or to account with greater precision for some of those ~~were~~ previously unknown.

itは形式目的語であり，for scientists to account ... or to account ...が真目的語である。to account with greater precision for some of those were previously unknown の部分はwith greater precision「より正確に」が間に挟まっているが，account for A「Ａを説明する」を用いた表現。Ａは名詞であるため，ここではwereという

動詞を取り除かなければならない。wereを取り除いた後の文ではpreviously unknownという過去分詞句がthose（＝the phenomena）を修飾している。

【完成文】 Discovery makes it possible for scientists to account for a wider range of natural phenomena or to account with greater precision for some of those previously unknown.

【訳例】 発見により，科学者はより幅広い自然現象を説明し，以前は知られていなかった自然現象をより正確に説明できるようになる。

【8】

Alan gave up his job as（found／he／impossible／it／to work）with his boss.

he がSになり，foundがVになることに気づけたかがポイントである。asは従属接続詞。find it C to *do*「…することがCだとわかる」という形を用いる。この形はfind O C「OがCだとわかる」を元にした表現で，形式目的語itが真目的語 to *do*を指す，形式目的語構文である。

【完成文】 Alan gave up his job as he found it impossible to work with his boss.

【訳例】 アランは上司と一緒に働くことはできないとわかったので，仕事をやめた。

▎形式目的語構文

確認問題【7】【8】の形式目的語構文について理解を深めよう。

形式目的語構文とは，形式的に置いた目的語 it（形式目的語 ／ 仮目的語）を用いた構文で，本当の目的語（真目的語）を文の後方に置くものをいう。真目的語として用いられるのは名詞句・名詞節で，主にto不定詞句，that節である。believe, find, think, imagine, makeなどがこの構文をとることが多い。以下に代表的な使用例を挙げた。形式目的語が文の後方にある名詞節・名詞句を指していることを確認してほしい。

例 The Internet has made it possible to communicate with people all over the world.

（インターネットは世界中の人々と意思疎通することを可能にした

＝ インターネットのおかげで，世界中の人々と意思疎通することができるようになった）

※make O C「OをCにする」

241

例 I think it true that efforts will surely pay in the end.

　（努力は最後にきっと報われるということを私は本当だと考えている）

※think O C「O が C だと考える」

例 Please see to it that there are enough seats for the guests.

　（お客さんに十分な席があるよう取り計らってください）

※see to A「A を取り計らう」

｜形式主語構文

形式目的語構文と同様の発想をする構文に形式主語構文がある。形式主語構文とは形式的に置いた主語（形式主語 ／ 仮主語）it を用いた文で，本当の主語（真主語）を文の後方に回す文のことである。形式主語構文は，that 節を用いる場合だけに限られない。名詞節や名詞句であれば基本的に真主語として用いることができる。以下に例文を挙げた。主語の It が文の後方にある名詞句・名詞節を指すことを確認しながら読み進めよう。

例 It is easy for him to ride a monocycle. （to 不定詞句が真主語）

　（彼が一輪車に乗るのは簡単だ）

例 It is no use crying over spilt milk.（動名詞句が真主語）

　（覆水盆に返らず【ことわざ】＝こぼしたミルクについて嘆いても無駄である）

例 It is uncertain whether we can travel to outer space in the near future.

　（whether 節が真主語）

　（近い将来，私たちが宇宙に旅行できるかどうかは不確かだ）

例 It is unclear what I'll get as a prize in the photo contest. （疑問詞節が真主語）

　（その写真コンテストで賞として何をもらえるのかは，はっきりしない）

33 thatとwhatやwhichの区別
似た形の区別

本章では，that，what，whichの区別について学習する。これらの単語は，形や使い方が似て
いるため混同しやすいが，文構造を把握するうえで非常に重要なはたらきをするものばかり
である。ぜひこの機会に仕組みを理解し，正しく使いこなせるようになってほしい。

次の空所に入れるのに最も適切なものを，選択肢❶～❹から選びなさい。

例題 1 Now he is not [　　　] he was 7 years ago.
❶ that　　　　❷ what　　　　❸ when　　　　❹ which

例題 2 He is no longer the kind person [　　　] he was 7 years ago.
❶ that　　　　❷ what　　　　❸ when　　　　❹ whose

関係代名詞that と関係代名詞whatの区別

例題 1 と **例題 2** は，混同する人が多いところだ。なんとなく答えを選んで，
間違う人も多い。知識と考え方のプロセスを今一度整理しておこう。

例題 1

本問ではhe is notに続く [　　　] he was 7 years ago全体が，文の中でCのはたらき
をしている。したがって，空所には名詞節を作れるものを入れる。また，he was
の後ろにCが欠けた不完全な文になっていることも確認しておく。❷whatを関係
代名詞として使い，後ろにCが欠けた文を置くとよい。これは慣用的表現で，例
えばwhat S is「現在のS」，what S used to be「かつてのS」といった形で使われ
る。❷が正解だ。なお，❶thatは接続詞として使う場合は名詞節を作れる（『28.
同格 — 同格のthat』p.210～参照）が，その場合はthatの後ろにはいわゆる完全な
文がくるため，誤りである。また，thatが関係代名詞だとすると先行詞がないた
め，誤りだ。❸whenは名詞節を作ることができるが，後ろには完全な文が来る
必要がある。❹whichは関係代名詞だとすると，先行詞がないため，誤りである。
また，仮に疑問詞だとすると，「彼が7年前どれ（どちら）であったか」という不
自然な意味になってしまう。

【完成文】 Now he is not what he was 7 years ago.
【訳 例】 現在では，彼は7年前の彼ではない（現在の彼は7年前の彼とは違う）。

例題2

例題1 とは異なり，He is no longer the kind person.という完全な文がある。一方で，空所の後ろは 例題1 と同様に，Cの欠けた不完全な文である。したがって，空所に関係代名詞thatを入れて，the kind personを修飾する関係代名詞節を作るとよい。❶thatが正解だ。なお，what節は名詞節であり，He is no longer the kind person.という完全な文の後にSやOやCとしてwhat節を置くことはできない。❸whenは後ろに完全な文がくる必要があるため，❹whoseは後ろに無冠詞の名詞がくる必要があるため，それぞれ誤りである。

【完成文】 He is no longer the kind person that he was 7 years ago.
【訳 例】 彼はもはや7年前のような優しい人間ではない。

Cの代わりに使う関係代名詞

ここで，例題2 の元の2文を考えてみよう。元の2文を考えれば，本問の関係代名詞が補語として使われていたものであるとわかる。次の例文を見てほしい。

【元の2文】
〔1〕 He is no longer the kind person.
〔2〕 He was the kind person 7 years ago.
　　　　　　　　　C

主格の関係代名詞はwhoを用い，目的格の関係代名詞はwhom［who］を用いることは『16. 関係詞―関係代名詞の仕組み』で学習した通りである。しかし，本問のように元の文で補語として使われていた名詞などは関係代名詞thatを使って表す。さらに，本問のように先行詞（**the kind person**）が人の職業や地位，性格などを表す場合には，次のようにwhichを使うこともある。

例 He is no longer the kind person which he was 7 years ago.
※このthatやwhichは省略されることも多い。

それでは，練習問題を解いてみよう。

【問題1】次の空所に入れるのに最も適切なものを，選択肢❶〜❹から選びなさい。

☐ she wrote the letter is certain.

❶ That   ❷ What   ❸ Which   ❹ When

接続詞thatと関係代名詞whatの区別

この問題では，文の動詞はisである。したがって，文構造は次のようになる。

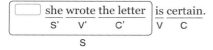

☐ she wrote the letter が主語であり，she wrote the letterは完全な文である。つまり空所には，後ろに完全な文を置きつつ，名詞節を導くものを入れる。❶の接続詞Thatが正解だ。

【完成文】 That she wrote the letter is certain.

【 訳 例 】 彼女がその手紙を書いたということは確かだ。

ここで，よく混同されがちな接続詞thatと関係代名詞whatについて，おさらいをしておこう。この2つが混同されがちな理由は明白である。ともに，「…こと」と訳すことが可能で，名詞節を作れるからだ。しかし，接続詞thatと関係代名詞whatは形において大きく異なる。次の例を見てほしい。

例 that he wrote it「彼がそれを書いたこと」

例 what he wrote φ「彼が書いたこと」　※φは名詞の欠落

whatの後ろは目的語が欠けているが，thatの後ろは完全な文である。また，似ているように見えていた日本語訳にも違いがあることに気づく。what he wroteは「彼が書いたこと」であり，書いた内容，書いた文章，書いた文字などwroteの目的語となるもののことを表している。それもそのはずで，wroteの目的語がwhatになって前に出ているからだ。一方で，that he wrote itは「彼がそれを書いたこと」であり，それを書いたということ，つまり，書いたという事実それ自体のことを表している。

最後にもう1問，練習問題を解いておこう。

【問題2】次の空所に入れるのに最も適切なものを，選択肢❶〜❹から選びなさい。

There is little evidence ☐ the man stole the bicycle.

❶ that   ❷ which   ❸ what   ❹ whose

接続詞thatと関係代名詞whichの区別

この問題は，空所の後ろの形に注目する。空所の後ろには完全な文がきているため，接続詞のthatを入れる。❶が正解だ。後ろに不完全な文がくる，関係代名詞の❷whichや❸whatは入らない。なお，ここでの接続詞thatのはたらきは同格である。同格のthatと呼ばれることもあるが，本問ではevidenceについてその内容を説明するためにthat節を置いている（『28. 同格 — 同格のthat』p.210〜参照）。英作文でも，同格のthatと関係代名詞を混同した書き方をしている答案を多く目にする。ぜひこの機会に違いを整理しておいてほしい。

【完成文】 There is little evidence that the man stole the bicycle.

【訳 例】 その男が自転車を盗んだという証拠はほとんどない。

● 〈接続詞thatと関係代名詞whichの区別のまとめ〉

名詞 + 接続詞（that）+ 完全な文（同格の that）
名詞 + 関係代名詞（who ／ which ／ whom ／ that ）+ 不完全な文

Lesson33の最重要POINT

♛ Cの代わりに用いる関係代名詞はthatかwhich

♛ 関係代名詞 what は先行詞を含む関係代名詞で，必ず名詞節を作る

♛ 名詞の後ろにくる that は関係代名詞か同格節を導く接続詞であり，名詞が欠けた文が続くか完全な文が続くかで区別する

確認問題

次の空所に入れるのに最も適切なものを，選択肢❶〜❹から選びなさい。

【1】【難易度★★☆】

They thought him honest, ☐ he was not.

❶which　　　❷that　　　❸who　　　❹what

【2】【難易度★★☆】

The typhoon suddenly became weaker, ☐ was good news for the village.

❶it　　　❷that　　　❸what　　　❹which

（センター本試）

【3】【難易度★★☆】

☐ all children have the right to equal education is a proposition we should support.

❶As　　　❷So　　　❸That　　　❹What

確認問題：解答と解説

【1】❶ which

They thought him honest, ☐ he was not.

空所の後ろは補語が欠けている。また，元の文はHe was not honest.という文だと考えられる。そこで，honestを先行詞とする関係代名詞を入れる。補語として用いられているhonestの代わりに使える関係代名詞はthatかwhichであるが，thatはカンマ＋関係代名詞の形で用いることができない。❶whichが正解。

【完成文】 They thought him honest, which he was not.

【訳例】 彼らは彼のことを正直だと思ったが，そうではなかった。

【2】❹ which

The typhoon suddenly became weaker, ☐ was good news for the village.

空所の後ろにはSが欠けたいわゆる不完全な文が続いており，The typhoon suddenly became weaker.という文全体を先行詞とする，関係代名詞whichを入れる。❹が正解。❶itを入れると，節と節をカンマだけでつなぐことになってしまうため誤り。❷thatはwhichの代わりに使うこともできるが，カンマ＋関係代名詞の形では用いることができないため，誤り。❸whatを入れると，文が終わった

後に文の要素とならない名詞のカタマリが続くことになるため，誤り。

【完成文】 The typhoon suddenly became weaker, which was good news for the village.

【訳例】 台風が突然弱まったが，それは村人にとって良い知らせだった。

【3】 ❸ That

◯ all children have the right to equal education is a proposition we should support.

文全体の動詞はisである。また，◯ all ... a propositionは，空所の後ろに完全な文を置いた形になっている。❸接続詞Thatが正解。なお，接続詞Asを入れて従属節を作っても，それに対応する主節がないため，❶Asは誤り。

【完成文】 That all children have the right to equal education is a proposition we should support.

【訳例】 すべての子どもが平等な教育を受けられる権利を持つというのは，私たちが支持すべき主張である。

参 考 文 献

本書を執筆するにあたり主に参照した文献は以下のとおりです。

『現代英文法講義』（安藤貞雄著／開拓社）

『英文法解説（改訂三版)』（江川泰一郎著／金子書房）

『謎解きの英文法』シリーズ（久野暲，高見健一著／くろしお出版）

『英文法詳解』（杉山忠一著／学研プラス）

『ジーニアス総合英語』（中邑光男，山岡憲史，柏野健次著／大修館書店）

『英文法総覧（改訂版)』（安井稔著／開拓社）

『例解 現代英文法事典』（安井稔編／大修館書店）

『ロイヤル英文法（改訂新版)』（綿貫陽，宮川幸久，須貝猛敏，高松尚弘著／旺文社）

『表現のための実践ロイヤル英文法』（綿貫陽，マーク・ピーターセン著／旺文社）

『Practical English Usage（Fourth Edition)』（Michael Swan著／Oxford University Press）

おすすめの英文法受験参考書・一般書

『英文法入門10題ドリル』『英文法基礎10題ドリル』（田中健一著／駿台文庫）
ドリル形式のアウトプットを通じて，英文法のルールを「使える形で」身につけるのに適した本です。英文法を学んだけれどもいまいち使いこなせていない人に，特におすすめです。

『土曜日に差がつく　英文法筋力エクササイズ』シリーズ

（白石よしえ，岩田純子，近嵐靖子編著／河合出版）
各文法分野について，基本的な事項に関するコンパクトな説明と練習問題が載っており，英文法が得意でない人でも練習用に取り組みやすい本です。

『仲本の英文法倶楽部』（仲本浩喜著／代々木ライブラリー）
英文法の問題の中でも重要なものが厳選されており，それぞれについて本質的かつわかりやすい説明がなされています。語り口調で書かれているので，英文法が苦手な人でもとっつきやすいでしょう。

『英文法の核』（西きょうじ著／ナガセ）
各文法分野の核となる事項について，仕組みを考え，理解しながら学べる本です。丸暗記ではなく，理解しながら英文法を学びたい人におすすめです。

『ヘミングウェイで学ぶ英文法』（倉林秀男，河田英介著／アスク出版）
ヘミングウェイの作品を読み解きながら，英文法についての理解を深められる本です。作品を味わいながら英文法を学びたい人にぴったりです。

『英文解体新書——構造と論理を読み解く英文解釈』（北村一真著／研究社）
英文解釈の基礎に英文法があることを実感できる本です。難しめの英文も含まれていますが，解説がとてもわかりやすく,本格的な英文を読めるようになりたい人におすすめです。

memo

memo

memo

memo

【著者紹介】

宮下 卓也 （みやした・たくや）

●──河合塾講師。東京大学卒業。高校1年～3年生，既卒生まで，基礎クラスから最難関クラスまで幅広く指導するほか，河合塾の講座テキスト作成チーム・全国模試作成チームのメンバーとして教材や模擬試験の作成にも力を入れている。さらに学習法講演会での講演など，活動は多岐にわたっている。構文を重視した論理的な授業は，「とにかくわかりやすい」「実際に成績が上がる」と評判で，毎年数多くの受験生を合格に導いている。
●──『単語を覚えたのに読めない人のための 英文読解のオキテ55』『大学入学共通テスト 英語［リーディング］予想問題集』（共にKADOKAWA），『共通テストリスニング対策問題集 Listening Sparkle Standard』『共通テストリスニング対策問題集 Listening Sparkle Advanced』（共に文英堂，学校専売品）など著書多数。

大学入試 英文法Eureka！

| 2021年12月6日 | 第1刷発行 |
| 2022年10月3日 | 第2刷発行 |

著　者──宮下　卓也
発行者──齊藤　龍男
発行所──株式会社かんき出版
　　　　　東京都千代田区麹町4-1-4 西脇ビル　〒102-0083
　　　　　電話　営業部：03(3262)8011㈹　編集部：03(3262)8012㈹
　　　　　FAX　03(3234)4421　　　　振替　00100-2-62304
　　　　　https://kanki-pub.co.jp/
印刷所──大日本印刷株式会社

付録

第 **1** 節 英文法の基本的な仕組み

英文法をマスターするためには，品詞や仕組みの理解が不可欠である。この別冊の第1節で，まずは品詞や重要な文法用語，概念，そして各文法分野の基本的な仕組みを確認してほしい。

〉品詞

■ 基本品詞

英文法を理解するうえで重要なのが，品詞である。特に基本品詞と呼ばれる重要な品詞については，そのはたらきを理解しておくことが必須だ。1つの語が2つ以上の品詞のはたらきをすることも多いので注意したい。

例 There is no <u>need</u> to go shopping.　名詞のneed「必要，必要性」

例 You <u>need</u>n't go shopping.　助動詞のneed「（否定文で）…する必要がない」

例 You don't <u>need</u> to go shopping.　動詞のneed「必要がある」

（あなたが買い物に行く必要はない）

■ 名詞

人やこと，ものの名前を表す語であり，文中では主語・目的語・補語のはたらきをする。また，語だけでなく句や節全体が名詞のはたらきをすることもある（動名詞句やto不定詞句，従属接続詞that／if／whether節，疑問詞節，what節など）。

■ 形容詞

名詞や代名詞の性質や状態，数量などを表す語。文中では名詞を修飾するか，補語としてのはたらきをする。また，語だけでなく句や節全体が形容詞のはたらきをすることもある（分詞句や前置詞句，関係詞節など）。形容詞には限定用法と叙述用法という2つの用法がある。

●限定用法…名詞・代名詞を直接修飾する用法

●叙述用法…補語として主語や目的語を説明する用法

2

多くの形容詞に限定用法と叙述用法の両用法があるが，限定用法でしか使わない形容詞や叙述用法でしか使えない形容詞，用法によって意味が異なる形容詞がある。注意すべき形容詞については，【第２節：英文法の重要知識（付録p.45）】参照。

■ 副詞

副詞は名詞以外（主に動詞・形容詞・副詞・文全体・文の一部）を修飾するはたらきをする。文の要素（Ｓ／Ｖ／Ｏ／Ｃ）にならないことに注意したい。また，語だけでなく句や節全体が副詞のはたらきをすることもある（従属接続詞節，前置詞句，分詞句など）。

■ 代名詞

名詞の代わりをする語。代表的な人称代名詞は以下の通り。（※）はまれ。

	主格 （は／が）	所有格 （の）	目的格 （を／に）	所有代名詞 （のもの）
私	I	my	me	mine
私たち	we	our	us	ours
あなた（たち）	you	your	you	yours
彼	he	his	him	his
彼女	she	her	her	hers
それ	it	its	it	its（※）
彼ら／彼女ら／それら	they	their	them	theirs

■ 冠詞

不定冠詞（a／an）と定冠詞（the）の２種類がある。不定冠詞は，聞き手にとって不特定の「とある名詞」につけ，定冠詞は聞き手にとって特定の「その／あの名詞」につける。

例　I saw a koala in the zoo. The koala was sleeping in a large tree.

（私は動物園でコアラを見た。そのコアラは大きな木の上で眠っていた）

※１つ目のkoalaは初登場であり，数あるコアラの中の「とあるコアラ」のこと。２つ目のコアラは一度話題に上がった「そのコアラ」のこと。

3

■ 接続詞

従属接続詞と等位接続詞の2種類がある。

●従属接続詞…カタマリ（従属節）を作るはたらき

例 If it is sunny tomorrow, I'll go to the beach. ≒ I'll go to the beach if it is sunny tomorrow.
（もし明日晴れたら，ビーチに行くだろう）

代表的な従属接続詞とその意味については，【第2節：英文法の重要知識（付録p.24）】参照。

●等位接続詞…文法上対等なはたらきをするものをつなぐはたらき

等位接続詞	主な意味	例
and	そして，しかも，そうすれば	cats and dogs （ネコとイヌ）
but	しかし	difficult but interesting （難しいが面白い）
or	または，つまり	east or west （東か西） zoology, or the study of animals and their behavior （動物学，つまり動物とその行動についての学問）
for	というのも…だからだ	I'll stay at home, for it's raining. （家にいるつもりだ。というのも雨が降っているからだ）
so	したがって	I got a good grade on the test, so I was happy. （私はテストでいい成績をとった。だから私はうれしかった）
yet	しかし	Many people think lying is bad. Yet it sometimes helps. （多くの人が嘘をつくことは悪いことだと思う。しかしそれは時に役立つ）
nor	…もまた〜ない	I don't like fish nor meat. （魚も肉も好きではない）

※forは文と文をつなぐはたらきをする。

■ 前置詞

名詞の前に置く語で，時・場所などを表す。前置詞＋名詞のカタマリは前置詞句と呼ばれ，文の動詞や文全体を修飾するはたらき，前にある名詞を修飾するはたらき，補語になるというはたらきをする。

例 The actor was born <u>in India</u>.

（その俳優はインドで生まれた）

※前置詞句in Indiaは動詞was bornまたは文全体を修飾するはたらきをしている。

例 He found himself <u>on the bed</u>.

（彼は気づくとベッドの上にいた）

※前置詞句on the bedはfind O C「OがCであることに気づく」のCのはたらきをしている。

例 You can eat anything <u>on the table</u>.

（テーブルの上のものは何でも食べていいですよ）

※前置詞句on the tableは名詞anythingを修飾するはたらきをしている。

■ 動詞

　動詞という言葉は「品詞としての動詞」と「述語動詞」という2つの意味で使われる。その区別が重要である。

●品詞としての動詞…「feed（食べ物を与える）は動詞，food（食べ物）は名詞」のように使う。

●述語動詞…SVやSVOというときの，Vにあたるもの。

※（品詞としての）動詞writeは，現在形write(s)や過去形wrote等の形で，文の中で（述語）動詞として用いられるが，writing（現在分詞・動名詞）やwritten（過去分詞），to write（to不定詞）に形を変えると，（述語）動詞としては使われない。

例 He <u>wrote</u> a letter yesterday.

（彼は昨日手紙を書いた）

※（品詞としての）動詞writeが文の（述語）動詞wroteとして使われている。

例 This is the letter <u>written</u> by him.

（これが彼によって書かれた手紙だ）

※（品詞としての）動詞がwriteがwritten（過去分詞）に形を変え，使われている。この文の（述語）動詞はis。

自動詞と他動詞の区別

●自動詞…後ろに目的語を置かない動詞

●他動詞…後ろに目的語を置く動詞

例 I looked around when I heard a bird singing.

（鳥の鳴き声が聞こえたとき，私はあたりを見回した）

※この文で，lookは自動詞として使われている（後ろに目的語がない）。aroundは副詞。

例 I watched an interesting video on animals yesterday.

           目的語

（私は昨日，動物についての興味深いビデオを見た）

※この文で，watchは他動詞として使われている（後ろに目的語がある）。

　自動詞の使い方をするのか他動詞の使い方をするのかは，動詞によって異なる。究極的には知識事項であり，辞書や実際の英文で確認するのがベストである。もっともeat「食べる」やhave「持っている」などのように，「何を食べるのか」「何を持っているのか」が問題となる動詞は，他動詞としての使い方をすることが多いため，「…を〜する」「…に〜する」という意味になるものは他動詞ではないかと一応あたりをつけることができる。ただし，下の例からもわかるように，必ずしもそうではない場合もあり，絶対的な基準とは言えないことに注意が必要である（自動詞なのか他動詞なのかがまぎらわしい動詞については，【第2節：英文法の重要知識（付録p.28）】参照）。

　多くの動詞が，他動詞と自動詞の両方として使われることにも注意したい。

例 He walked in the park early this morning for a change.

（彼は今日の早朝，気分転換に公園を歩いた）

※walkが自動詞として使われている。

例 He walks his dog around his neighborhood every day.

（彼は毎日，近所で犬の散歩をする）

※walkが他動詞として使われている。

状態動詞と動作動詞

- ●状態動詞…ある状態が継続していることを表す動詞
- ●動作動詞…しようと思えば自分の意志でできる行為を表す動詞

　動詞には，状態動詞と動作動詞という分類もある。状態動詞は「…している」という意味になることが多く，原則として進行形にできない点に注意が必要である。注意すべき状態動詞のリストは，【第2節：英文法の重要知識（付録p.30）】参照。

＞ 基本文型と文の構造

■ 基本５文型

英文は述語動詞（Ｖ）の後ろの形に応じて５種類に分けられる。どの文型をとるかは動詞ごとに決まっており，１つの動詞が複数の文型をとることも多い。

- ●第１文型　ＳＶ（Ｍ）
- ●第２文型　ＳＶＣ
- ●第３文型　ＳＶＯ
- ●第４文型　ＳＶＯＯ
- ●第５文型　ＳＶＯＣ

第１文型 ＳＶ（Ｍ）

第１文型動詞の主な意味は，存在（いる／ある），移動（行く／動く）である。多くの場合，後ろに副詞句などの修飾語（Ｍ）を伴う。

例 I am in the classroom.
　 S V 　　　M

（私は教室にいる）

※in the classroomのような修飾語（Ｍ）がついていることが多い。

例 I go to school every day.
　 S V 　 M

（私は毎日学校に行く）

※to schoolのような修飾語（Ｍ）がついていることが多い。

主な第１文型動詞は，【第２節：英文法の重要知識（付録p.31）】を参照。

第２文型 ＳＶＣ

第２文型動詞は，後ろに補語（主語がどのようなものかを補って説明する語）を置く。補語は原則として名詞・形容詞・分詞である。

例 She is a rock singer.
　 S V 　　C

（彼女はロック歌手だ）

例 He remained silent.
　　 S　　 V　　　 C

（彼は黙ったままだった）

※補語…主格補語と目的格補語の2種類がある。第2文型で用いられる主格補語は，主語が
　どのようなものかを補って説明する語のことである。上の例文で確認しよう。She　is「彼
　女は…である」は，それだけでは意味がわからないため，補語a　singerを置くことで文を
　成立させている。また，He　remained「彼は…ままだった」も，それだけでは意味がわか
　らないため，補語silentを置くことで文を成立させている。例文の補語は，いずれも主語を
　説明していることを確認したい。

主な第2文型動詞は，【第2節：英文法の重要知識（付録p.31）】を参照。

第3文型 ＳＶＯ

　　第3文型動詞は，後ろに目的語（動詞の表す行為の対象）を置く。目的語の品詞は必ず名
詞である。名詞節や名詞句も目的語になる。

例 Koalas eat eucalyptus leaves.
　　 S　　 V　　　　 O

（コアラはユーカリの葉を食べる）

例 Ancient people believed that the earth was flat.
　　　　 S　　　　　 V　　　　　 O

（古代の人は地球が平板であると信じていた）
　※that節は名詞節であり，他動詞believedの目的語になっている。

※目的語…品詞は必ず名詞である。他動詞の目的語と前置詞の目的語の2種類がある。別の
　言い方をすると，他動詞の後ろに置き，動詞の表す行為の対象を示すのが他動詞の目的語
　であり，前置詞の後ろに置く名詞が前置詞の目的語である。

例 She cleaned her room last night.
　　 S　　 V　　　 O　　　 M

（彼女は昨晩，自分の部屋を掃除した）
　※her roomが他動詞cleanedの目的語として使われている。

例 Some couples were sitting on the river bank.
   S   V   M

（数組のカップルが川の土手に座っていた）

※the river bankが前置詞の目的語として使われている。この文自体は，第1文型に分類できる。

主な第3文型動詞は，【第2節：英文法の重要知識（付録p.32)】を参照。

第4文型 ＳＶＯ₁Ｏ₂

　第4文型動詞は，後ろに目的語を2つ置き，多くが「O₁にO₂を…する」という意味になる。「与える」という意味になることが多いことから，授与動詞と呼ばれることもある。

例 He made me a cake.
  S V O₁ O₂

（彼は私にケーキを作ってくれた）

主な第4文型動詞は，【第2節：英文法の重要知識（付録p.32)】を参照。

第5文型 ＳＶＯＣ

　第5文型動詞は，動詞の後ろに目的語と補語を置き，「OがCである状態を…する」という意味になる。第5文型で使われる補語は目的格補語と呼ばれ，目的語を説明する（目的語についての説明を補う）はたらきをする。目的格補語の位置にくる語句の品詞は動詞によって異なり，名詞，形容詞，分詞，不定詞など様々である。

例 He kept the window open.
  S V O C

（彼は窓を開けっぱなしにした）

主な第5文型動詞は，【第2節：英文法の重要知識（付録p.34)】を参照。

■ 句と節

　英文には，カタマリ（語の集まり）が含まれている。カタマリには大きく分けると句と節の2種類がある。句はＳＶという構造を含まないカタマリのことをいい，節はＳＶという構造を含むカタマリのことをいう。句も節も，カタマリ全体で名詞のはたらき（名詞句・名詞節）をしたり，形容詞のはたらき（形容詞句・形容詞節）をしたり，副詞（副詞句・副詞節）のはたらきをしたりする。句と節の代表的なものとそのはたらきを理解しておきたい。

句

> （1）前置詞句（前置詞＋名詞のカタマリ）…形容詞句 or 副詞句
>
> 　　**例** in the book
> 　　（本の中の【形】／本の中で【副】）
>
> （2）分詞句（現在分詞 doing ／過去分詞 done のカタマリ）…形容詞句 or 副詞句
>
> 　　**例** playing the video game
> 　　（テレビゲームをしている【形】／テレビゲームをしながら【副】）
>
> 　　**例** written in English
> 　　（英語で書かれている【形】／英語で書かれているので【副】）
>
> （3）to 不定詞句（to 不定詞のカタマリ）…名詞句 or 形容詞句 or 副詞句
>
> 　　**例** to go to Thailand
> 　　（タイに行くこと【名】／タイに行く，タイに行くべき【形】／タイに行くために【副】）
>
> （4）動名詞句（動名詞のカタマリ）…名詞句
>
> 　　**例** taking a walk every morning
> 　　（毎朝散歩すること【名】）

まとめると，以下の表のようになる。

	前置詞句	分詞句	to 不定詞句	動名詞句
名詞句	×	×	○	○
形容詞句	○	○	○	×
副詞句	○	○	○	×

節

(1) 従属接続詞節（従属接続詞のカタマリ）…副詞節 or 名詞節（that ／ if ／ whether）

例 because I like him
（私は彼が好きなので【副】）

例 whether she liked the plan
（彼女がその計画を気に入ったかどうか【名】 ／ 彼女がその計画を気に入ったかどうかにかかわらず【副】）

例 if he will come
（彼が来るかどうか【名】）

例 if she comes tomorrow
（彼女が明日来れば【副】）

例 that New York is a large city
（ニューヨークが大都市であるということ【名】）

(2) 関係詞節（関係詞のカタマリ）…形容詞節 or 名詞節（what）

例 who will join the party
（パーティーに参加する【形】）

例 what he said
（彼が言ったこと【名】）

(3) 疑問詞節（疑問詞のカタマリ）…名詞節

例 why she won the game
（なぜ彼女が試合に勝ったか【名】）

まとめると，以下の表のようになる。

	従属接続詞節	関係詞節	疑問詞節
名詞節	○ (that ／ if ／ whether) ※	○ (what)	○
形容詞節	×	○	×
副詞節	○	×	×

※that／if／whetherは名詞節・副詞節のいずれをも導く。

■ 時制

時制については，どのような時にどの形を使うのかを整理することが重要である（基本的な考え方については，本冊第1章参照〈本冊p.12〜〉）。

■ 態

行為の表現の仕方は，能動態と受動態という2種類に分けることができる。

● 能動態…行為をする側の視点で述べる

　例 Sally likes the cat.

　（サリーはそのネコが好きだ）

● 受動態…行為を受ける側の視点で述べる

　例 The cat is liked by Sally.

　（そのネコはサリーによって好かれている）

受動態の形は，能動態の文の目的語を主語にし，動詞をbe動詞＋過去分詞の形にすることで作ることができる。受動態の文の主語は，by ...「…によって」で表すが，書かないことも多い。受動態の文の意味は，「…される」となる。

■ 助動詞

助動詞は，動詞に話し手の気持ちや判断を付け加える言葉である。動詞の前に置き，「助動詞＋動詞の原形」の形で用いる。

例 He must be hungry.

（彼はお腹がすいているに違いない）

He is hungry.（彼はお腹がすいている）という文の動詞 is の前に助動詞mustを置き，must be とすることで，話し手の推量を表している。助動詞について注意すべきなのは，1つの助動詞に複数の意味があることと，助動詞の過去形が必ずしも過去の意味にならないことである。

主な助動詞とその主な意味は以下の通り。

助動詞	意味
will	…だろう，…するつもりだ
may	…かもしれない，…してもよい
can	…できる，…しうる
must	…しなければならない，…にちがいない
should	…すべきだ，…はずだ
would	…だろう，…したものだ
might	…かもしれない
could	…かもしれない，…できた

■ 仮定法

仮定法は，大きく仮定法過去と仮定法過去完了の2種類に分けられる。

●仮定法過去…現在の事実に反することや未来の実現しそうにないことについての想像などを表す。過去形を使うため，仮定法「過去」と呼ばれる。

例 If I were a cat, I would sleep all day.

（もし私がネコなら，1日中寝るだろうに）

例 If it snowed in Egypt, I could take pictures of the white pyramids covered with snow.

（もしエジプトで雪が降れば，雪で覆われた白いピラミッドを写真に収めることができるだろう）

●仮定法過去完了…過去の事実に反することを表す。過去完了形を使うため，仮定法「過去完了」と呼ばれる。

例 If I had left the office earlier, I might have seen the fireworks.

（もし会社をもっと早く出ていたら，花火が見えたかもしれない）

仮定法の基本形

【仮定】	【帰結】
① If S *did* 「もしSが…したら」 ※ be 動詞は were となるが，口語 では was も使われる 現在・未来のこと	② S would［could ／ might ／ should］*do* 「S は…するだろう［できるだろう／するかも しれない／するだろう］」 現在・未来のこと
③ If S had *done* 「もしSが…していたら」 過去のこと	④ S would［could ／ might ／ should］have *done* 「S は…しただろう［できただろう／したかも しれない／しただろう］」 過去のこと

　仮定法の文を考えるときは，上記の①～④それぞれをバラバラに考えることも大切である。
例えば，③＋②という組み合わせも考えられる。「過去において…だったら，今～なのに」と
いう意味である。仮定法においては常に「いつの話か」を考えておくとよい。

例 If I had got up earlier this morning, I would be on the beach by now.

（もし今朝もっと早く起きていたら，今ごろビーチにいるだろうに）

　仮定法では，ifのないものも多い。ifがなくても，話し手が頭の中で考えた仮定や想像を述
べる際は，過去形や過去完了形を用いた仮定法の形が使われる。

例 I wish I were a bird.

（鳥だったらなあ）

　I wish …などの仮定法が用いられる慣用表現については，【第2節：英文法の重要知識（付
録p.36）】参照。

■ 準動詞

　不定詞，動名詞，分詞をひとまとめにして，準動詞と呼ぶ。準動詞の特徴は以下の通り。

●品詞としての動詞が形を変えたものである。

例 run（品詞としての動詞）→ running（動名詞・現在分詞）

●カタマリ（句）を作り，カタマリの中では元の動詞としての性質を保ち，目的語や補語な
　どを伴う。

例 to eat leaves（to不定詞句）

（葉を食べるために，葉を食べること）

※leavesはto eatの目的語になっている。

●述語動詞になれない…準動詞は品詞としての動詞が形を変えたものであり，文中でV（述語動詞）の働きをすることはできない。

例 Ants cooperate to fight their enemies.

（アリは，敵と戦うために協力する）

※cooperateがV（述語動詞）。to fightはV（述語動詞）ではない。

■ 不定詞

不定詞は，to不定詞と原形不定詞に分類される。形は以下の通り。

● to不定詞…to＋動詞の原形

●原形不定詞…動詞の原形

■ to不定詞

主に以下の3つの用法に分類されるが，分類できないものもある。

●名詞用法…文中で名詞句としてはたらく。具体的には，文の主語，目的語，補語としてはたらく。名詞句ではあるが，前置詞の目的語にはなれない点に注意。基本的な訳は「…すること」。

例 To live in the country is his dream.　（主語としてのはたらき）

（田舎に住むのが彼の夢だ）

例 She wants to have a dog.　（目的語としてのはたらき）

（彼女はイヌを飼いたい）

例 His plan for his next trip in Kyoto is to visit Kinkakuji Temple.　（補語としてのはたらき）

（彼の次の京都旅行での計画は，金閣寺を訪れることです）

※目的語にto不定詞をとれない動詞などについては，【第2節：英文法の重要知識（付録 p.40）】参照。

●形容詞用法…文中で形容詞句としてはたらく。具体的には，前の名詞を修飾するはたらきをする。基本的な訳は「…する」「…するための」「…すべき」。

例 something to drink

（飲むためのもの＝飲み物）

●副詞用法…文中で副詞句としてはたらく。具体的には，文全体または述語動詞を修飾するはたらきをする。主な用法は，以下の3つ。

　（1）目的「…するために」

　　　　例 They went to the beach to see the sunset.

　　　　（彼らは夕日を見るために浜辺へ行った）

　（2）感情の原因・理由「…して」

　　　　例 I was surprised to hear the news.

　　　　（私はその知らせを聞いて驚いた）

　（3）結果「（～して，そして）…する」

　　　　例 I woke up to find myself lying on the floor.

　　　　（私は目を覚ますと，床で寝ていた）

to不定詞を用いた重要表現については，【第2節：英文法の重要知識（付録p.36）】参照。

■ 原形不定詞

　原形不定詞が用いられるのは，主に使役動詞・知覚動詞とともにである。

●使役動詞の場合

　（1）make O do「Oに…（意思に関わりなく）させる」

　　　　例 The teacher always makes us laugh.

　　　　（その教師はいつも私たちを笑わせる）

　（2）let O do「Oに（自由に）…させる」

　　　　例 The woman let her dog run in an open field.

　　　　（その女性は自分のイヌを空き地で走らせた）

　（3）have O do「Oに（依頼して）…してもらう，させる」

　　　　例 The man had the porter carry his luggage.

　　　　（その男性は荷物係に荷物を運んでもらった）

●知覚動詞（see／hear／feel）の場合

　　　　例 He felt the ground shake suddenly.

　　　　（彼は地面が突然揺れるのを感じた）

原形不定詞を用いた重要表現については，【第2節：英文法の重要知識（付録p.37）】参照。

■ 動名詞

動名詞は，文中で名詞句としてはたらく。具体的には，文の主語，目的語，補語としてはたらく。to不定詞の名詞用法と異なり，前置詞の目的語にもなれる。基本的な訳は，「…すること」。

例 Taking a bath is relaxing.（主語としてのはたらき）
（風呂に入ることはリラックスさせてくれる）

例 I like reading in bed.（他動詞の目的語としてのはたらき）
（私はベッドで本を読むのが好きだ）

例 His hobby is baking bread.（補語としてのはたらき）
（彼の趣味はパンを焼くことだ）

例 He left the room without saying anything.（前置詞の目的語としてのはたらき）
（彼は何も言わずに部屋を出た）

目的語に動名詞をとれない動詞などについては，【第2節：英文法の重要知識（付録 p.41）】参照。

■ 分詞

分詞は，現在分詞と過去分詞に分類される。現在分詞は*doing*の形をとり，過去分詞は*done*の形をとる（過去分詞は動詞にedをつけた形が一般的だが，動詞によって形は異なる）。

例

動詞	現在分詞	過去分詞
walk	**walking**	**walked**
eat	**eating**	**eaten**
put	**putting**	**put**
wear	**wearing**	**worn**

現在分詞は「…している」「…する」という意味で使われ，過去分詞は「…される」「…された」「…されている」など受動の意味と，自動詞の場合，「…した」という完了の意味で使われる。

分詞句は，形容詞句と副詞句のはたらきをする。具体的なはたらきは，以下の通り。

17

●形容詞句…名詞を説明する。（ＳＶＣやＳＶＯＣなどの文で）Ｃになる。

例 a cat <u>sleeping on the sofa</u>

（ソファで眠っているネコ）

※sleeping on the sofaという現在分詞句がa catを修飾して説明している。この場合，修飾する分詞句と修飾される名詞との間には，「主語・述語の関係」（ここでは「ネコが眠っている」という関係）が存在し，かつ能動関係（「する」という関係）になっている。

例 a book <u>written in English</u>

（英語で書かれた本）

※written in Englishという過去分詞句がa bookを修飾して説明している。この場合，修飾する分詞句と修飾される名詞との間には，「主語・述語の関係」（ここでは「本が書かれた」という関係）が存在し，かつ受動関係（「される」という関係）になっている。

例 He kept her <u>waiting at the station</u>.

（彼は彼女を駅で待たせた）

※waiting at the stationという現在分詞句がkeep Ｏ Ｃ「ＯをＣの状態にしておく」のＣとして使われている。この場合，ＯとＣの間には「主語・述語の関係」（ここでは「彼女が待つ」という関係）が存在し，かつ能動関係（「する」という関係）になっている。

例 She got her homework <u>finished by the deadline</u>.

（彼女は締切までに宿題を終わらせた）

※finished by the deadlineという過去分詞句がget Ｏ Ｃ「ＯをＣの状態にする」のＣとして使われている。この場合，ＯとＣの間には「主語・述語の関係」（ここでは「彼女の宿題が終えられる」という関係）が存在し，かつ受動関係（「される」という関係）になっている。

●副詞句…主節または文の動詞を説明する。分詞の副詞的な使い方のことを分詞構文と呼ぶ。副詞句は文頭・文中・文末どこに置くこともできる。

例 <u>Wanting something to drink</u>, he went to the convenience store.

（飲み物が欲しかったので，彼はコンビニに行った）

※wanting something to drinkという現在分詞句が文頭に置かれており，主節を説明するはたらきをしている。

例 <u>Surrounded by several cute dogs</u>, she felt happy.

（数匹のかわいい犬に囲まれて，彼女は幸せに感じた）

※surrounded by several cute dogsという過去分詞句が文頭に置かれており，主節を説明するはたらきをしている。

様々な分詞形容詞

分詞形容詞は，もともとは分詞だったものが形容詞として使われるようになったものである。人の感情を表すものが多く，人の感情を表す動詞は，surprise「驚かせる，驚きを与える」のように，「…させる」の意味になる。したがって，日本語の「驚く，驚いている」に対応するのはsurprised（過去分詞）「驚かされている，驚きを与えられている」である。このように，日本語では「驚く」と能動的な意味で表すものが，英語ではsurprisedと受動的な表現になる点に注意したい。

surprise 「驚かせる，驚きを与える」
surprising「驚かせるような，驚きを与えるような」（能動）
surprised「驚かされる，驚きを与えられている」（受動）＝「驚く，驚いている」

例 The news surprised us.（その知らせは私たちを驚かせた）
　※surprisedは述語動詞
例 The news was surprising to us.（その知らせは私たちにとって驚くべきものだった）
　※surprisingは分詞形容詞
例 We were surprised at the news.（私たちはその知らせに驚いた）
　※surprisedは分詞形容詞（過去分詞）

■ 関係詞

●関係代名詞…2文をつなぐはたらきをする
（1）主格の関係代名詞

主格の関係代名詞を用いた文は，元の文で主語として使われていた名詞（代名詞）を関係代名詞に変えて，節の頭に移動させ，先行詞（説明したい名詞）の後ろに置いて作る。

例

Koalas are an animal.
（コアラは動物だ）

The animal[It] lives on leaves.
（それは葉を主食としている）

➡

Koalas are an animal which[that] lives on leaves.
（コアラは葉を主食としている動物だ）

19

（2）目的格の関係代名詞

　　目的格の関係代名詞を用いた文は，元の文で目的語として使われていた名詞（代名詞）を関係代名詞に変えて，節の頭に移動させ，先行詞（説明したい名詞）の後ろに置いて作る。

例

| This is the girl.
（こちらは女の子だ）

I met the girl [her] yesterday.
（私はその女の子に（彼女に）昨日会った） | ➡ | This is the girl whom [that] I met yesterday.
（こちらが私が昨日会った女の子だ） |

（3）所有格の関係代名詞

　　所有格の関係代名詞を用いた文は，元の文で所有格として使われていた名詞（代名詞）を関係代名詞whoseに変えて直後の名詞とセットで節の頭に移動させ，先行詞（説明したい名詞）の後ろに置いて作る。

例

| This is the man.
（こちらは男性だ）

The man's [His] brother is our teacher.
（その男性の（彼の）兄は私たちの先生だ） | ➡ | This is the man whose brother is our teacher.
（こちらはその兄が私たちの先生である男性だ） |

　　どの関係代名詞を用いるかをまとめると，以下のようになる。

関係代名詞の種類

	【主格（S）】	【目的格（O）】	【所有格】
人が先行詞	who [that]	whom [who／that]	whose
人以外が先行詞	which [that]	which [that]	whose

●関係副詞…2文をつなぐはたらきをする

　　関係副詞を用いた文は，元の文で副詞（句）として使われていたものを関係副詞に変えて，節の頭に移動させ，先行詞（説明したい名詞）の後ろに置いて作る。

| That is the place.
（それは場所だ）

I saw a kangaroo there.
（私はそこでカンガルーを見た） | ➡ | That is the place where I saw a kangaroo.
（それは私がカンガルーを見た場所だ） |

関係副詞には4種類あり（where／when／why／how），以下のような使い方をする。

例 She visited Osaka, where she enjoyed eating takoyaki.

（彼女は大阪を訪れ，そこでたこ焼きを食べるのを楽しんだ）

例 Now is the time when you should do your best.

（今が，あなたが最善を尽くすべき時だ）

例 This is the reason why he was absent from school today.

（これが，彼が今日学校を休んだ理由だ ＝ こういうわけで彼は今日学校を休んだ）

例 This is how she solved such a difficult math problem.

＝ This is the way she solved such a difficult math problem.

（これが，彼女がそのような難しい数学の問題を解いた方法だ）

【先行詞】	【関係副詞】
時	when
場所	where
reason	why
way（※）	how

※the way howという形では用いられない。This is how I do the job. ≒ This is the way I do the job 「これが私がその仕事をやる方法だ」のように先行詞the wayか関係副詞howを省略した形で用いられる。

●関係代名詞what…関係代名詞whatは名詞節を作り，文中では主語，目的語，補語としてはたらく。また，whatに続く部分は名詞が欠けた形になる。意味は，「…こと，もの」。

例 Do what you can do today.

（今日できることをしなさい）

whatの慣用表現については，【第2節：英文法の重要知識（付録p.48）】参照。

■ 比較

　比較の文は，次の3種類に分けられる。

●原級を用いた文

●比較級を用いた文

●最上級を用いた文

原級を用いた文（as ... as）

例 Tom is as tall as Mary.

　（トムはメアリーと同じくらいの背の高さだ）Tom = Mary

例 Mt. Fuji is as high as any other mountain in Japan.

　（富士山は日本の他のどの山よりも高い）Mt. Fuji > any other mountain in Japan

例 Tom is not as tall as Andy.

　（トムはアンディーほど背が高くない）Tom < Andy

　※否定表現＋as ... asは意味に注意。

比較級を用いた文

例 Mary is taller than Sally.

　（メアリーはサリーより背が高い）Mary > Sally

例 Andy studied less hard than Mary yesterday.

　（アンディーは昨日，メアリーより一生懸命勉強しなかった）Andy < Mary

　※劣勢比較lessを用いた比較。less ～（原級）than ...で「…より～ない」という意味。the
　　least ...（原級）は「最も…ない」という意味になる。

最上級を用いた文

例 Andy is the tallest of all the students in the class.

　（アンディーはクラスのすべての生徒の中で最も背が高い）

　比較の分野は慣用表現も多い。比較の慣用表現については，【第2節：英文法の重要知識
（付録p.49）】参照。

■ 否定

否定は，文の意味を覆すため，重要である。特に，準否定語と呼ばれる一見すると否定語に見えないものについては，見落とさないようにしたい。

主な準否定語

準否定語	意味	視点
hardly	ほとんど…ない ※ barely には「かろうじて…する」という肯定的意味もある。	例 I could hardly［scarcely／barely］believe my eyes when he hit the homerun. （彼がホームランを打ったとき，私はほとんど自分の目を信じられなかった）
scarcely		
barely		
seldom	めったに…ない	例 He seldom does exercise. （彼はめったに運動をしない）
rarely		
little	ほとんど…ない	例 There was little milk left in the glass. （コップには牛乳がほとんど残っていなかった）
few		例 She made few mistakes in the piano contest. （彼女はピアノのコンテストでほとんどミスをしなかった）
only	…しかない	例 He works only on weekends. （彼は週末しか働かない）

否定の慣用表現については，【第2節：英文法の重要知識（付録p.53）】参照。

第2節 英文法の重要知識

　本冊および別冊の【第1節：英文法の基本的な仕組み】では，英文法において仕組みを理解する必要のある事項について学んだ。一方，英文法においては知識として覚えておく必要のある事項もある。そこで，別冊の【第2節：英文法の重要知識】では重要文法知識を一気に整理する。

　英文法の知識事項を覚えるためには，「なぜそうなるのか」「どういう場面で使うのか」「何が問題となるのか」を理解するのが効率的である。特に難しいと思われる箇所には知識事項が実際に使われている例文を掲載し，考え方として覚える際の助けとなる「視点」を示した。ぜひ活用してほしい。

＞ 従属接続詞

■ 代表的な従属接続詞とその意味

時を表す従属接続詞

従属接続詞	意味	視点
after	…した後に	例 After the sun set, it was completely dark. （太陽が沈んだ後，あたりは真っ暗だった）
anytime	…ときはいつでも	例 Call me anytime you like. （好きな時にいつでも電話して）
before	…前に	例 He cleaned the room before his sister came home. （彼は，妹が帰宅する前に部屋を片付けた）
by the time	…するまでに	期限を表す。期間を表す until [till]「…するまで」との区別が重要 例 Everyone had eaten dinner by the time she got home. （彼女が帰宅するまでに全員が夕食を食べ終えていた）
every time [each time]	…するごとに， …するときは必ず	副詞としても使われる 例 He will come next time. （彼は次回，来るだろう）
(the) first time	初めて…するときに	
(the) next time	次に…するときに	
(the) last time	最後に…するときに	

the moment [the instant ／ the minute ／ the second ／ instantly ／ immediately ／ directly]	…するとすぐに	**例** Andy fell asleep the moment he put his head on the pillow. （アンディは枕に頭を置くとすぐに眠りに落ちた）
until [till]	…するまで	期間を表す。期限を表す by the time「…するまでに」との区別が重要 **例** I'll play the video game until she comes. （彼女が来るまでテレビゲームをするつもりだ）
when	…するときに	「…なのに」と訳す場合もある **例** Why is she so hungry when she had eaten a lot at lunchtime? （昼食時にたくさん食べたのに，どうして彼女はあんなにお腹がすいているのだろうか）

条件を表す従属接続詞

従属接続詞	意味	視点
as[so] far as	…する限り，…する範囲では	範囲を表す。as far as I know「私が知っている範囲では」や as far as I'm concerned「私に関する限りでは」のような慣用表現で使われることが多い。as long as との区別が重要
as[so] long as	…する限り，…しさえすれば	条件の意味を表す。as far as との区別が重要。条件の意味を持つ if に近い
given (that)	…すると仮定すると，…することを考慮に入れると	**例** Given that she's been in Japan for only a year, it can be said that she's very good at speaking Japanese. （彼女が日本に来てほんの1年しか経っていないことを考えると，彼女は日本語を話すのがとてもうまいと言えるだろう）
in case	①…するならば（アメリカ英語） ②…する場合に備えて（…するといけないから）	①の**例** Feel free to call me in case you need help. （助けが必要な時は気軽に電話してください） ②の**例** Don't forget to take your umbrella with you in case it rains. （雨が降る場合に備えて，傘を持っていくのを忘れないように）

on (the) condition (that)	…するならば	例 I'll sign the document on condition that my request is met. （私の要求が通れば，書類にサインするつもりだ）
once	いったん…すれば	例 Once you form a bad habit, it's difficult to break it. （いったん悪い習慣を身につけると，それを断ち切るのは難しい）
providing (that) SV ≒ provided (that)	もし…するならば	条件の if と近い意味。可能性がない内容については使わない
suppose (that) SV ≒ supposing that	もし…するならば	条件の if と近い意味。仮定法・直説法で用いる
unless	…しないならば， …しない限り	例 You cannot enter the building unless you have your ID card. （身分証明書がなければ，その建物には入れない）

譲歩を表す従属接続詞

従属接続詞	意味	視点
although [though]	…するにもかかわらず， …するが	例 Although it was raining heavily outside, they continued to play soccer. （外は激しく雨が降っていたが，彼らはサッカーをし続けた）
even if	たとえ…するとしても	例 Even if it is sunny tomorrow, I won't go. （明日晴れたとしても，私は行かない）
even though	たとえ…するとしても， …するけれども	例 Even though I have to get up early to do it, I like to go fishing. （それをするのに早起きをしなければならないとしても，釣りに行くのが好きだ） even though は even if と違い，実際にそうである場合に用いる

理由を表す従属接続詞

従属接続詞	意味	視点
because	…なので， …だから	例 She studied very hard because she wanted to study abroad. （彼女は留学したかったので，とても一生懸命勉強した）
in that	…という点において， …なので	例 We humans are different from other animals in that we use fire. （私たち人間は，火を使うという点で他の動物と異なる）
now that	今や…しており， 今や…なので	例 Now that my good friend has moved to another town, I feel lonely at school. （今では仲の良い友人が別の町に引っ越してしまったので，私は学校で寂しい思いをしている）
on (the) grounds (that)	…という理由で	例 The drug was banned on the grounds that it was unsafe. （その薬は，安全でないという理由で禁止された） ここでの ground は「根拠」という意味

目的を表す従属接続詞

従属接続詞	意味	視点
in order that	…するために	例 She bought a new dictionary in order that she could study English even harder. （彼女はさらに一生懸命英語を勉強できるように新しい辞書を買った）
for fear (that)	…することを恐れて， …するといけないから	生じることを恐れている内容がくる 例 I walked quietly for fear that the baby might wake up. （私は赤ん坊を起こすといけないから，静かに歩いた） in case「…する場合に備えて」との区別が重要
lest	…するといけないから	lest S should do の形で用いられる

その他の従属接続詞

従属接続詞	意味
as if[as though]	…するかのように
where	…するところに[へ]，…する場合に，…するのに

複数の意味を持つ重要な従属接続詞

従属接続詞	意味	視点
as	①…と同じように，…するように ②…するにつれて ③…するとき ④…するので ⑤…するにもかかわらず	as には「イコール（同じ）の意味」がある。②，③は「…と同時に」という意味。④も「…と同時に」という意味から因果関係を読み取れる（**例** 雨が降ると同時に道が濡れた → 雨が降ったので道が濡れた）。⑤は Young as he is（彼は若いけれども）のような語順で用いられる
if	①もし…ならば ②たとえ…だとしても ③…かどうか	①，②は副詞節を導き，③は名詞節を導く
since	①…して以来 ②…ので	①は主節で現在完了形が使われることが多い
so (that)	①…ように，…ために（目的） ②したがって…する（結果）	いずれの意味になるかは文脈から判断する。①は so that S will[can／may] *do* の形で助動詞とともに用いられることが多い。②は , so that とコンマがつくことが多い
while	①…する間に ②…するにもかかわらず（譲歩） ③…する一方で（対照）	②は although と同様の意味。主節の内容に重点が置かれる。③は等位接続詞 but のような使い方をすることもある **例** Some were for the plan, while others were against it. （その計画に賛成の者もいれば，一方でそれに反対の者もいた）

＞動詞

■ 注意すべき他動詞と自動詞

　日本語で考えると後ろに前置詞が必要な自動詞のように見えるが，実際は他動詞として使われる動詞がある。

注意すべき他動詞

動詞	意味	視点
answer O	Oに答える	**例** You must answer my question. （あなたは私の質問に答えなければならない）
approach O	Oに近づく	**例** The typhoon is approaching Tokyo. （台風が東京に接近している）
attend O	Oに出席する	**例** He attended the important online meeting. （彼は重要なオンラインミーティングに出席した） attend to A「Aに注意を払う」という自動詞の用法もある

consult O	O（専門家など）に意見を求める，O（医師）に診察してもらう，O（辞書など）を調べる	例 You should consult a dictionary if you come across something you don't know. （知らないことに出くわしたら，辞書を引くべきだ）
discuss O	Oについて議論する	例 She discussed the matter with her colleague. （彼女は同僚とその問題について議論した）
enter O	Oに入る	例 The man entered the meeting room. （その男性は会議室に入った） enter into A「A（議論・交渉など）を始める，A（協約・関係など）を結ぶ」という自動詞の用法もある
marry O	Oと結婚する	get married to A と同様の意味
mention O	Oについて言及する	例 The teacher mentioned the usage of the difficult word. （教師がその難しい単語の使い方に触れた）
oppose O	Oに反対する	自動詞 object to A との区別が重要
reach O	Oに到達する	arrive at A と同様の意味
resemble O	Oに似ている	例 The man resembles his mother. （その男性は母親に似ている）
survive O	O（人など）より長生きをする，O（事故・災害・危機など）の後まで生き残る	例 Those in the village survived the hurricane last year. （その村の人々は昨年のハリケーンを切り抜けた）

　日本語で考えると後ろに目的語を置く他動詞のように見えるが，実際は自動詞として使われる動詞がある。前置詞を置くのを忘れないようにしたい。

注意すべき自動詞

動詞	意味	視点
agree with A	A（人・考え・意見など）に賛成する	agree that S V ...「…ということに同意する」という他動詞用法もある
arrive at[in] A	Aに到着する	例 He arrived at Kyoto Station just now. （彼は先ほど京都駅に到着した） 例 She arrived in New York last night. （彼女は昨晩ニューヨークに到着した）
communicate with A	Aと意思疎通をする	communicate O「Oを伝える」という他動詞用法もある
complain (to A) about[of] B	Bについて（Aに）不満を言う	complain (to A) that S V ...「…と（Aに）不満を言う」という他動詞用法もある

graduate from A	A を卒業する	例 She graduated from high school in 2000. （彼女は2000年に高校を卒業した）
object to A	A に反対する	他動詞の oppose O 「O に反対する」との区別が重要
get to A	A に到達する	例 He got to the museum before noon. （彼は正午前に美術館に着いた）
reply to A	A（人・手紙など）に応える，返事をする	reply（to A）that S V ...「（A に）…と答える」という他動詞用法もある
return to A	A に戻る	return O 「O を返す」という他動詞用法もある

　自動詞と他動詞が違う形になる動詞がある。活用形を押さえたい。

自動詞lieと他動詞lay

動詞	過去形	過去分詞	意味
lie	lay	lain	ある，いる，横になる
lay	laid	laid	置く，（卵を）産む，横にする

※ 「嘘をつく」という意味の自動詞lieもあり，lie－lied－liedと活用する。

　　例 He lied to me.（彼は私に嘘をついた）

自動詞rise［arise］と他動詞raise

動詞	過去形	過去分詞	意味
rise［arise］	rose［arose］	risen［arisen］	生じる，上がる
raise	raised	raised	育てる，上げる

■ 注意すべき状態動詞

　知っておくべき主な状態動詞は以下の通りである。

動詞	意味	動詞	意味
be	である	know	知っている
belong	属している	own	所有している
consist	成り立っている	possess	所有している
contain	含んでいる	remember	覚えている
have	持っている	resemble	似ている
like	気に入っている	want	欲しがっている
love	大好きである		

■ 主な第1文型動詞

動詞	意味	視点
be	いる，ある	「存在」の意味
live	住んでいる	
remain	残っている	
fly	飛ぶ	「移動」の意味
go	行く	
move	移動する	
run	走る	

■ 主な第2文型動詞

動詞	意味	視点
appear C	Cに見える	例 The box appears heavy. （その箱は重そうに見える）
become C	Cになる	例 He became a politician. （彼は政治家になった）
come C	Cになる	例 Dreams come true. （夢はかなう）
fall C	Cになる	例 He fell ill. （彼は病気になった）
feel C	Cに感じられる	例 The blanket felt warm. （その毛布は温かく感じられた）
get C	Cになる	例 He got better. （彼は元気になった）
go C	Cになる	例 He went crazy. （彼は怒った）
grow C	Cになる	grow O「O（植物）を育てる」，grow「成長する」という使い方もある
hold C	Cのままである	例 The man held still. （その男性はじっとしたままだった）
keep C	Cのままである	例 The woman kept quiet. （その女性は静かなままだった）
lie C	Cのままである	例 The room lay occupied. （その部屋は使われたままだった）
look C	Cに見える	look「見る」という使い方もある
prove C	Cだとわかる	例 The task proved easier than expected. （その作業は予想より簡単だとわかった）
remain C	Cのままである	例 The sales remained the same. （売り上げは同じままだった）
run C	Cになる	例 The stream ran dry. （その小川は枯渇した）
seem C	Cのようだ	例 He seems happier than usual. （彼はいつもより幸せそうだ）
smell C	Cなにおいがする	smell O「Oのにおいをかぐ」という使い方もある

sound C	Cに聞こえる	**例** That sounds good. （いいね）
stay C	Cのままである	**例** The woman stayed still. （その女性はじっとしたままだった）
taste C	Cな味がする	taste O 「Oを味見する」という使い方もある
turn C	Cになる	**例** These leaves turn red in autumn. （秋にこれらの葉は赤くなる）

■ 主な第3文型動詞

　第3文型動詞は，後ろに目的語（動詞の表す行為の対象）を置くもので，その数は多い。that節を目的語にとる動詞があり，その多くが人の認識「思う，考える」や情報の伝達「言う，示す」の意味を表す。

that節を目的語にとる主な第3文型動詞

動詞	意味		動詞	意味
think	思う，考える		say	言う
believe	信じる，考える		deny	否定する
show	示す		doubt	…でないと思う，…を疑う

■ 主な第4文型動詞

　第4文型動詞は「O₁にO₂を与える」という意味になるものが多いが，違う意味になるものもある。重要なのは以下の動詞である。

注意すべき第4文型動詞

動詞	意味	視点
allow O₁ O₂	O₁にO₂を与える	「与える」という，第4文型の原則的な意味
cost O₁ O₂	①O₁（人）にO₂（お金）がかかる ②O₁（人）にO₂（生命・犠牲など）を払わせる	①の**例** It cost me 10,000 yen to have it repaired. （それを修理してもらうのに10,000円かかった） ②の**例** One mistake can cost a pilot his life. （たった一つのミスでパイロットは生命を失うこともある）

cause O_1 O_2	O_1 に O_2 をもたらす	「与える」という，第４文型の原則的な意味 例 His explanation caused me a little confusion. （彼の説明は私に少しの混乱をもたらした）
deny O_1 O_2	O_1（人）に O_2（物・権利・自由など）を与えない	例 In the past, some people were denied some of their rights. （昔は，一部の権利が与えられていない人もいた）
do O_1 O_2	O_1に O_2（利益・損害・害など）を与える	例 do O good[harm ／ damage] 「Oに利益（害／損害）を与える」
envy O_1 O_2	O_1（人）の O_2をうらやむ	例 I envy him his success. （私は彼の成功をうらやましく思う）
owe O_1 O_2	①O_1（人）に O_2（お金）を借りている ②O_1（人）に O_2（恩義・謝罪など）を負っている	①の例 I owe my brother 1,000 yen. （私は兄に1,000円を借りている） ②の例 She owes her colleagues her success. （彼女の成功は同僚のおかげだ）
save O_1 O_2	O_1（人）の O_2（時間・お金・手間）を省く	例 AI saves us a lot of effort. （ＡＩは多大な労力を省いてくれる）
spare O_1 O_2	①O_1（人）に O_2（嫌なこと）を免れさせる ②O_1（人）の O_2（時間など）を割く	①の例 His help spared us a lot of trouble. （彼の助けは私たちを多くの厄介なことから免れさせた） ②の例 Can you spare me a minute? （少し時間をいただけますか）
take O_1 O_2	O_1（人）に O_2（時間・労力など）がかかる	例 It takes me five minutes to walk to the nearest station. （最寄り駅まで私が歩くと５分かかる）
wish O_1 O_2	O_1（人）の O_2を願う	例 I wish you good luck. （あなたの幸運を祈る）

■主な第5文型動詞

動詞	意味	視点
believe O C	OをCだと考える	形式目的語構文でも用いられることが多い 例 She believes him honest. （彼女は彼が正直だと信じている）
call O C	OをCと呼ぶ	例 We call the cat Sora. （私たちはそのネコをソラと呼ぶ）
consider O C	OをCだと考える	形式目的語構文でも用いられることが多い 例 I consider nature important. （私は自然が重要だと考えている）
elect O C	OをCに選ぶ	例 The member of the team elected him captain. （そのチームのメンバーは彼をキャプテンに選んだ）
find O C	OがCだとわかる，気づく，思う	文脈に応じて訳し分ける。形式目的語構文でも用いられることが多い 例 I found the book interesting. （私はその本が面白いと思った）
keep O C	OをCのままにする	自らの意志でOをCのままに保つことを表す 例 She kept the fact secret. （彼女はその事実を秘密にしておいた）
leave O C	OをCのままにする	OをCのまま放置することを表す 例 He left the door open. （彼はドアを開けたままにした）
make O C	OをCにする	形式目的語構文でも用いられることが多い 例 The event made us happy. （そのイベントは私たちを幸せにした）
name O C	OにCと名付ける	例 We named the dog Moco. （私たちはその犬にモコと名付けた）
paint O C	OをC（ある色）に塗る	例 He painted the bookshelf white. （彼は本棚を白く塗った）
think O C	OをCだと思う，考える	形式目的語構文でも用いられることが多い 例 He thinks it easy to do the job. （彼はその仕事をすることが簡単だと思っている）

＞過去を明示する語句

過去を明示する表現があるときは，過去形を用いる。

表現	意味	視点
... ago	…前	例 two days ago「2日前」／ three weeks ago「3週間前」／ one month ago「1か月前」／ five years ago「5年前」
just now	ちょうど今	a few minutes ago「数分前」と同様の意味

last ...	前の…，先…	**例** last week「先週」／ last weekend「先週末」／ last year「昨年」／ last month「先月」
the day before yesterday	おととい	two days ago「2日前」と同様の意味
When ... ?	いつ…？	when は疑問詞
when S *did*	…したときに	when は接続詞
yesterday	昨日	副詞・名詞として用いられる

〉助動詞を用いた重要表現

表現	意味	視点
cannot help *doing* ≒ cannot help but *do* ≒ cannot but *do*	…せざるをえない	**例** I couldn't help laughing when he told me a joke in such a formal situation. （あんなにフォーマルな場面で彼がジョークを言うものだから，笑わずにはいられなかった）
may (just) as well *do*	…したほうがよい	**例** You may as well go home now. （そろそろ家に帰ったほうがいいよ）
may (just) as well V₁ as V₂	V₂するよりもV₁したほうがよい，V₂するのと同じようにV₁してもよい	**例** You may as well walk as take a taxi. （タクシーに乗るより，歩いたほうがいいよ）
might (just) as well *do*	…したほうがよい［ましだ］，…するようなものだ	**例** I might as well stay at home. （私は家にいるほうがましだ） may (just) as well *do* と might (just) as well *do* には，大きな意味の違いはないのがふつう。次の例のように，望まない状態や実行の可能性がほぼない行為の場合は，might を用いる **例** I might as well be a bad person. （悪人にでもなったほうがましだ）
might (just) as well V₁ as V₂	V₂するくらいならV₁したほうがよい，V₂するのはV₁するのも同然だ	**例** I might as well throw my money away as lend it to him. （彼に自分の金を貸すくらいなら捨てたほうがよい＝彼に金を貸すことは捨てるのも同然だ）
may well *do*	…するのももっともだ，たぶん…だろう	**例** He may well get angry. （彼が怒るのももっともだ） **例** She may well come to the party. （彼女はおそらくパーティに来るだろう）
would rather V₁ than V₂	V₂するよりV₁したい	would rather *do*「…したほうがよい」という形で用いられることもある

＞仮定法の慣用表現

表現	意味	視点
as if S *did*	まるでSが…するかのように	例 He devoured the food as if he were a hungry sea otter. （彼はまるでお腹をすかせたラッコのように食べ物をむさぼった）
as if S had *done*	まるでSが…したかのように	例 She looked pale as if she had seen a ghost or something. （彼女は幽霊か何かでも見たかのように青ざめていた）
if it had not been for A	Aがなければ，なかったら	「過去においてAがなかったら」という意味を表す。if を省略した had it not been for A の形でも使われる。but for［without］A も同様の表現
if it were not for A	Aがなければ，なかったら	「現在においてAがなければ」という意味を表す。if を省略した were it not for A の形でも使われる。but for［without］A も同様の表現
It is time S *did*	Sが…してもよい頃だ	It is high time S *did* ／ It is about time S *did* の形で用いられることもある
I wish S *did* ［would *do*］	Sが…ならなあ，…すればなあ	現在・未来のことについての願望を表す。If only S *did* ［would *do*］！／ Would that S *did* ［would *do*］！／ I'd rather S *did* ［would *do*］ も同様の表現
I wish S had *done*	Sが…だったらなあ，…していたらなあ	If only S had *done*! ／ Would that S had *done*! ／ I'd rather S had *done* も同様の表現

＞不定詞

■ to不定詞を用いた重要表現

表現	意味	視点
go on to *do*	続けて…する	go on *doing*「…し続ける」との区別が重要
have no choice but to *do*	…するほかない	choice は「選択肢」，but A は「A 以外の」の意味
in order to *do*	…するために	「…しないように」は in order not to *do* で表す
needless to say	言うまでもなく	not to mention A とは異なり，say の後ろに名詞を置かないことに注意

not to mention A	A は言うまでもなく	needless to say とは異なり，mention の後ろに名詞を置くことに注意
not to speak of A	A は言うまでもなく	not to mention A と同様の意味
not to say A	A とは言わないまでも	not to mention A との区別が重要
so as to *do*	…するために	so that S V と同様の意味。「…しないように」は so as not to *do*
so to speak	いわば	文中で，挿入句の形で使われることが多い
so ... as to *do*	〜するほど…，とても…なので〜する	so ... that S V と同様の意味
strange to say	奇妙なことに	独立不定詞といわれる用法。文全体を修飾する。慣用句的に用いられることが多い
to be brief	手短に言えば	
to be frank with you	率直に言うと	
to be honest	正直に言うと	
to be sure	確かに	
to begin with	まず最初に	
to do A justice	A を公平に評価すれば	
to make a long story short	手短に言うと	
to make matters worse	さらに悪いことには	
to put it another way	別の言い方をすると	
to say nothing of A	A は言うまでもなく	
to tell the truth	実を言うと	
too ... to *do*	とても…なので〜できない（しない），〜できないくらい…	文脈に応じて訳し分ける
... enough to *do*	〜するほど…	enough が形容詞・副詞を修飾するときは，後置修飾

■ 原形不定詞（動詞の原形）を用いた頻出表現

表現	意味	視点
all S can do is (to) *do*	S にできるのは…することだけだ	all は「唯一のこと，もの」の意味
all S have to do is (to) *do*	S は…しさえすればよい	all は「唯一のこと，もの」の意味。All you have to do is *do*（あなたは…しさえすればよい）は You have only to *do* と同様の表現
cannot but *do* ≒ cannot help but *do*	…せざるを得ない	but は「…以外」の意味で，「…以外でできない」が直訳
do nothing but *do*	…ばかりする	but は「…以外」の意味で，「…以外しない」が直訳

37

〉分詞

■ 分詞の重要表現

表現	意味	視点
all things considered	すべての事柄を考慮すると	「すべての事柄が考慮されると」が直訳
all things being equal	すべての事柄が同じなら	慣用表現
considering A	Aを考慮すると	慣用表現
given A	Aを考慮すると	慣用表現。「A（という判断材料）が与えられると」が直訳
given (that) S V	…ということを考慮すると，…と仮定すれば	接続詞的に用いられる
granted (that) S V	仮に…だとしても	接続詞的に用いられる
judging from A	Aから判断すると	慣用表現
... ly speaking	…に言うと	... ly には， broadly「大ざっぱに」 frankly「率直に」 generally「一般的に」 historically「歴史的に」 relatively「相対的に」 roughly「大ざっぱに」 strictly「厳密に」などが入る
make *oneself* heard	自分の声を届かせる	「自分自身を聞かれる状態にする」が直訳
make *oneself* understood	自分の考えをわかってもらう	「自分自身を理解される状態にする」が直訳
seeing (that) SV	…を考えると	慣用表現
speaking[talking] of A	Aについて言うと	慣用表現
such being the case	そういう事情なので	the case は「実情」という意味
taking A into consideration	Aを考慮すると	take A into consideration「Aを考慮する」をもとにした表現
weather permitting	天気が許せば	慣用表現

■ It is ～ of A to V の形で使う形容詞（人の性格・性質を表す形容詞）【「～」部分＝A】

例 It was wise of him to bring an umbrella with him.

（彼が傘を持ってきたのは賢明だった）

人の性質・性格を表す形容詞	意味
careless	不注意な
clever	賢い
considerate	思いやりのある
cruel	残酷な
foolish	愚かな
good	親切な
inconsiderate	思いやりのない

人の性質・性格を表す形容詞	意味
kind	親切な
nice	親切な
polite	礼儀正しい
rude	無礼な
stupid	愚かな
sweet	思いやりのある
wise	賢い

■ 様々な分詞形容詞

元の動詞	分詞形容詞
amaze「驚かせる」	amazing「驚くべき」
	amazed「驚いて」
annoy「いらいらさせる」	annoying「いらいらさせる」
	annoyed「いらいらして」
astonish「驚かせる」	astonishing「驚くべき」
	astonished「驚いて」
bore「退屈させる」	boring「退屈な」
	bored「退屈して」
convince「納得させる」	convincing「説得力のある」
	convinced「確信して」
disappoint「がっかりさせる」	disappointing「がっかりさせるような」
	disappointed「がっかりして」
embarrass「恥ずかしい思いをさせる」	embarrassing「やっかいな」
	embarrassed「当惑した」
excite「わくわくさせる」	exciting「わくわくさせるような」
	excited「わくわくして」
fascinate「魅了する」	fascinating「魅力的な」
	fascinated「魅せられて」
frighten「こわがらせる」	frightening「恐ろしい」
	frightened「怖がって」
interest「興味を持たせる」	interesting「面白い」
	interested「興味を持って」
irritate「いらいらさせる」	irritating「いらいらさせるような」
	irritated「いらいらして」

move 「感動させる」	moving「感動させるような」
	moved「感動して」
please 「喜ばせる」	pleasing「喜ばせるような，楽しい」
	pleased「喜んで」
satisfy 「満足させる」	satisfying「満足させるような」
	satisfied「満足して」
shock 「ショックを与える」	shocking「ショックを与えるような」
	shocked「ショックを受けて」
surprise 「驚かせる」	surprising「驚くべき」
	surprised「驚いて」
thrill 「わくわくさせる」	thrilling「わくわくさせるような」
	thrilled「わくわくして」
tire 「疲れさせる」	tiring「疲れさせるような」
	tired「疲れて」
touch 「感動させる」	touching「感動させるような」
	touched「感動して」.

▷ 目的語に to do をとらず，doing をとる動詞

動詞	意味	動詞	意味
admit doing	…したことを認める	imagine doing	…することを想像する
appreciate doing	…したことに感謝する	mind doing	…するのを気にする，嫌がる
avoid doing	…することを避ける	miss doing	…しそこなう
consider doing	…しようかと考える	postpone doing	…するのを延期する
deny doing	…することを否定する	practice doing	…するのを練習する
dislike doing	…するのを嫌う	put off doing	…するのを延期する
enjoy doing	…するのを楽しむ	quit doing	…するのをやめる
escape doing	…するのを免れる	resist doing	…することに抵抗する
fancy doing	…することを心に描く	risk doing	あえて…する，…する危険を冒す
finish doing	…するのを終える	stop doing	…するのをやめる
give up doing	…するのをあきらめる，やめる	suggest doing	…することを提案する

＞ 目的語に *doing* をとらず，*to do* をとる動詞

動詞	意味
afford to *do*	…する余裕がある
agree to *do*	…することに同意する
care to *do*	…したいと思う
decide to *do*	…することを決める
desire to *do*	…したいと思う
expect to *do*	…したいと思う
fail to *do*	…しない，できない
hesitate to *do*	…することをためらう
hope to *do*	…したいと思う
manage to *do*	どうにかして…する
learn to *do*	…するようになる
offer to *do*	…することを申し出る
pretend to *do*	…するふりをする
promise to *do*	…することを約束する
refuse to *do*	…することを断る
seek to *do*	…しようと努める
wish to *do*	…したいと思う

＞ 目的語が *doing* か *to do* かで意味が異なる動詞

▶ forget *doing* ▶ forget to *do*	「…したことを忘れる」 「…することを忘れる」
▶ remember *doing* ▶ remember to *do*	「…したことを覚えている」 「…することを覚えている」
▶ regret *doing* ▶ regret to *do*	「…したことを残念に思う」 「残念ながら…する，…するのを残念に思う」
▶ try *doing* ▶ try to *do*	「試しに…してみる」 「…しようとする」

〉動名詞の重要表現

表現	意味
be accustomed to *doing*	…するのに慣れている
be busy (in) *doing*	…するのに忙しい
be opposed to *doing*	…することに反対する
be used to *doing*	…することに慣れている
be worth *doing*	…する価値がある
by *doing*	…することによって，…することで
cannot help *doing*	…せずにはいられない
devote A to *doing*	Aを…することに捧げる
devote oneself to *doing*	…することに身を捧げる
feel like *doing*	…したいと思う
for the purpose of *doing*	…することを目的として
get accustomed to *doing*	…することに慣れる
get used to *doing*	…することに慣れる
have a hard time (in) *doing*	…するのに苦労する
have difficulty ╱ trouble (in) *doing*	…するのに苦労する
in *doing*	…するとき，…するうえで
It goes without saying that SV	…は言うまでもない
It is no use [good] *doing*	…しても無駄だ
need *doing*	…される必要がある
object to *doing*	…することに反対する
of A's own *doing*	Aが自分で…した
on *doing*	…するとすぐに
spend A (in) *doing*	…するのにA（時間・お金）を費やす
take turns (in ╱ at) *doing*	交替で…する
There is no doing	…できない
There is no point [sense ╱ use] (in) *doing*	…しても無駄だ
What do you say to *doing*？	…してはどうですか
What [How] about *doing*？	…してはどうですか
with a view to *doing*	…することを目的として

〉名詞

■ 単数, 複数両方の扱いをする集合名詞：family型名詞

視点	単数, 複数両方の扱いをする名詞の例
集団を1つのカタマリとしてみる ⇒単数扱い 例 Mary's family is a large one. （メアリーの家族は大家族だ） 集団を構成する個々に注目する ⇒複数扱い 例 Mary's family are all early risers. （メアリーの家族はみんな早起きだ）	▶ audience「観客，聴衆」 ▶ class「クラス」 ▶ club「クラブ」 ▶ committee「委員会」 ▶ crew「乗組員」 ▶ crowd「群衆」 ▶ enemy「敵」 ▶ generation「世代」 ▶ government「政府」 ▶ jury「陪審」 ▶ orchestra「オーケストラ」 ▶ public「大衆」 ▶ staff「職員」 ▶ team「チーム」

■ 常に複数扱いをする集合名詞：police型名詞

視点	常に複数扱いをする集合名詞の例
例 The police are arriving soon. （警察がまもなく到着予定だ） 動詞が are になっていることに注意。 警察は複数の人間で組織的に活動す ることを考えると，覚えやすい	▶ aristocracy「貴族（階級）」 ▶ cattle「牛」 ▶ clergy「聖職者」 ▶ gentry「紳士階級」 ▶ peasantry「小作農（階級）」 ▶ people「人々」※「国民，民族」の意味では 　a people, peoples などの形で普通名詞として 　も用いる ▶ police「警察」

■ 常に複数形で使われる「対をなす部分からなる衣類・器具を表す名詞」

視点	常に複数形で使われる「対をなす名詞」の例
対をなす2つの部分からなる物は常に複数 形で使われる。数えるときは，a pair of A や two pairs of A のような表現を用いる 例 I bought a pair of glasses. （私はめがねを1つ買った）	▶ glasses「めがね」 ▶ gloves「手袋」 ▶ scissors「はさみ」 ▶ shoes「くつ」 ▶ socks[stockings]「靴下」 ▶ trousers「ズボン」

■ 複数形名詞を用いる, 交換等を表す表現

視点	複数形名詞を用いる, 交換等を表す表現の例
「交換」などを表す表現で用いられる名詞は複数形を用いる。握手をする際, 自分と相手, ２つの手があることを想像するとよい **例** The tennis players shook hands with each other. (そのテニスプレイヤーたちは互いに握手をした)	▶ change trains「電車を乗り換える」 ▶ exchange seats「席を替わる」 ▶ make friends with A「Aと友達になる」 ▶ shake hands with A「Aと握手する」 ▶ take turns (in ／ at) *doing*「交替で…する」

■ 注意すべき類義語

日本語では同じ意味でも, 使われる場面が異なる名詞がある。

「客」の意味で使われる名詞

名詞	意味	名詞	意味
audience	(劇・映画などの) 観客, 観衆	guest	招待客, (ホテル・レストランなどの) 客
client	(弁護士など専門職への) 依頼客	passenger	乗客
customer	(商売上の) 顧客・常連客	spectator	(スポーツ・ショーなどの) 観客

「料金・値段」の意味で使われる名詞

名詞	意味	視点
charge	サービスに対して支払われる代金	**例** a service charge (サービス料)
cost	費用	製造・入手・維持などに要する「費用」の意味で幅広く使われる
fare	運賃	乗り物に乗る際に支払う費用に用いる
fee	(弁護士など専門職に支払う) 報酬, 授業料, 入場料	tuition fee は「授業料, 学費」
price	品物の価格	値札についている金額のイメージ。「代償」の意味もある
toll	(有料道路などの) 通行料	「被害」「犠牲 (者)」「死傷者 (数)」の意味でも用いられる

「約束・予約」の意味で使われる名詞

名詞	意味	視点
appointment	(人に会う) 約束, (診察などの) 予約	日本語の「アポをとる」からイメージするとよい

promise	（一般的な）約束	「約束」の意味で幅広く使われる
reservation	（切符，部屋，席などの）予約	reserve「予約する」の名詞形

＞形容詞

■ 限定用法で用いられる形容詞と叙述用法で用いられる形容詞

限定用法で用いられる形容詞	叙述用法で用いられる形容詞	視点
▶ elder「年上の」 ▶ eldest「一番年上の」 ▶ former「前の」 ▶ higher「高等の」 ▶ inner「中の」 ▶ latest「最新の」 ▶ latter「後の」 ▶ live「生きている」 ▶ lone「ただ1人の」 ▶ lower「下等の」 ▶ main「主な」 ▶ mere「単なる」 ▶ only「唯一の」 ▶ outer「外の」 ▶ previous「以前の，前の」 ▶ sheer「まったくの」 ▶ total「まったくの」 ▶ upper「上の」 ▶ utmost「最大の，最高の」 ▶ utter「まったくの」 ▶ very「まさにその」	▶ afraid「恐れている」 ▶ alike「似ている」 ▶ alive「生きている」 ▶ alone「ひとりでいる」 ▶ asleep「眠っている」 ▶ ashamed「恥じている」 ▶ awake「起きている」 ▶ aware「気付いている」 ▶ content「満足している」 ▶ glad「喜んでいる」 ▶ unable「できない」 ▶ worth「価値がある」	叙述用法で用いられる形容詞は，a で始まるものが多い

■ 限定用法と叙述用法で意味が異なる形容詞

形容詞	意味	形容詞	意味
able	（限定）有能な （叙述）できる	late	（限定）最近の，故 （叙述）遅い，遅れた
certain	（限定）ある，特定の （叙述）確信して，確かだ	present	（限定）現在の （叙述）出席している

■ 原則として人を主語にできない形容詞

▶ convenient「都合がいい，便利な」　　▶ impossible「不可能な」
▶ inconvenient「都合が悪い」　　　　　▶ necessary「必要な」
▶ possible「可能な，ありうる」　　　　▶ unnecessary「不要な」

■ 意味を混同しがちな形容詞

▶ considerable「かなりの，相当な」
▶ considerate「思いやりがある」

▶ dependable「信頼できる」
▶ dependent「頼っている」

▶ economic「経済の，経済学の」
▶ economical「経済的な，無駄のない」

▶ favorable「好意的な，有利な」
▶ favorite「お気に入りの」

▶ forgetful「忘れっぽい」
▶ forgettable「忘れてもよい」

▶ imaginable「想像できる」
▶ imaginary「想像上の，架空の」
▶ imaginative「想像力の豊かな」

▶ industrial「工業の，産業の」
▶ industrious「勤勉な」　　※名詞 industry に「産業，工業，勤勉，努力」の意味がある

▶ intellectual「知性の，知能に関する，聡明な」
▶ intelligent「(人・動物などが)知能の高い，聡明な」
▶ intelligible「(人に) 理解できる」

▶ invaluable「非常に貴重な」
▶ valuable「価値の高い，貴重な」
▶ valueless「無価値の，つまらない」

▶ literal「文字通りの」
▶ literary「文学の」
▶ literate「読み書きのできる」

▶ regretful「(人が) 後悔している」
▶ regrettable「(事が) 後悔させる，残念な」

▶ respectable「(社会的に) ちゃんとした」
▶ respectful「敬意を表する，礼儀正しい」
▶ respective「それぞれの」

▶ sensational「扇情的な，人騒がせな」
▶ sensible「分別のある，賢明な」
▶ sensitive「敏感な，傷つきやすい」
▶ sensual「官能的な」
▶ sensuous「感覚的な，官能的な」

```
┌─────────────────────────────────────────────────────────────┐
│ ▶ successful「成功した」                                       │
│ ▶ successive「連続した」　　※動詞 succeed に「成功する，続く」の意味がある │
└─────────────────────────────────────────────────────────────┘
```

■「多い・少ない」を表す様々な形容詞

視点	「多い・少ない」を表すのに large ／ small を使う名詞の例
「多い・少ない」を表すのにさまざまな形容詞が用いられる	▶ amount「量」 ▶ audience「観衆」 ▶ crowd「群衆」 ▶ income「収入」 ▶ number「数」 ▶ population「人口」 ▶ salary「給料」 ▶ sum「金額」
	「多い・少ない」を表すのに high ／ low を使う名詞の例
	▶ cost「費用」 ▶ fee「料金」 ▶ income「収入」 ▶ price「価格」 ▶ salary「給料」 ▶ wage「賃金」
	「多い・少ない」を表すのに heavy ／ light を使う名詞の例
	▶ traffic「交通」

〉副詞

■ ... ly の有無で意味が異なる副詞

```
┌─────────────────────────────────────────────┐
│ ▶ close「近くに」                             │
│ ▶ closely「綿密に」                           │
├─────────────────────────────────────────────┤
│ ▶ great「素晴らしい，偉大な」                  │
│ ▶ greatly「非常に，大いに」                    │
├─────────────────────────────────────────────┤
│ ▶ hard「一生懸命，激しく」                     │
│ ▶ hardly「ほとんど〜ない（準否定語）」          │
├─────────────────────────────────────────────┤
│ ▶ high「高く」                                │
│ ▶ highly「非常に，大いに」                     │
└─────────────────────────────────────────────┘
```

▶ just「ちょうど」	
▶ justly「公正に」	
▶ late「遅く」	
▶ lately「最近」	
▶ most「最も」	
▶ mostly「たいてい」	
▶ near「近くに」	
▶ nearly「ほとんど」	
▶ sharp「ちょうど」	
▶ sharply「鋭く」	

＞what の重要表現

表現	意味	視点
what S is[am ／ are]	現在のS	例 what I am today（現在の私） 例 what she used to be 　（かつての彼女）
what is 比較級	さらに…なことに	例 what is worse 　（さらに悪いことに）
what is called [what we call] A	いわゆるA	例 what is called a walking dictionary 　（いわゆる生き字引）
what with A and（what with）B	AやらBやらが理由で	partly because of A and B と同様の意味
A is to B what C is to D	AのBに対する関係はCのDに対する関係と同じだ。	例 A Christmas tree is to Christmas what a pumpkin lantern is to Halloween. 　（クリスマスツリーのクリスマスに対する関係は，カボチャランタンのハロウィンに対する関係と同じだ） ※両方とも象徴的なものであるということ
what（little ／ few）名詞	（少ないけれど）すべての名詞	例 what little money he had 　（少ないながら彼が持っていたすべてのお金）

48

＞比較

■ 比較の重要表現

原級を用いた重要表現

表現	意味	視点
A as well as B ≒ not only B but（also）A	BだけでなくAも	「Aだけでなく B も」の意味で用いられることもある
as ... as S can ≒ as ... as possible	（S が）できるかぎり…	慣用表現
as ... as any[any ＋名詞〜]	どんな〜にも劣らず…	ここでの A as ... as B は A ＞ B の意味
as ... as ever	相変わらず…	慣用表現
as ... as ever lived	かつてないほど…	慣用表現
as good as ...	…も同然である	例 This car is as good as a new one. （この車は新車も同然だ）
as many ...	同じ数の…	例 He visited three tourist spots in as many days. （彼は 3 日で 3 カ所の観光地を訪れた）
as much as	…もの	例 He lost as much as 6 kg in a month. （彼は 1 か月に 6 キロもやせた）
go so far as to *do*	…しさえする	慣用表現
not so much A as B ≒ B rather than A ≒ more（of）B than A	A というよりむしろ B	例 He is not so much a teacher as a businessperson. （彼は教師というより実業家だ） A ＜ B の関係を押さえることが重要
not so much as *do*	…しさえしない	without so much as *doing*「…さえせずに」の形でも用いられる

比較級を用いた重要表現

表現	意味	視点
all the 比較級 ... ＋理由〜	〜なのでそのぶんますます…	理由を受けて，the 比較級 ...「その分だけ…」ということを述べる表現。all は強調の副詞 例 I like him all the better for his faults. （彼には欠点があるので，その分だけますます彼のことが好きだ）
none the 比較級 ... ＋理由〜	〜なのにちっとも…ない	例 He is none the wiser because he has a lot of books. （彼はたくさん本を持っているが，ちっとも賢くない）

49

couldn't agree more	この上なく同意している	仮定法の表現。「これ以上同意できないくらい同意している」ということ。couldn't be better で「このうえなく良い」という意味になるのと同様
get the better of A	A を打ち負かす	A には，人・議論・困難などがくる
know better (than to *do*)	…するほど愚かではない，…しないだけの分別がある	**例** He knows better than to do such a thing.（彼はそんなことをするほど愚かではない）
prior to A	A より前	「よりも」に than ではなく to を用いる，ラテン語由来の表現
posterior to A	A より後	
senior to A	A より年上である	
junior to A	A より年下である	
superior to A	A より優れている	
inferior to A	A より劣っている	
more A than B ≒ A rather than B ≒ rather A than B ≒ more of A（名詞）than B（名詞） ≒ less B than A	B というより A	not so much B as A と同様の意味。A ＞ B の関係を押さえることが重要
more often than not	たいてい	usually と同様の意味。as often as not とも言う
more or less	多かれ少なかれ	慣用表現
no more than ...	…しか	**例** no more than［as little as ／ only］1,000 yen（1,000円しか）
no less than ...	…も	**例** no less than［as much as］1,000 yen（1,000円も）
not more than ...	せいぜい…	「…より多いことはない」＝「多くても…」と考える **例** not more than［at most］1,000 yen（せいぜい1,000円）
not less than ...	少なくとも…	「…より少ないことはない」＝「少なくとも…」と考える **例** not less than［at least］1,000 yen（少なくとも1,000円）
no longer ＝ not ＋ any longer	もはや…ない	慣用表現
no［little］better than ...	…も同然で	慣用表現
none the less	にもかかわらず	慣用表現

the 比較級 ... ＋ of the two	２つの中で…なほう	比較級に the がつく
think better of A	Aについて考え直す	慣用表現
否定文 ... much [still] less ～	…ない。まして（なおさら）～ない	**例** She can't speak Japanese, much less Chinese. （彼女は日本語を話せない。まして中国語はなおさら話せない）
比較級 ... and 比較級 ...	ますます～	**例** easier and easier（ますます簡単だ）

最上級を用いた重要表現

表現	意味	視点
for the most part	大部分は	慣用表現
at (the) least	少なくとも	at (the) ＋最上級で「…でも」の意味
at (the) most	多くとも，せいぜい	
make the best of A	A（不利な状況）を最大限に利用する	不利な状況を何とか切り抜ける際に用いる
make the most of A	Aを最大限に利用する	有利な条件を利用するときに用いる
not ＋ in the least ≒ not ＋ at all	まったく…ない	慣用表現
not ＋ the slightest ≒ not ＋ the faintest	まったく…ない	**例** I didn't have the slightest idea why he was angry. （彼がなぜ怒っているのか私にはまったくわからなかった）
the 序数 ... ＋最上級～	…番目に～	**例** the second highest mountain in the world （世界で２番目に高い山）
to the best of A	Aの限りでは	to the best of my knowledge（私の知る限り）≒ as far as I know
to say the least	控えめに言っても	慣用表現

■ 比較級の強調表現

（1）much ／ far ／ by far ／ a lot ／ lots ／ a great deal ／ a good deal ／ way ＋ 比較級 ...「ずっと，はるかに…」

（2）even ／ still ／ yet ＋ 比較級 ...「さらに…」

■ 最上級の強調表現

（1）far ／ by far ／ much ＋ the 最上級 ...「ずばぬけて…」

（2）the very ＋ 最上級 ... ＋ 名詞 ～「ずばぬけて…な～」

〉【同格のthat】名詞+that SV... （完全な文）「…という名詞」

同格のthatを使える名詞

人の認識を表す 抽象的な名詞	**例** agreement「意見の一致」／ answer「答え」 assumption「思い込み，仮定，前提」 awareness「意識，知ること」／ belief「信念」／ claim「主張」 complaint「不満」／ conclusion「結論」／ decision「決定」 discovery「発見」／ doubt「疑い」／ fear「恐怖」 feeling「感情」／ hope「見込み」／ idea「考え」 impression「印象」／ knowledge「知識」／ notion「考え」 opinion「意見」／ prediction「予測」／ proposal「提案」 realization「認識，理解」／ suggestion「提案」 theory「学説，仮説」／ thought「考え」／ understanding「理解」
事実を表す 抽象的な名詞	**例** chance「見込み」／ condition「条件」／ evidence「証拠」 fact「事実」／ ground「根拠」／ guarantee「保証」 information「情報」／ likelihood「可能性」 message「メッセージ」／ possibility「可能性」 probability「見込み」／ promise「約束」／ proof「証拠」 prospect「見込み」／ truth「真実」／ news「知らせ」 rumor「噂」

〉省略の重要表現

（1）if any「あるとしても」

例 Unfortunately, there is little, if any, hope of his recovery.

（残念ながら，彼が回復する望みはあるとしてもほとんどない）

※if there is any hopeの省略。

（2）if ever「あるとしても」

例 My sister seldom, if ever, goes out.

（私の妹は，あるとしてもめったに外出しない）

※if she ever goes outの省略。

（３）if anything「どちらかというと」

〔例〕If anything, I like the design.

（どちらかというと，私はそのデザインを気に入っている）

〉倒置を用いる「…するとすぐに〜」の表現

（１）I had hardly [scarcely] arrived when [before] it began to rain.

≒Hardly [Scarcely] had I arrived when [before] it began to rain.

（２）I had no sooner arrived than it began to rain.

≒No sooner had I arrived than it began to rain.

（私が到着するとすぐに，雨が降り始めた）

〉否定

■ 否定語を用いる重要表現

表現	意味	視点
cannot be too ...	どんなに…してもしすぎることはない	〔例〕You cannot be too careful when driving a car.（車を運転中はどんなに注意してもしすぎることはない）「注意しすぎている状態にはなれない」が直訳
It is not [won't be] long before ...	まもなく…する	it は時を表し，何か具体的な名詞を指しているわけではない
never ... without 〜	…すると必ず〜する	「〜することなしに…することはない」という意味 〔例〕I never walk down the street without seeing a cat.（私はその通りを歩くと必ずネコを目にする）
no doubt	確かに，疑いなく	慣用表現。副詞句として用いる
nothing but A	Aにすぎない，Aだけ	but A「A以外」を用いた表現で，「A以外何もない」が直訳

53

■ 否定語を用いない, 否定の意味を持つ重要表現

否定語を用いてはいないが, 否定の意味を持つ表現がある。直訳から, なぜ否定の意味になるかを確認しながら覚えたい。

表現	意味	視点
above [beyond] ...	…できない	例 beyond description （筆舌に尽くしがたい） describe「説明する」ことができないということ
anything but A	決してAではない	「A以外のもの」ということ
fail to *do*	…しない, …できない	failure to *do*「…しないこと, …できないこと」という名詞の形でも用いられる
far from A	決してAではない	「Aからほど遠い」ということ
free from [of] A	Aがない	「Aから解放されている」ということ
have [be] yet to be ...	まだ…でない	「これから…になる」ということ。 remain to be ... も同様の表現
the last A to *do* ／ the last A ＋関係詞節	最も…しそうにないA	「最初から数えていったら最後に…するA」ということ

■ 否定を強調する重要表現

表現	意味	視点
at all	まったく（…ない）	疑問文で用いると「いったい, そもそも」, 条件節で用いると「仮にも」の意味
by any means	まったく（…ない）	not ... by any means = by no means 「決して…ない」
for the life of A	どうしても（…ない）	例 I can't for the life of me solve the problem. （どうしてもその問題が解けない）
in any way	まったく（…ない）	not ... in any way = in no way 「決して…ない」
whatever [whatsoever]	まったく（…ない）	any [no] ＋名詞＋ whatever の形で用いる 例 There is no evidence whatever. （まったく証拠がない）

＞動詞の語法

　動詞の語法は，覚えることが多い。しかし，「こういう形が問題になる」「こういう点が問題になる」というポイントを頭の中に入れておけば，膨大な知識に惑わされることはなくなる。例えば，deprive A of B「AからBを取り除く」という表現は「切り離す」という意味のof（分離のof）が用いられている。分離のofを含む表現は他にもたくさんあり，分離のofを使う動詞のグループとしてそれらをセットで覚えていくのが最も効率が良い。いわば頭の中に動詞の語法の「いれもの」を作るようなものである。例えば，empty A of B「AからBを取り出す」という表現に出会ったら，分離の of の「いれもの」に入れるのである。このように，新しい語法が出てくるたびに頭の中の「いれもの」に入れていくことで，整理しながら動詞の語法の知識を増やしていくことができる。また，似たような形で使われる動詞は同じような意味になることが多いため，単語の意味がわからないときでも推測できる。ここでは，そのようなポイントとなる特に重要な動詞を整理する。

blame A for B 型の動詞

表現	意味	視点
blame A for B ≒ charge A with B ≒ accuse A of B	BのことでAを責める	「ほめる」「責める」「叱る」などの意味の動詞は for とともに使われることが多い。Aには人，Bには「ほめる」「責める」「叱る」などの対象となる行為・事柄がくる
criticize A for B	BのことでAを批判する	
excuse A for B	BのことでAを許す	
punish A for B	BのことでAを罰する	
thank A for B	BのことでAに感謝する	
praise A for B	BのことでAをほめる	
scold A for B	BのことでAを叱る	

advise O to *do* 型の動詞

表現	意味	視点
advise O to *do*	Oに … するように助言する	いずれも「Oが…する」という意味を含む。ただし, promise O to *do*「Oに…すると約束する」は例外
allow O to *do*	Oが … するのを許す	
ask O to *do*	Oに … するように頼む	
cause O to *do*	Oに … させる	
enable O to *do*	Oが … することを可能にする	
encourage O to *do*	Oが … するよう促す	
expect O to *do*	Oが … することを期待する	
force [compel ／ oblige] O to *do*	Oに … させる	
help O (to) *do*	Oが … するのを助ける	
permit O to *do*	Oが … するのを許す	
persuade O to *do*	Oを説得して … させる	
promise O to *do*	Oに … することを約束する	
remind O to *do*	Oに … することを気付かせる	
require O to *do*	Oに … するよう要求する	
tell O to *do*	Oに … するよう言う, 命令する	
want O to *do* ≒ would like O to *do*	Oに … してほしいと思う	
warn O to *do*	Oに … するように警告する	

deprive A of B 型の動詞

表現	意味	視点
clear A of B	AからBを取り除く	分離の of が使われている。原則として「AからBを取り除く」という意味になる
cure A of B	AからBを取り除いて治す	
deprive A of B	AからBを取り除く	
relieve A of B	AからBを取り除いて解放する	
rid A of B	AからBを取り除く	
rob A of B	AからBを奪う	
strip A of B	AからBをはぎ取る	

expect A of B 型の動詞

表現	意味	視点
ask A of [from] B	B に A を求める	「求める」という意味の動詞は of や from とともに用いられる。B には主に人がくる
demand A of [from] B	B に A を要求する	
expect A of [from] B	B に A を期待する	
require A of [from] B	B に A を求める	

inform A of B 型の動詞

表現	意味	視点
convince A of B	A に B を納得させる，確信させる	「伝達」の意味の動詞は of とともに用いられる。主に，A には人，B には物・事がくる
notify A of B	A に B を知らせる	
persuade A of B	A に B を確信させる	
remind A of B	A に B を思い出させる	
tell A of B	A に B を伝える	
warn A of B	A に B について警告する	

prevent O from *doing* 型の動詞

表現	意味	視点
ban O from *doing*	O が…するのを禁止する	from には「…から」という分離の意味が含まれており，O と *doing* を切り離すという意味を持つことから，原則として「O に…させない」や「O が…するのを禁止する」という意味になる
discourage O from *doing*	O に…する気をなくさせる	
hinder O from *doing*	O が…するのを妨げる	
keep O from *doing*	O が…するのを妨げる	
prevent O from *doing*	O が…するのを妨げる	
stop O from *doing*	O が…するのを止める	

provide A with B 型の動詞

表現	意味	視点
equip A with B	A に B を備え付ける	「A に B を与える，供給する」という意味になる
feed A with B	A に B（食べ物）を与える	
furnish A with B	A に B を与える	
present A with B	A に B を贈る	
provide A with B ≒ provide B for A	A に B を供給する	
supply A with B	A に B を供給する	

regard A as B 型の動詞

表現	意味	視点
look on A as B	AをBとみなす	as が「イコール（同じ）」という意味を持つことから、「A＝B」の関係が成り立つ。基本的に「AがBだとみなす」に近い意味になる。なお、Bには名詞だけでなく形容詞や分詞なども入りうる点に注意
regard A as B	AをBとみなす	
see A as B	AをBとみなす	
view A as B	AをBとみなす	
accept A as B	AをBだと認める	
classify A as B	AをBに分類する	
count A as B	AをBとみなす	
define A as B	AをBと定義する	
describe A as B	AをBと説明する	
imagine A as B	AがBだと想像する	
refer to A as B	AをBという	
think of A as B	AをBと考える	
treat A as B	AをBとして扱う	

turn A into B 型の動詞

表現	意味	視点
change A into B	AをBに変える	変化の意味を持つ into が用いられており、基本的に「AをBに変える」という意味になる
divide A into B	AをBに分割する	
make A into B	AからBを作る	
transform A into B	AをBに変える	
translate A into B	AをBに翻訳する	
turn A into B	AをBに変える	

memo

memo

memo

memo

memo

memo